Schriftenreihe Soziale Arbeit – Band 5
der Fakultät für angewandte Sozialwissenschaften der Hochschule München
Herausgegeben von Peter Hammerschmidt und Juliane Sagebiel

D1719145

AG SPAK
Arbeitsgemeinschaft sozialpolitischer Arbeitskreise
Materialien der AG SPAK – M 284

Peter Hammerschmidt / Stefan Pohlmann / Juliane Sagebiel (Hrsg.)

Gelingendes Alter(n)
und Soziale Arbeit

Schriftenreihe Soziale Arbeit
der Fakultät für angewandte Sozialwissenschaften der Hochschule München

Impressum

© bei AutorInnen
1. Auflage 2014

ISBN 978-3-940 865-65-6

Satz und Umschlaggestaltung: H. Zimmermann, W. Schindowski
Druck: Digitaldruck leibi.de, Neu-Ulm

Zu bestellen über den Buchhandel oder direkt bei:
AG SPAK Bücher   Fax 07308/919095
Holzheimer Str. 7   E-Mail: spak-buecher@leibi.de
89233 Neu-Ulm   Internet: www.agspak-buecher.de

Auslieferung für den Buchhandel: SOVA, Frankfurt, Fax 069/410280

Bibliografische Information der Deutschen Nationalbibliothek

Die Deutsche Nationalbibliothek verzeichnet diese Publikation in der Deutschen Nationalbiblio-
grafie; detaillierte bibliografische Daten sind im Internet über http://dnb.d-nb.de abrufbar.

Inhalt

Vorwort

zur „Schriftenreihe Soziale Arbeit" der
„Fakultät für angewandte Sozialwissenschaften" der Hochschule München.
Herausgegeben von Peter Hammerschmidt und Juliane Sagebiel

Der vorliegende Band ist der fünfte in der Schriftenreihe „Soziale Arbeit" der Fakultät für Angewandte Sozialwissenschaften der Hochschule München. Die Schriftenreihe möchte aktuelle und Grundsatzfragen der Sozialen Arbeit aufgreifen und durch fundierte Beiträge zu jeweiligen Schwerpunkthemen, die regelmäßig von mehreren AutorInnen (sechs bis acht) aus unterschiedlichen Perspektiven ausgeleuchtet werden, der Fachöffentlichkeit präsentieren und zur Diskussion stellen. Die Reihe dokumentiert zugleich die Themen und Beiträge des Colloquiums Soziale Arbeit, das die HerausgeberInnen seit dem Sommersemester 2009 jährlich an der Fakultät für Angewandte Sozialwissenschaften der Hochschule München durchführen. Hierzu sind KollegInnen anderer Hochschulen eingeladen, ihre Expertise als ReferentInnen und MitdiskutantInnen in die Fachdiskussion der Fakultät und in den weiteren Kreis der TeilnehmerInnen des Colloquiums mit einzubringen. Mit der Aufnahme dieser Beiträge in unsere Schriftenreihe möchten wir die verschiedenen Perspektiven der interessierten Fachöffentlichkeit zugänglich machen. Die Schriftenreihe richtet sich damit vor allem an Lehrende, Praktiker und Studierende der Sozialen Arbeit sowie an alle an der Sozialen Arbeit Interessierten.

München, im Februar 2011
Die HerausgeberInnen

Peter Hammerschmidt, Stefan Pohlmann und Juliane Sagebiel

„Wie müßte eine Gesellschaft beschaffen sein,
damit ein Mensch auch im Alter ein Mensch bleiben kann?
Die Antwort ist einfach:
Es muß schon immer als Mensch behandelt worden sein."
(Simone de Beauvior 1977, S. 466)

Wie gelingt gelingendes Alter(n)?

In den Fachdiskursen Sozialer Arbeit spielt der Themenkreis Alter(n) keine prominente Rolle. Das mag erstaunen, denn „Alte" waren von jeher Klienten Sozialer Arbeit. Ebenso sind die Fachkräfte der Sozialer Arbeit von jeher mit der jeweiligen Situation des „Alters" wie auch mit dem Veränderungsprozess des „Alterns" und seinen spezifischen Bewältigungsaufgaben und Bewältigungsproblemen konfrontiert. Zudem vollzieht sich seit geraumer Zeit die so genannte Alterung der deutschen Gesellschaft, die mit deutlichen Auswirkungen auf Sozialpolitik und Soziale Arbeit einhergeht. Schon heute, so schätzt[1] etwa Gisela Zenz (2007), arbeitet rund ein Drittel der SozialarbeiterInnen/SozialpädagogInnen im Verlauf ihres Berufsleben mit älteren Menschen. Gründe genug, wie wir finden, für Lernende, Lehrende und PraktikerInnen Sozialer Arbeit, sich in dieser professionellen Perspektive mit den Entwicklungen und Diskursen des Alter(n)s auseinanderzusetzen. Einen Beitrag dazu zu leisten, ist Anliegen der vorliegenden Publikation. Dass wir dabei – wie im Buchtitel markiert – auch eine normative Perspektive einnehmen, erscheint uns unvermeidlich; Soziale Arbeit ist eine Handlungswissenschaft und als solche notwendigerweise normativ, zumindest insoweit es um Handlungsvollzüge geht. Die Rede vom „gelingenden Alter(n)", gewissermaßen als lebensphasenspezifische Fassung der philosophischen Orientierung am „guten Leben", wie wir es seit der griechischen Antike kennen, erscheint uns dabei in seiner Allgemeinheit gegenstandsadäquat. In den Schritten von Aristoteles zur Nikomachischen Ethik finden sich die ersten Hinweise darauf, wie das Leben und damit auch das Altern sinnhaft gestaltet und erlebt werden kann. Die Verwirklichung eines Menschen ist nach Auf-

---

1   Es fehlen aber immer noch belastbare Verbleibstudien, um exakte Aussagen für das gesamte Bundesgebiet machen zu können.

fassung von Aristoteles nur im Leben in der Gemeinschaft (Polis) stimmig zu leisten. Der Mensch definiert sich hierbei durch sein jeweiliges Verhalten. Nach der Aristotelischen Philosophie sind jegliche Taten einer Person danach zu beurteilen, ob sie letztlich zur *Eudamonia*, das heißt zum Gelingen der Lebensführung und damit zur Glückseligkeit beitragen. Heutige Übersetzungen zum gelingenden Alter(n) sind von dieser antiken Interpretation nicht allzu weit entfernt (vgl. Kumlehn/Kubik 2012).

Der vorliegende Band lotet aus unterschiedlichen Perspektiven und disziplinären Diskursen heraus die Spielräume aus, die sich insbesondere für die Soziale Arbeit stellen, um ein gelingendes Alter(n) auch trotz bestehender Hürden und Problemen zu ermöglichen. Die anfangs zitierte französische Schriftstellerin Simone de Beauvoir hat in diesem Zusammenhang bereits in dem 1970 erschienen Originalwerk *La Vieillesse* die für die Soziale Arbeit bestehenden Kernfragen aufgeworfen: Was ist an der Lage älterer Menschen unvermeidlich? In welchem Umfang ist die Gesellschaft dafür verantwortlich und wie muss eine Gesellschaft aussehen, damit ein Mensch auch im Alter Mensch bleiben kann? Mit eben diesen Fragen setzt sich auch dieses Buch auseinander. Den weiteren Überlegungen zum „gelingenden Alter(n)" und dem möglichen Beitrag der Sozialen Arbeit dazu sind noch einige Ausführungen zur Sozialen Altenarbeit und zur sozialen Altenhilfe, zum demografischen Wandel und seinen möglichen Auswirkungen auf sozialpolitische Regelungsbereiche und zu Befunden der Gerontologie im Hinblick auf die Zielgruppen und die Gestaltbarkeit des Alters vorauszuschicken.

1 Alter(n) in der Tradition der Sozialen Arbeit

Die Soziale Altenarbeit ist professionsbezogen betrachtet Teil der Sozialen Arbeit, eben Soziale Arbeit mit bzw. für alte Menschen. Die soziale Altenhilfe ist als Sachbereich von der Sozialen Altenarbeit zu unterscheiden.[2] Der Sachbereich Altenhilfe gehört sozialpolitisch und sozialrechtlich betrachtet zum System sozialer Sicherheit, genauer zur Fürsorge, die von den Kommunen als örtlichen Trägern der Sozialhilfe als kommunale Selbstverwaltungsaufgabe wahrgenommen wird. Wenn – wie auch von uns eingangs konstatiert – darauf verwiesen wird, dass Alte seit jeher eine große Adressatengruppe Sozialer Arbeit waren, dann gilt dies nur als empirische Aussage, nicht kategorial. Erst ein festgestellter fürsorgerischer Hilfebedarf ließ alte Menschen zu Klienten werden, Alter an sich war und blieb lange kein (eigen-

---

2   Dabei wird Soziale Arbeit in Form von Beratung, Betreuung, Unterstützung usw. mit Alten in der Altenhilfe nicht nur von graduierten SozialarbeiterInnen/SozialpädagogInnen, sondern auch von weiteren (sozialen) Berufsgruppen erbracht.

ständiges) Kriterium. Das ist die erste Einschränkung bzw. Konkretisierung dieser Aussage. Eine zweite erscheint erforderlich: Die Aussage gilt nur für einen der beiden Traditionsstränge, aus denen sich die heutige Soziale Arbeit entwickelt hat, nämlich die in der kommunalen Armenfürsorge wurzelnde Sozialarbeit. Anders verhielt es sich bei der Sozialpädagogik. Diese konzertierte sich lange ausschließlich auf Kindheit und Jugend, Alte kamen dabei nicht in den Blick. Das änderte sich – langsam und zurückhaltend – erst ab den 1980er Jahren, dann etwas verstärkt seit den 1990er Jahren mit Aktivitäten und Diskursen über Bildungs-, Freizeit- und Kulturarbeit mit und für ältere Menschen (Aner/Karl 2010b: 9; Aner 2010; Böhnisch 1997; 2010, Hammerschmidt 2008: 10; Karl 1990; 1993; Schweppe 1996; 2002).

Mit der Organisation, Durchführung und Unterbringung von Alten und Gebrechlichen in Alters- oder Siechenheimen praktizierten die kommunale Fürsorge seit den 1920er Jahren Altenhilfe. Einrichtungen und Angebote der halboffenen oder offenen Fürsorge/Hilfen, die sich ausschließlich an Alte richteten, hielten die Fürsorgeträger kaum bereit, obwohl fürsorgerische Fachkreise dies ebenfalls seit den 1920er und dann verstärkt in den 1950er Jahren als wünschenswert betrachteten (Grunow 2005: 832; Föcking 2007: 333 et passim.; Hammerschmidt 2010). Das änderte sich erst allmählich ab den 1960er Jahren, nachdem mit dem Bundessozialhilfegesetz das Fürsorgerecht neu geregelt und in diesem Kontext „Altenhilfe" rechtlich verankert worden war. Das Bundessozialhilfegesetz (BSHG) löste zum 1. Juni 1962 die Reichsfürsorgepflichtverordnung von 1923 ab. Im BSHG trat neben die „traditionelle" Fürsorge, die nunmehr „Hilfe zum Lebensunterhalt" hieß und im Kern die weiterentwickelten, novellierten Regelungen der Reichsfürsorgepflichtverordnung und der Reichsgrundsätze umfasste, eine neue Hilfeart, die „Hilfen in besonderen Lebenslagen". Den „Hilfen in besonderen Lebenslagen" lag ein weiterer Begriff von Hilfsbedürftigkeit zugrunde und auch eine stärkere Ausrichtung hin zur Vorbeugung und zur sozialen Integration, letzteres auch außerhalb einer Eingliederung ins Erwerbsleben (vgl. Tennstedt 2003, Rz. 76). Die Altenhilfe war hier in § 75 verankert und lautete folgendermaßen:

> „(1) Alten Menschen soll außer der Hilfe nach den übrigen Bestimmungen dieses Gesetzes Altenhilfe gewährt werden. Sie soll dazu beitragen, Schwierigkeiten, die durch das Alter entstehen, zu überwinden und Vereinsamung im Alter verhüten.
> (2) Als Maßnahmen der Hilfe kommen in vertretbarem Umfang vor allem in Betracht
>   1. Hilfe zu einer Tätigkeit des alten Menschen, wenn sie von ihm erstrebt wird und in seinem Interesse liegt,
>   2. Hilfe bei der Beschaffung von Wohnungen, die den Bedürfnissen alter Menschen entsprechen,

> *3. Hilfe zum Besuch von Veranstaltungen oder Einrichtungen, die der Geselligkeit, der Unterhaltung oder den kulturellen Bedürfnissen alter Menschen dienen,*
>
> *4. Hilfe, die alten Menschen die Verbindung mit nahestehenden Personen ermöglicht.*
>
> *(3) Altenhilfe kann ohne Rücksicht auf vorhandenes Einkommen oder Vermögen gewährt werden, soweit im Einzelfall persönliche Hilfe erforderlich ist."*[3]

Auch unter dem neuen Namen Sozialhilfe, blieb die Fürsorge was sie war, Fürsorge, die sich an – nunmehr im weiter gefassten Verständnis – Fürsorgebedürftige richtete. Folgerichtig betonte Hermann Gottschick, der seinerzeitige Fachreferent für das Sozialhilferecht im Bundesinnenministerium, dass die Altenhilfe gemäß § 75 BSHG „keine Hilfe für das Alter schlechthin", keine Hilfe in einer Lebensphase" sei, sondern nur eine Hilfe für Bedürftige im Einzelfall (Gottschick 1963: 237; zu den Kontroversen im Vorfeld vgl. Föcking 2007: 331ff.). Ähnlich wie seinerzeit Gottschick argumentierte kürzlich die Bundesregierung.[4] Des ungeachtet: Mit § 75 BSHG (ab 2005: § 71 SGB XII) verpflichtete der Gesetzgeber die Kommunen als örtliche Sozialhilfeträger zur Altenhilfe.

Neben der Altenhilfe gemäß § 75 BSHG, der „eigentlichen" Altenhilfe, bildete die neue „Hilfe zur Weiterführung des Haushalts" gemäß §§ 70ff. BSHG für die kommunalen Sozialämter ein weiteres erwähnenswertes Instrument der Altenhilfe, auch wenn es nicht ausschließlich für Ältere gedacht war und genutzt wurde (Gottschick 1963: 224–228; vgl. auch Münch 2007: 605). Ansonsten spielte die generalklauselhafte Formulierung in § 93 (1) des neuen BSHG, wonach die Sozialhilfeträger darauf hinwirken sollten, dass die zur Gewährung der Sozialhilfe geeigneten Einrichtungen ausreichend zur Verfügung stehen sollten, für die Altenhilfe insofern eine bedeutende Rolle, als damit auch die stationären (Altenheime) und später (halb-)offenen

---

3   Heute ist die Altenhilfe im neuen Sozialhilferecht (ab 2005), dem SGB XII in § 71 geregelt. Zu den wichtigsten Novellierung von § 75 BSHG bis zum SGB XII siehe: Hammerschmidt 2008: 18f.

4   In der Stellungnahme der Bundesregierung zum 6. Altenbericht (2010, S. XII) heißt es: „Soweit jedoch in der Vorschrift des § 71 SGB XII [vormals § 75 BSHG; d.Vf.] die Grundlage für eine eigenständige kommunale Politik für ältere Menschen gesehen wird, ist dem zu widersprechen: Die sozialrechtliche Altenhilfe gemäß § 71 SGB XII ist eine einzelfallbezogene Hilfe und von der allgemeinen kommunalen Altenhilfe(politik) zu unterscheiden. Die Strukturverantwortung für die Altenhilfe(politik) ergibt sich aus dem Sozialstaatsprinzip und nicht aus dem Zwölften Buch Sozialgesetzbuch." Damit wies die Bundesregierung die Kritik der Sachverständigen im 6. Altenbericht zurück, die folgendes ausführten: „Eine insgesamt konsistente Altenhilfepolitik wird aus der Vorschrift des § 71 SGB XII nicht entwickelt. Die Vorschrift ist hinsichtlich des zugrundeliegenden Altersbildes ambivalent: Sie sieht einen besonderen Schutzbedarf und lebenslagespezifische Probleme, geht aber gleichzeitig vom Leitbild der Selbstständigkeit und der Aktivität älterer Menschen aus. Leistungsrechtlich fristet die Vorschrift des § 71 SGB XII ein Nischendasein mit einer höchst unterschiedlichen Anwendungspraxis [...]. Die Vorschrift bildet die Grundlage für eine eigenständige kommunale Politik für ältere Menschen, die inzwischen vom Bild der Altenhilfe abgerückt ist. [...] Insofern ist der § 71 SGB XII sowohl in seiner Konzeption als auch hinsichtlich seiner Platzierung im Sozialhilferecht revisionsfähig [sic]." (ebd.; S. 399f.).

Einrichtungen wie zum Beispiel Altenbegegnungsstätten mit erfasst waren. Mit einer im selben Paragrafen formulierten Subsidiaritätsformel erlaubte dies den überwiegend in den Wohlfahrtsverbänden organisierten freigemeinnützigen Trägern, die Kommunen zur Schaffung und Finanzierung von Einrichtungen der Altenhilfe anzuhalten. Letztlich war weniger die einzelfallbezogene Altenhilfe der öffentlichen Sozialhilfeträger, als vielmehr die Infrastrukturentwicklung für die Ausgestaltung der stationären wie nicht-stationären Altenhilfe bedeutsam (Hammerschmidt 2010).

Tabelle 1: Altenhilfeeinrichtungen der Wohlfahrtsverbände 1970–2008

Jahr	Einrichtungen	Plätze/Betten	Beschäftigte
1961	2.271[a]	k.A.	k.A.
1970	6.416	335.462	49.970
1981	8.365	358.302	90.182
1990	9.584	418.252	138.734
1993	13.231	534.369	185.392
1996	14.554	471.461	217.765
2000	15.212	481.495	237.577
2004	15.796	517.788	367.303
2008	16.524	548.072	398.914

Quellen: Holz 1985: 157f.; BAGFW 2008, S. 18   [a] nur Altenheime

Ist die statistische Erfassung der Altenhilfe auch bedauerlich unzureichend, so vermögen die vor- und nachstehende Tabelle (Tabelle 1 und 2) einen Eindruck über den erheblichen Ausbau dieses Bereichs seit Inkrafttreten des BSHG zu geben.[5] Die mit Abstand bedeutendsten Trägergruppe der Altenhilfe, die Wohlfahrtsverbände, verdreifachten fast in weniger als

---

5   Eine vollständig nach Trägergruppen differenzierte Statistik der Alten- und Behinderteneinrichtungen existiert nicht für das gesamte Bundesgebiet, weil nicht alle Bundesländer nach Trägergruppen unterscheiden. Im Jahre 2001 bestanden in Deutschland 12.555 Alten- und Behinderteneinrichtungen mit 877.330 Betten/Plätzen. Von 10.874 dieser Einrichtungen, über die Angaben über die Trägerschaft vorliegen, gehörten 65,4 Prozent zu freigemeinnützigen Trägern, 26,7 Prozent zu gewerblichen und 7,9 Prozent zu öffentlichen. Allerdings sind in diesen Angaben auch Behinderteneinrichtungen enthalten. Von den oben schon genannten insgesamt 12.555 Einrichtungen waren 4.107 Behinderteneinrichtungen mit 160.346 Plätzen, die übrigen waren Alteneinrichtungen, wobei die Altenpflegeheimplätze mit fast 560.000 Plätzen den Löwenanteil ausmachten (Angaben nach der Heimstatistik 2001 des Bundesministeriums für Familie, Senioren, Frauen und Jugend). Die aktuellsten Angaben finden sich im: „Ersten Bericht des Bundesministeriums für Familie, Senioren, Frauen und Jugend über die Situation der Heime und die Betreuung der Bewohnerinnen und Bewohner", der seit Ende 2006 vorliegt und der auf Stichtagszahlen vom 15. Dez. 2003 beruht. Demnach existierten 5.100 Behindertenheime mit 179.000 Plätzen sowie 9.743 Pflegeheime mit 713.195 Plätzen in denen ca. 510.000 Personen arbeiteten. 56 Prozent der Pflegeheime und 61 Prozent der Plätze entfielen auf freigemeinnützige, 37 Prozent bzw. 30 Prozent auf private und die restlichen acht Prozent bzw. neun Prozent auf gewerbliche Träger. Diese Zahlen sind jedoch nur bedingt mit den vorhergehenden Angaben zu vergleichen, weil sie nur (Pflege-) Heime erfassen, die über Verträge mit den Pflegekassen verfügen. Herkömmliche Altenheime sind damit nicht erfasst (vgl. BMFSFJ 2006, insbes. S. 33 ff., 42 ff., 73, 230). **13**

einem Jahrzehnt die Anzahl ihrer Einrichtungen. Allerdings waren es bis in die 1970er Jahre hin weniger die in den Fachdiskussionen geforderten offenen und halboffenen Einrichtungen, die zur Expansion der Altenhilfe beitrugen, sondern vielmehr die stationären, also die Alten- und Pflegeheime.[6] Das ändert sich erst ab den 1980er Jahren. Nach der Umstellung der Einrichtungsstatistik der freien Wohlfahrtspflege (Zahlen ab 1970) wird die Altenhilfe als eigenständige Kategorie ausgewiesen, sie umfasst nicht nur Heime, sondern alle Angebote der Altenhilfe. Von den mehr als 15.000 Einrichtungen (2000) gehörten rund 40 Prozent (6.640) dem stationären Bereich an. Hier waren aber rund 90 Prozent der Vollzeitbeschäftigten tätig. Die Tageseinrichtungen machten etwa 20 Prozent (3.391) der Einrichtungen aus, sie beschäftigten aber lediglich zwei Prozent der Vollzeitkräfte. Die übrigen Einrichtungen und Dienste – Beratungsstellen, Mahlzeitendienste, sonstige Dienste machen etwa 20 Prozent der Altenhilfeeinrichtungen aus, in denen ca. acht Prozent der Beschäftigten angestellt waren. Eine erhebliche Verschiebung dieser Relationen zeigte sich dann einige Jahre später (2008) wobei der Anstieg des relativen Anteils der Kategorie „Beratungsstellen/ambulante Dienste" auf rund ein Drittel der Einrichtungen (5.728) und weit mehr als ein Fünftel des Personals (ca. 80.000) einzig den ambulanten Pflegediensten (2.895 mit 15.148 Vollzeit- und 67.459 Teilzeitstellen) geschuldet ist.

Tabelle 2: Altenhilfeeinrichtungen der Wohlfahrtsverbände um 2008

Art der Einrichtung	Einrich- tungen	Betten/ Plätze	Vollzeit- beschäft.	Teilzeit- beschäft.
4.1 Stationäre Einrichtungen	7.712	495.575	134.341	176.225
Einrichtungen mit Seniorenwohnungen einschl. Betreutes Wohnen	1.896	92.430	13.519	18.773
Vollstationäre Pflegeeinrichtungen/ Seniorenwohnheime	601	51.919	13.666	15.396
Vollstationäre Altenpflegeeinrichtungen (ohne Versorgungsvertrag nach § 72 SGB XI), inkl. Kurzzeitpflegeplätze	139	6.023	1.442	1.393
Vollstationäre Altenpflegeeinrichtungen (mit Versorgungsvertrag nach § 72 SGB XI), inkl. Kurzzeitpflegeplätze	4.219	337.330	103.765	137.449
Kurzzeitpflegeeinrichtungen (Tag und Nacht)	857	7.873	1.955	3.214
4.2 Tageseinrichtungen	3.084	52.497	1.705	7.706
Seniorentagesstätten/ -begegnungsstätten	2.173	40.170	562	3.601
Tages- oder Nachtpflegeeinrichtungen	911	12.327	1.143	4.105

---

6   Ein wichtiger Grund dafür ist in den Investitionsmittel der Bundesländer zu sehen, die ab 1962 mit dem neuen Planungsinstrument „Altenhilfeplan" zunächst Gelder im erheblichen Umfang für den Bau von Altersheimen zur Verfügung stellten (ausführlicher: Hammerschmidt 2010: 22-25).

4.3 Beratungsstellen/ ambulante Dienste	5.728		16.704	62.233
Beratungsstellen für Senioren/ Seniorenbüros	898		384	1.061
Stationäre Mahlzeitendienste	401		231	789
Ambulante Mahlzeitendienste ("Essen auf Rädern")	932		552	3.166
Hausnotrufdienste	479		331	758
Ambulante Pflegedienste/ Sozialstationen (§ 71 SGB XI)	2.895		15.148	56.459
Sonstige Hilfsdienste für ältere Menschen	123		58	0
Gesamt	16.524	548.072	152.750	246.164

Quelle: BAGFW 2008, S. 32

Bei allen drei Angebotsformen (stationär, teilstationär, ambulant) ist eine Differenzierung des Leistungsgebots feststellbar, insgesamt bleibt dabei die stationäre Altenhilfe dominant. Deutlich wird auch, dass die Einrichtungen weniger zum Bereich Sozialwesen als vielmehr zum Bereich Gesundheit und Pflege gehören. Ein Sachverhalte, der mit der Einführung der Pflegeversicherung (SGB XI) Mitte der 1990er Jahre eine noch stärkere Ausprägung erhielt. Soziale Arbeit mit Älteren ist zwar auch im Gesundheits- und Pflegebereich verankert, aber doch eher randständig – von den mehr als 440.000 Beschäftigten (2001) in Pflegeheimen waren es weniger als 5.400 Fachkräfte mit einer sozialarbeiterischen/sozialpädagogischen Ausbildung, was rund 1,2 Prozent des Personals entspricht (4. Altenbericht 2002: 254). Fachkräfte Sozialer Arbeit leisten hier vor allem Care- oder Case-Management-Aufgaben, um die erheblichen Schnittstellenproblematiken zu bearbeiten, die sich aus dem Nebeneinander diverser Regelungsbereichen (SGB V, IX, XI, XII) ergeben (Aner 2010: 50; Hammerschmidt 2010: 30f.). Daneben konnte sich in den letzten Jahrzehnten eine erwähnenswerte (offene) Altenhilfe und damit Soziale Altenarbeit etablieren, die sich überwiegend um Menschen – um trotz aller ihrer Unzulänglichkeiten diese Unterscheidung aus der Fachdiskussion aufzugreifen – im 3. Lebensalter kümmert und weniger um Menschen im 4. Lebensalter, das stärker durch gesundheitliche Beeinträchtigungen und Autonomieverluste gekennzeichnet ist. Doch diese Tätigkeiten, die alten und älteren Menschen Hilfe zur Lebensbewältigung leisten, sind in den Kommunen vergleichsweise schwach ausgeprägt, was an ihrer unzureichenden rechtlichen Verankerung liegt. Anders als im Bereich der Kinder- und Jugendhilfe, verfügen Ältere über kein subjektives öffentliches Recht auf Altenhilfe; Leistungen gemäß § 71 SGB XII (vormals § 75 BSHG) sind für sie nicht einklagbar. Aus all dem darf jedoch nicht geschlossen werden, dass das eingangs angeführte schwache Interesse an Alterfragen in den Fachdiskussionen der Sozialen Arbeit gerechtfertigt sei. Denn jenseits der Altenhilfe und altersspezifischen Angeboten für SeniorInnen, nimmt infolge des demografischen Wandel in allen übrigen

15

Arbeitsbereichen Sozialer Arbeit (jenseits der Kinder- und Jugendhilfe) der Anteil alter und älterer KlientInnen zu. Zu beachten ist zudem, dass auch bei Pflegebedürftigkeit im Alter laut der Pflegestatistik (StBA 2012) rund 70 Prozent der Betroffenen zu Hause versorgt werden, darunter 1,18 Millionen ausschließlich durch pflegende Angehörige. Gerade diese Gruppe ist vielfach auf soziale Unterstützung angewiesen, die durch die Fachkräfte der Sozialen Arbeit geleistet werden kann.

2 Zum demografischen Wandel

Jenseits von Horrorszenarien, in denen etwa markig von einer „demografischen Zeitbombe" oder Ähnlichem die Rede ist und die als interessiert und unseriös zurückzuweisen sind, ist zu konstatieren, dass sich in Deutschland seit der Gründung des Kaiserreichs (1871) ein demografischer Wandel vollzieht, bei dem der Anteil älterer Menschen an der Gesamtbevölkerung zunimmt (siehe Tabelle 3). Infolge einer drastischen Reduzierung der Kindersterblichkeit sowie einem höheren Wohlstandsniveaus stieg die durchschnittliche Lebenserwartung in Deutschland; wir leben – erfreulicherweise – in einer „Gesellschaft des verlängerten Lebens" (Kocka 2013: 85). Nicht nur die Zunahme älterer Menschen auch der stetige Rückgang der Geburtenraten sorgt an dieser Stelle für eine deutliche Verschiebung der Altersstruktur. Dies drückt sich drastisch im so genannten Altersquotienten aus. Diese Kennzahl bezieht sich auf das Zahlenverhältnis der Personen im Ruhestand zum Anteil der Personen im erwerbsfähigen Alter in der Bevölkerung. Nach den online Angaben des Bundesinstituts für Bevölkerungsforschung lag der Altersquotient für Deutschland im Jahr 2010 bei 33,8 der über 65-Jährigen je 100 der 20- bis unter 65-Jährige. Dies ist der historisch höchste Wert, der in Deutschland ermittelt werden konnte. Es ist davon auszugehen, dass dieser Wert in den nächsten Jahren noch so lange weiter steigen wird, wie die als Babyboomer bezeichneten Kohorten in den Statistiken verbleiben. Ab der zweiten Hälfte des 21. Jahrhunderts wird sich der Altersquotient wieder deutlich reduzieren. Angaben über Entwicklungen über solche langen Zeiträume sind jedoch stets nur Prognosen mit einem hohen Unsicherheitsfaktor; in der Vergangenheit erwiesen sich viele Bevölkerungsprognosen als höchst unzutreffend (Mayer 2013b:: 14f.).

Tabelle 3: Entwicklung der Altersstruktur in Deutschland von 1871 bis 2020

	Anteil der jeweiligen Altersgruppe an der Gesamtbevölkerung in Prozent			
Jahr	unter 20	20 bis unter 65	65 und älter	Belastung-Quotient
1871	43,4	51,9	4,6	92,5
1880	44,7	50,4	4,7	98,0
1890	44,9	50,0	5,1	100,0
1900	44,2	50,9	4,9	96,5
1910	43,9	51,2	5,0	95,5
1925	36,2	58,0	5,8	72,4
1939	32,0	60,2	7,8	66,1
1950	30,5	59,9	9,7	67,1
1960	28,5	60,0	11,6	66,8
1970	29,9	56,2	13,8	77,8
1980	26,7	57,8	15,5	73,0
1990	21,7	63,4	14,9	57,7
2000	21,2	62,6	16,2	59,7
2010	19,0	60,9	20,1	64,1
2020	17,6	61,0	21,4	63,9

Quelle: Statistisches Bundesamt und Bundesministerium des Innern; ab 2010 Ergebnisse der 9. Koordinierten Bevölkerungsvorausberechnung (Variante 2), Wiesbaden 2000

3 Sozialpolitische Kontroversen

Welche Auswirkungen dieser Wandel auf die sozialpolitischen Regelungsbereiche haben wird und haben muss, ist durchaus umstritten und weit weniger eindeutig und zwangsläufig, als in den interessengeleiteten öffentlichen und politischen Auseinandersetzungen unterstellt wird (vgl. Mayer 2013b; Hockerts 2010: 308f., Reiners 2011: 57–63). Das gilt insbesondere für den Bereich der Gesetzlichen Rentenversicherung sowie für das Gesundheitssystem.

> *„Wir müssen anerkennen und aussprechen, dass die Altersentwicklung unserer Gesellschaft, wenn wir jetzt nichts ändern, schon zu unseren Lebzeiten dazu führen würde, dass unsere vorbildlichen Systeme der Gesundheitsversorgung und Altersicherung nicht mehr bezahlbar wären",*

so verkündete Bundeskanzler Gerhard Schröder in der Begründung für die so genannte „Agenda 2010".[7] Schon die 1989 vom Deutschen Bundestag verabschiedete Rentenform mit drastischen Leistungsverschlechterun-

---

7 Zit. nach dem Protokoll des Außerordentlichen Parteitages der Bundespartei der SPD vom 1. Juni 2003. Ähnlich argumentierte und formulierte es Schröder schon in seiner Regierungserklärung vor dem Deutschen Bundestag vom 14. März 2003 und in der regierungsamtlichen Broschüre „Antworten zur Agenda 2010" vom November 2003.

gen wurde von der Politik als Sachzwang begründet, der aus dem demografischen Wandel resultiere (Kistler/Trischler 2012: 167f.). Die „demographische Keule" wurde geschwungen, um, so einer der renommiertesten deutschen Sozialstaatsforscher Franz-Xaver Kaufmann, „Verteilungsstrukturen aus ganz anderen Gründen zu ändern"[8] (Kaufmann 2007: 236; vgl. Hockerts 2010: 324). Nach der Veröffentlichung der 11. koordinierten Bevölkerungsvorausberechung im November 2006 setzte dann ein „schriller Alarmismus" (Hockerts 2010: 323) in den Massenmedien ein, der im politischen Diskurs dann für weitere Leistungseinschränkungen im System der Sozialen Sicherheit als Legitimationsressource genutzt werden konnte. Dabei war (und ist bis in die Gegenwart hinein) der zentrale Ausgangspunkt der Argumentation der *Altenquotient*, von dem aus unter Außerachtlassung einer Reihe von Vermittlungsschritten und Einflussfaktoren, auf erwartbare „untragbare" Belastungen für die Gesetzliche Rentenversicherung und das Gesundheitssystem geschlossen wurde.

„Allerdings hat der Altenquotient nur eine relative und eingeschränkte Aussagekraft. Definiert man das erwerbstätige Alter bis zum 67. Lebensjahr, so ist der Altenquotient 2030 nicht mehr 52,3, sondern bei 43,9 anzusetzen. Vor allem aber: Seine Bezugsgröße ist die Zahl der Personen im erwerbsfähigen Alte und nicht die Zahl der Personen, die tatsächlich erwerbstätig sind. In dieser Hinsicht kommen Reserven ins Spiel, die zu einem günstigeren Bild führen können. Zu denken ist an den Abbau der Massenarbeitslosigkeit, die derzeit Jahr für Jahr mit gesamtfiskalischen Kosten von rund 70 bis 80 Milliarden Euro zu Buche schlägt. Zu denken ist an die zunehmende Erwerbsbeteiligung von Frauen, die der Politik zur Förderung der Vereinbarkeit von Familien und Beruf einen Rangschub nach oben gegeben hat. Zu denken ist an das Potential älterer Arbeitnehmer, die bisher contre coeur in die Frühverrentung geschickt wurden. In gewissen Maß kann auch die Zuwanderung kompensierend wirken, allerdings nur dann, wenn die Integration entschieden besser gelingt als bisher. Nicht zuletzt wird es von der Entwicklung der Arbeitsproduktivität abhängen ..." (Hockerts 2010: 323).

Soweit Hockerts, dem beizupflichten ist. Ergänzend soll noch auf drei Sachverhalte hingewiesen werden.

---

8   Kaufmann übernahm damit zustimmend eine Formulierung des Ökonomen und früheren SPD-Politikers Albrecht Müller (2004), dessen entschiedene Kritik und Zurückweisung er aber nicht insgesamt übernehmen möchte. Eindeutig ist jedoch der von seriösen Wissenschaftlern unterschiedlichen Disziplinen festgehaltene Befund, dass die deutliche Absenkung des Sicherungsniveaus der GRV bei gleichzeitiger Förderung der privaten kapitalgedeckten Altersvorsorge „unter dem Einfluss eines massiven Lobbyismus der Finanzbranche, die die Altersvorsorge als gewaltiges Geschäft entdeckte" (Ritter 2010, S. 264). Ausführlicher zu diesem Aspekt: Hockerts 2010: 268-273 und Wehlau 2012; zu der Folge Altersarmut siehe pars pro toto: Schmähl 2007: 307f. u. pass. Butterwegge/Bosbach/Birkenwald 2012; Zur Bedeutung von sozialpolitischen Diskursen und deren Transformation u.a. mit der Durchsetzung des neu eingeführten Begriffs der „Generationengerechtigkeit": Hockerts 2010: 273-277 und die hervorragende Diskursanalyse von Brettschneider 2009.

- Es wird bei den Szenarien zur deutschen Bevölkerungsentwicklung regelmäßig das Jahr 1990 zum Ausgangspunkt gewählt. Nun ist es zwar plausibel und gerechtfertig, für den Blick in die nähere und weitere Zukunft Deutschland dieses Jahr zu wählen, für das die Angaben von West- und Ostdeutschland zusammengefasst sind. Dabei wird aber geflissentlich unterschlagen, dass dieses Jahr – gemessen an den westdeutschen Daten für das Jahr 1989 und die Jahre davor – ungewöhnlich „günstige" war, weil die DDR eine sehr viel günstigere Alterstruktur als die BRD aufwies.

- Sollen Aussagen zur Sozialversicherung getroffen werden, dann sind nicht die Zahlen der Menschen im erwerbtätigen Alter, noch nicht einmal die Zahlen der tatsächlich Erwerbstätigen relevant, sondern ausschließlich die Anzahl der Menschen, die sozialversicherungspflichtig beschäftigt sind. Dass die Zahl sozialversicherungspflichtig Beschäftigter trotz steigender Gesamtbeschäftigung rückläufig war, verweist nicht nur auf sozialpolitische Entscheidungen – die grundsätzlich revidierbar sind –, sondern eben auch auf weitere „Reserven", um die Belastungen aus der Alterung der Bevölkerung für die Sozialversicherung zu vermindern. Eine Überführung von so genannten irregulären in sozialversicherungspflichtige Beschäftigungsverhältnisse könnte die Einnahmesituation der Sozialversicherungsträger deutlich verbessern. In dieselbe Richtung wirken Lohnsteigerungen von sozialversicherungspflichtig Beschäftigten.

- Die sich im erwerbfähigen Alter befindliche mittlere Generation hat nicht nur die Nicht-Mehr-Erwerbsfähigen der älteren Generation zu tragen, sondern gleichzeitig auch die Noch-Nicht-Erwerbfähigen der nachwachsenden jüngeren Generation. Zum Altenquotienten ist also der Kinder- und Jugendquotient zu addieren. Dieser so genannte. „Gesamtquotient" (oder „Belastungsquotient") bildet zuverlässiger die „Gesamtbelastung" der mittleren Generation demografisch ab, auch wenn man in Rechnung stellen sollte, dass die „Belastung" durch einen älteren Menschen höher als die durch einen jüngeren ausfällt.

Ein Blick auf den Gesamtquotienten relativiert die dramatischen Zuspitzungen, mit den in Öffentlichkeit und Politik operiert wird (vgl. Ebert/Kistler 2007), gleich ob man günstigere Prognosen wie in Tabelle 3 oder weniger günstige wie in Tabelle 4 zugrunde legt.

Was speziell die Gesetzliche Rentenversicherung betrifft ist daran zu erinnern, dass die Adenauersche Rentenreform von 1957, mit der dynamischen lebensstandardsichernden Rente, mit der Altersarmut als Massenphänomen überwunden werden konnte (grundlegend: Hockerts 1980; knapp: Hockerts 2010: 71–85), in einer Zeit realisiert wurde, in der die Altersstruktur **19**

Tabelle 4: Entwicklung von Bevölkerung, Altersstruktur und demografischen Belastungsquotienten 1960–2060

Jahr	Personen in Mio. im Alter von … Jahren				insgesamt	Kinder- u. Jugend-anteil in %	Altenanteil in %	Hochbetag-tenanteil in %	Kinder-u. Jugend-quotient	Altenquotient	Gesamtquotient
	unter 20	20–65	65 +	80 +							
	(1)	(2)	(3)	(4)	(5)	= (1)/(5)	= (3)/(5)	= (4)/(5)	= (1)/(2)	= (3)/(2)	=((1)+(3))/(2)
1960	20,761	43,916	8,470	1,159	73,147	28,4	11,6	1,6	47,3	19,3	66,6
1970	23,413	43,877	10,780	1,536	78,070	30,0	13,8	2,0	53,4	24,6	78,0
1980	20,972	45,261	12,164	2,092	78,397	26,8	15,5	2,7	46,3	26,9	73,2
1990	17,307	50,534	11,912	3,011	79,753	21,7	14,9	3,8	34,2	23,6	57,8
2000	17,390	51,176	13,694	3,087	82,260	21,1	16,6	3,8	34,0	26,8	60,8
2008	15,619	49,655	16,729	4,061	82,000	20,0	20,4	5,0	31,5	33,7	65,2
2020	13,708	48,062	18,668	6,012	80,438	17,0	23,2	7,5	28,5	38,8	67,3
2030	13,229	43,467	22,330	6,429	79,026	16,7	28,3	8,1	30,4	51,4	81,8
2040	12,374	40,495	23.886	8,133	76,755	16,1	31,1	10,6	30,6	59,0	89,6
2050	11,480	38,703	23,424	10,290	73,607	15,6	31,8	14,0	29,7	60,5	90,2
2060	11,015	36,231	22,876	9,225	70,122	15,7	32,6	13,2	30,4	63,1	93,5

Vorausberechnung: Variante 1-W2 „mittlere" Bevölkerung Obergrenze: Geburtenhäufigkeit annähernd konstant (1,4 Kinder je Frau), Lebenserwartung Basisannahme (Lebenserwartung neugeborener Jungen/Mädchen im Jahr 2060: 85,0 Jahre/89,2 Jahre), jährlicher Wanderungssaldo 200.000 Personen ab 2020

Quelle: Statistisches Bundesamt (2009), Bevölkerung Deutschlands bis 2060. Ergebnisse der 12. koordinierten Bevölkerungsvorausberechnung, Statistisches Bundesamt (2009), Bevölkerungsfortschreibung, Fachserie 1, Reihe 1.3, Wiesbaden

der deutschen Bevölkerung ungünstiger war als heute und für das Jahr 2020 prognostiziert. Im Jahr 1950 lag der Altersquotient (65 Jahre und älter) bei 9,7 Prozent, was zusammen mit dem Jugendquotienten (unter 20 Jahren) 30,5 Prozent einen „Belastungs-Quotienten" (für die Bevölkerung im erwerbsfähigen Alten zwischen 20 und 65 Jahren) von 67,1 Prozent entsprach. Im Jahr 2000 lag der „Belastungs-Quotient" bei 59,7 Prozent, für 2020 wird er auf 63,9 Prozent geschätzt (Wiesner 2001: 55). Der Altersquotient als solcher ist allerdings, wie schon angeführt, wenig bedeutsam. Volkswirtschaftlich relevant ist die Relation zwischen Nicht-Erwerbstätigen und Erwerbstätigen unter Berücksichtigung der Arbeitsproduktivität. Im Jahr 1957 lag die Erwerbsquote unter der heutigen und die Arbeitsproduktivität war seinerzeit erheblich nieder als heute. Entscheidend für die Sozialversicherung ist die Relation zwischen der Anzahl der Anspruchsberechtigten und deren Ansprüchen auf der einen und die Zahl der Beitragszahler und deren Bruttolohneinkommen auf der anderen Seite. So gesehen verwundert es nicht, dass es in den beiden Jahrzehnten nach der Adenauerschen Rentenreform zu

20   einem deutlichen Ausbau mit Leistungsverbesserung für die Anspruchsberechtigten kommen konnte – trotz der weiteren „Alterung der Gesellschaft" (Hammerschmidt/Tennstedt 2010: 242; vgl. Reiners 2011: 62).

Was den Gesundheitssektor und damit die Regelungsbereiche von SGB V und SGB XI betrifft so erscheint die Annahme plausibel, dass mit der Alterung der Gesamtbevölkerung auch die Kosten in diesem Sektor steigen, weil ältere Menschen einen höheren Bedarf an Krankenbehandlung und Pflege aufweisen. So verursachen die über 65-Jährigen mit ihrem Bevölkerungsanteil von rund 20 Prozent mehr als 47 Prozent der Krankheitskosten. Welche Prognosen sich aus diesen Daten ableiten lassen, ist allerdings weniger einfach und eindeutig und dementsprechend in der wissenschaftlichen Fachdiskussion umstritten. Anhänger der so genannte Medikalisierungsthese gehen davon aus, dass mit der Alterung der Bevölkerung die Zahl der chronisch Kranken und Multimorbiden wächst und die aktuell gegebenen Kostendifferenzen zwischen Jüngeren und Älteren linear fortzuschreiben seien. Auf solche Annahmen gestützt rechnete etwa das Ifo-Institut vor, dass die Beitragssätze zur Gesetzlichen Krankenversicherung bis zum Jahr 2050 auf 26 Prozent steigen müssten. Aber alleine schon ein genauerer Blick auf die aktuell verfügbaren Daten mahnt zur Vorsicht. So lässt sich etwa feststellen, dass die Behandlungskosten für Menschen zwischen dem 75. und 89. Lebensjahr ein deutlich geringeres Wachstum haben als für Menschen zwischen dem 60. und 74. und ab dem 85. Lebensjahre konstant bleiben. Anhänger der Kompressionsthese verweisen zudem darauf, dass die höchsten Gesundheitsausgaben im Lebenslauf eines Menschen in den letzten beiden Jahren vor seinem Tod anfallen. Dabei bleibt es, auch wenn die Menschen älter werden; die Menschen leben länger und sie leben länger gesund. Die Krankenkassenbeiträge könnten demnach gleich bleiben oder bloß moderat steigen, zumal wenn es gelänge, sozial bedingte Disparitäten im Gesundheitszustand zu nivellieren. Die Kompressionsthese verfügt über eine höhere empirische Evidenz und international vergleichende Untersuchungen weisen in dieselbe Richtung (vgl. Mayer 2013b: 17; Reiners 2011: 64–68; Rosenbrock/Gerlinger 2006: 41). Zu ähnlichen Einschätzungen gelangen Rosenbrock und Gerlinger (2006: 212ff.) in Bezug auf Pflegebedürftigkeit, auch wenn sie von einem wachsenden Pflegebedarf ausgehen. Alter, so lässt resümieren, ist durchaus ein Bestimmungsfaktor für den Gesundheits- und Pflegebedarf, aber ist keineswegs der einzige und vor allem kein konstanter.

„Wenn aus der fortschreitenden Alterung der Gesellschaft ein wachsender Bedarf an Gesundheitsleistungen erwächst, so ist dies vor allem auf die fortbestehende soziale Ungleichheit von Gesundheitschancen zurückzuführen. Wir haben es also weitgehend mit sozialen Bedingungen zu tun, die politisch gestaltet werden können" (Rosenbrock/Gerlinger 2006: 44; vgl. Pohlmann 2011: 30; Bosbach/Korff 2012: 183-186; Richter-Kornweitz 2012).

Jenseits der skizzierten sozialpolitischen Kontroversen: Die demografischen Veränderungen bringen – und hier sind sich alle ExpertInnen einig – eine Schrumpfung der Gesamtbevölkerung sowie einen relativen und absoluten Anstieg älterer Menschen mit sich und tragen auf diese Weise zu einer wachsenden Bedeutung und intensiveren Wahrnehmung des Alters bei. Die ständigen Pressebeiträge zu diesem Thema sind ein beredter Beleg dafür. Wohl jedes Mitglied einer alternden Gesellschaft wünscht sich ein möglichst beeinträchtigungsarmes, finanziell abgesichertes und selbstbestimmtes, langes Leben. Die positive Ausgestaltung des Alterns ist in diesem Zusammenhang aber nicht nur aus individueller Sicht von Bedeutung. Sie erhält zusätzlich aus kollektiver Perspektive verstärkte Aufmerksamkeit. Es liegt im öffentlichen Interesse, dass sich Menschen auch im Alter möglichst lange Zeit für das Gemeinwohl engagieren und nicht auf die Unterstützung der Solidargemeinschaft angewiesen sind. Wenn sich dieses Anliegen erfüllen soll, muss man sich frühzeitig auf erwartbare Herausforderungen vorbereiten. Mitunter sind dazu gezielte Hilfestellungen von außen erforderlich. Gleichzeitig bedarf es eines Schutzes älterer Menschen vor überzogenen Ansprüchen und einer Würdigung erbrachter Lebensleistungen. In diesem Sinne kann „das gute Leben im Alter" oder das „gelingendes Alter und Altern" eine Leitmaxime sowohl für die einzelnen Individuen wie für die Gesellschaft als Ganzes sein.

4   Auswirkungen des Alter(n)s

Ab welchem Zeitpunkt von einem Alter(n) gesprochen werden kann, ist nicht a priori festzulegen, denn eine universelle Definition des Alters steht nach wie vor aus. Wer zu den Alten gehört und wer nicht, bewegt und erhitzt seit der ersten Formulierung dieser Frage die Gemüter. Die Gerontologie – als interdisziplinär ausgerichtete Metadisziplin in diesem Feld – hat darauf bis heute eher ausweichend geantwortet. Unterscheiden lassen sich psychische, soziale, administrative, biologische oder funktionale Aspekte die sich auf das Erleben und Handeln, aber auch auf körperliche Veränderungen beziehen lassen und in Abhängigkeit des jeweiligen Kontextes zu unterschiedlichen Alterseinschätzungen führen (vgl. Pohlmann 2011; Voges 2008: 14-94). Die Klientel der Sozialen Arbeit ist demnach nicht allein durch das kalendarische Alter festzuschreiben, solange Leistungs- und Bewältigungsfähigkeit, Belastbarkeit und Unterstützungsbedarf innerhalb einer Geburtskohorte ungleich verteilt sind. Nicht allein die große Varianz innerhalb einer Generation führt zu Eingrenzungsproblemen, sondern auch die Notwendigkeit, das Altern als lebenslange Aufgabe zu begreifen. Letztlich beginnt gelingendes Alter(n) insofern mit der Geburt. In der vorliegenden Publikation erfolgt angesichts der unterschiedlich gewählten Themenschwerpunkte gleichwohl eine jeweils pragmatische – wenn auch sehr breite Eingrenzung – relevanter Altersgruppen. Die Spannweite umfasst hier bis zu sechs Jahrzehnte. Die untere Grenze beginnt aus der Perspektive des Arbeitsmarktes und erforderlicher Qualifizierungsprogramme bei Personen ab 45 Jahre. Diese zählen bereits zu den älteren Arbeitnehmern. Dagegen führt uns die Auseinandersetzung mit dem Thema der Hochaltrigkeit bereits über eine dreistellige Altersschwelle. Altern(n) schlägt sich zudem nicht zuletzt in der Interaktion und im sozialen Austausch zwischen verschiedenen Generationen nieder.[9] Demzufolge wird in den nachfolgenden Ausführungen eine gesamtgesellschaftliche Position zu beziehen sein, nach der die Berücksichtigung einer bestimmten Altersgruppe nicht gleichbedeutend mit der Ausblendung einer anderen sein darf. Es gilt nach wie vor, das Alter zu enttabuisieren. Kaum jemand bekennt sich dazu, alt zu sein. Je älter eine Person wird, desto mehr neigt sie dazu, das Alter in eine spätere Lebensphase anzusiedeln. Bemühungen positiver Etikettierungen als *best Ager, junge Alte* oder *Junggebliebene* gehen am Kern des Problems vorbei: der mangelnden Akzeptanz des Alters als eigenständige Lebensphase.

Betrachten wir die Trends der Bevölkerungsentwicklung in Deutschland und in vielen anderen Nationen, so entsteht der berechtigte Eindruck, dass die Chancen, ein hohes Alter zu erreichen, so gut wie noch nie stehen. Nach Berechnungen des vielfach als Referenz genutzten Max Planck Instituts in Rostock (vgl. Vaupel/v. Kistowski 2005) ist die Langlebigkeit in den letzten 160 Jahren in stark alternden Nationen wie Deutschland sehr deutlich angestiegen. Bei Frauen liegt er über diesen sehr langen Zeitraum bei rund drei Monaten pro Jahr. Die Männer weisen ebenfalls einen Rekordzuwachs auf, der allerdings knapp unter dem des weiblichen Geschlechts liegt. Diese gewonnene Lebenserwartung ist mit vielfältigen Erwartungen verknüpft. Dazu gehören Wünsche und Hoffnungen ebenso wie Ängste und Befürchtungen. Sie beziehen sich sowohl auf die künftige persönliche Situation als auch auf die gesellschaftliche Entwicklung. Subjektive *Altersängste* konzentrieren sich vor allem auf Krankheit, Pflegebedürftigkeit und Siechtum. Die Hoffnungen liegen dagegen darin, genau diese Entwicklungen zu vermeiden. Vor allem kognitive Einbußen und der Verlust von Selbstständigkeit, aber auch Persönlichkeitsveränderungen zählen zu den prominentesten Sorgen, die gerade jüngere Menschen mit dem Alter verbinden (vgl. Pohlmann 2004). Daneben gilt die Verschlechterung der materiellen Situ-

---

9 Zu empirischem Befunden zu den Generationenbeziehungen siehe: Zeman in diesem Band und Voges 2008: 258-265 u. 274-285. In international vergleichenden Perspektive: Blome/Keck/Alber 2008.

ation im Alter, speziell bei einer kostenintensiven institutionellen Versorgung als besondere Gefahr eines langen Lebens. Geschürt werden derartige Befürchtungen durch eine mitunter einseitige Berichterstattung, die vor allem die Schattenseiten des Alters vermarktet. Im Wesentlichen verweist eine solche medial inszenierte Diskussion darauf, dass wir einen hohen Preis für die zusätzlichen Jahre zahlen müssen. Bei diesen Darstellungen kommen jedoch die Heterogenität von Altersverläufen und auch die Gestaltbarkeit von Altersprozessen zu kurz. Ein Blick auf wissenschaftlich fundierte Zahlen und Fakten (vgl. Kuhlmey/Tesch-Römer 2012) zeigt zweierlei: Ältere Menschen sind im Durchschnitt gegenüber gleichaltrigen Kohorten der Vergangenheit biologisch verjüngt. Die positive Botschaft lautet daher, dass wir heute auch im höheren Lebensalter immer länger aktiv und gesund leben können. Gleichwohl nimmt die Wahrscheinlichkeit zu, mit steigendem Alter nicht nur eine, sondern gleich mehrere Krankheiten auszubilden zu. Insofern treten Krankheiten zwar zu einem späteren Zeitpunkt im Lebenslauf auf – angesichts der höheren Lebenserwartung können diese allerdings relativ lange andauern und gerade im letzten Lebensabschnitt verschärft auftreten. Multimorbidität trifft insbesondere die Hochaltrigen. Diese oftmals chronischen und irreversiblen Erkrankungen greifen in unterschiedliche Art und Weise ineinander und können zu sehr massiven Beeinträchtigungen und Funktionseinbußen führen.

Ob sich jedoch aus einer Krankheit unmittelbare Einschränkungen ergeben, hängt von der spezifischen Lebenslage einer Person ab. Benachteiligungen und Problemlagen können sich dabei im Alter häufen und zuspitzen. Dabei erfolgen im Lebenslauf „biografischen Aufschichtungen". So tragen beispielsweise eine unzureichende Ausbildung und Lücken in der Erwerbsbiografie in jungen Jahren – unter den gegebenen Alterssicherungsregelungen – zu Altersarmut bei. Neben objektiven Faktoren kommt der persönlichen Bewertung und der Zuversicht, die Situation positiv beeinflussen zu können, eine bedeutsame Rolle zu. Sie moderieren die persönliche Lebensqualität gerade im Alter (vgl. Voges 2008: 131-165). Das an Beliebtheit zunehmende Konstrukt der Lebensqualität bleibt jedoch erklärungsbedürftig. Lebensqualität gilt derzeit als besonders viel versprechender Indikator für eine gelingende Soziale Arbeit mit und für ältere Menschen (Leopold/Heinecker/Pohlmann 2012). Die Weltgesundheitsorganisation (WHO 2002: 13) betont hierbei die Wahrnehmung der eigenen Rolle einer alternden Person im Kontext des umgebenden Kultur- und Wertesystems unter Berücksichtigung ihrer Ziele, Erwartungen, Werte und Sorgen. Dieses komplexe Konzept umfasst damit auch in wesentlicher Art und Weise das gelingende Alter(n). Über den körperlichen Zustand hinaus sind die psychische Gesundheit, das Maß an Unabhängigkeit, die sozialen Beziehungen, das persönliche Wertesystem und die Beziehungen zu wichtigen Aspekten des Umfelds einzubeziehen.

In der gerontologischen Literatur finden sich trotz unbestreitbarer Altersrisiken vielfältige Belege für die positiven Seiten des Älterwerdens. Seit den Grundlagenarbeiten von Paul und Margret Baltes hat es dabei deutliche Verweise auf das *erfolgreiche* und *produktive* und *aktive* Alter(n) gegeben (vgl. Baltes/Baltes 1989). Das Ehepaar wurde für die Einführung dieser Adjektive immer wieder sehr hart kritisiert, weil die Konnotation solcher Begriffe in Richtung einer ökonomisch ausgerichteten Leistungsgesellschaft zu deuten schien. Nach dieser Interpretation wären all diejenigen im Alter untauglich, die äußeren Leistungsansprüchen nicht mehr genügen können. Tatsächlich sind Baltes und viele andere Gerontologen, die mit diesen Umschreibungen in der Folgezeit gearbeitet haben, aber nicht ausreichend gelesen worden. Volkswirtschaftliche Aspekte standen nie im Zentrum der Überlegungen. Vielmehr ließen sich erst durch die in diesem Zusammenhang durchgeführten Studien alterswissenschaftliche Theorien und Konzepte einführen, die zu einer sehr differenzierten Wahrnehmung der Potenziale und Ressourcen im Alter beitrugen. Erfolg, Produktivität und Aktivität ist als Konglomerat zu verstehen, das einen alternden Menschen in die Lage versetzt, eigene Ziele zu verwirklichen und mit belastenden Lebensumständen effizient umzugehen. Um die mit dem erfolgreichen Altern verbundenen Missverständnisse und Fehldeutungen künftig zu vermeiden, braucht es dennoch einen weniger tendenziösen und belastbaren Begriff. Ganz bewusst haben die HerausgeberInnen daher das gelingende Alter(n) in den Vordergrund gerückt.

Ob ein Leben in der Bilanz als gelungen bezeichnet werden kann, hängt von sehr vielen Faktoren ab. Im Nachlass von Jean-Paul Sartre findet sich ein Fragment von 1948, welches unter der Überschrift *Wahrheit und Existenz* auf die Deutungshoheit der eigenen Lebensbilanz verweist. In der Rückschau lassen sich nach seiner Auffassung frühere biografische Handlungen und Ereignisse nicht beliebig neu konstruieren. Jede Person entscheidet selbst über die Bedeutung und Tragweite des Geschehens. Als nützlich für das Verständnis eines gelingenden Alter(n)s erweist sich daneben die Pionierarbeit von Erik Homburger Erikson (1968), der aufgezeigt hat, dass Entwicklungsaufgaben auch noch nach Abschluss der Pubertät auf uns warten. Damit hat er den Grundstein für einen Lebensspannenausrichtung gelegt. Nach seinem eher normativ geprägten Entwicklungsmodell durchlaufen wir in einer gesetzmäßig festgelegten Abfolge verschieden Entwicklungsstufen. Auf jeder Stufe hat das Individuum eine altersbezogene Krise zu bewältigen. Erst durch die erfolgreiche Bearbeitung dieser Entwicklungsaufgaben, die sich als Integration gegensätzlicher Pole beschreiben lässt, können **25** reifere Stadien der Entwicklung erreicht werden. Die menschliche Entwicklung ist damit als Prozess zu kennzeichnen, der zwischen Stufen, Krisen und einem neuen Gleichgewicht bis ins höhere Erwachsenenalter wechselt. Bemerkenswert sind in diesem Zusammenhang die beiden letzten Stufen in denen der Mensch die Fähigkeit zur *Generativität* und *Integrität* ausbildet. Hegt eine Person den Wunsch, sich für andere einzusetzen und treten Verhaltensweisen und Einstellungen wie Fürsorge, Vertrauen in die Zukunft, Glaube an die Menschheit, elterliche Verantwortung und Hilfsbereitschaft in Erscheinung, ist die Stufe der Generativität erfolgreich abgeschlossen. Integrität stellt sich ein, wenn eine Person im reifen Erwachsenenalter, nach Erikson frühestens mit 60 Jahren, eine positive Lebensbilanzierung vorzunehmen vermag. Erforderlich dazu ist die Akzeptanz, das eigene Leben in der Rückschau trotz eingetretener Niederlagen, nicht erreichter Ziele und bestehender Verluste zumindest in Teilen als gerundet wahrzunehmen. Dies kann durch die von Sartre beschriebene kreative Rekonstruktion der eigenen Biografie geschehen. In eine ähnliche Richtung geht das von Lars Tornstam (2005) beschriebene Prinzip der *Geotransdendenz,* das den Höhepunkt der Persönlichkeitsentwicklung nach seiner Theorie umschreibt. Es erlaubt eine gelassene Auseinandersetzung mit der eigenen Endlichkeit, trägt zu einer Bewusstmachung bislang verdrängter Persönlichkeitseigenschaften bei und erlaubt eine soziale Neuorientierung, indem oberflächliche soziale Beziehungen aufgegeben werden und fruchtbar erscheinende Beziehungen intensiviert werden. Der ausgewiesene Altersforscher Andreas Kruse deutet Transzendenz in seiner jüngsten Buchveröffentlichung als

> *„eine über die individuelle Existenz hinausgehende Ordnung. Psychologische Theorien zur Entwicklung im Alter betonen die Bedeutung der Transzendenz für die positive Lebenseinstellung des Menschen gerade in hoher körperlicher und seelisch geistiger Verletzlichkeit."* (Kruse, 2013: 288)

Um dieses Verständnis und die Entwicklungskompetenzen im Sinne von Erikson, Tornstam und Kruse zu erreichen, bedarf es eines Gleichgewichts von Intellekt und Affekt. Das gelingende Alter(n) braucht damit den Gleichklang von Gefühl und Kognition in der Bewertung des eigenen Lebens sowie eine Ordnung der Gesellschaft, die dies zulässt und nach Möglichkeit fördert.

Ein gelingendes Alter(n) erzwingt darüber hinaus den Blick nach vorn. Dazu müssen die eigenen Potenziale, aber auch die eigenen Schwächen richtig eingeschätzt und brach liegende Ressourcen aktiviert werden. Wenn es darum geht, das Alter(n) künftig gelingen zu lassen, stellt sich die Frage nach den verfügbaren Potenzialen älterer Menschen. Tatsächlich können viele Menschen gerade im Alter auf besondere Fähigkeiten und Fertigkeiten zurückgreifen (vgl. Pohlmann 2010). Dazu gehören ein allgemeinen Erfahrung- und Lebenswissen, ein Selbstwissen, das Älteren erlaubt, Ursachen von Gefühlen einzuordnen und zu verstehen und Strategien zu finden, durch die sich affektive Konflikte vermeiden oder in ihren negativen Auswirkungen abmildern lassen. Hinzu kommen aufgrund von Erwerbs- oder Familienarbeit ein profundes berufliches Expertenwissen oder effiziente Alltagsstrategien. Ältere Menschen besitzen in der Regel ein ausgeprägtes faktisches Wissen und ein solides strategisches Wissen. Anders als in früheren Lebensphasen können sie zudem autonom über die wertvolle Ressource Zeit verfügen. Nicht bei allen Älteren kommen jedoch diese Potenziale zum Zuge, entweder, weil sie den Älteren nicht ausreichend bewusst sind oder weil sie mutmaßlich von ihrer Umwelt nicht gebraucht, geschätzt, gewollt oder unterstützt werden. Zudem können wir viel von älteren Menschen lernen und die auf diesem Weg gewonnenen Erkenntnisse an jüngere Generationen weitergeben. Denn: Senioren zeigen gerade bei auftretenden Einschränkungen und sozialen Verlusten ein erstaunliches Risikomanagement, das sie in die Lage versetzt, auftretende Widrigkeiten zu meistern. Sie bewältigen negative Entwicklungen oder Rückschläge durch den Einsatz protektiver Faktoren, aber auch durch die Anpassung von Vorhaben und Handlungen (vgl. Pohlmann, 2011). Da die Wahrscheinlichkeit für das Auftreten aversiver Problemlagen mit fortschreitendem Lebensalter steigt, ist der Bedarf zur Wiederherstellung und zum Erhalt von Kompetenzen außerordentlich hoch. Grundsätzlich sei angemerkt, dass neben dem Alter einer Person auch weitere soziodemografische Merkmale zu berücksichtigen sind, wenn es um psychosoziale Maßnahmen auf dem Weg zu einem gelingenden Leben geht. Auf die Interaktion von Alter und Geschlecht, Ethnie, Behinderung oder andere Merkmale ist bereits vielfach hingewiesen worden. Dies erklärt auch die enorme Heterogenität des Alters (vgl. Pohlmann 2011).

5 Möglichkeiten und Grenzen Sozialer Arbeit in der Perspektive des Lebenslagenansatzes

Nach all diesen Ausführungen und Überlegungen stellt sich schließlich die Frage, wie Soziale Arbeit zum gelingenden Alter(n) beitragen kann. Die Antwort darauf muss differenziert ausfallen. Es gilt zwischen den Akteuren Sozialer Arbeit (Einrichtungen und Trägern, Professionellen und der Disziplin), den Bereichen (dem Sachbereich Altenhilfe und den übrigen Arbeitsbereichen Sozialer Arbeit), aber auch zwischen verschiedenen gesellschaftlichen Ebenen zu unterscheiden. Hilfreich ist hierbei ein Rekurs auf den Lebenslagenansatz, der von Gerhard Weißer ab den 1950er Jahren für die deutsche Sozialpolitikdiskussion und -analyse fruchtbar gemacht wurde.

Das Lebenslagenkonzept differenziert das Klassenkonzept der älteren Soziologie in verschiedene, sozialpolitisch gestaltbare Dimensionen aus. Als wichtigste Dimensionen gelten dabei: Einkommen, Arbeit, Wohnen, Bildung, Gesundheit (knapp: Voges 2011; ausführlicher: Voges u.a. 2003). In dem Konzept kann Lebenslage sowohl als zu erklärender Sachverhalt als auch als erklärender Sachverhalt verwendet werden. Im ersten Fall (Lebenslage als Explanandum) geht es um die Beantwortung der Frage, wie ein Mensch (oder eine Gruppe) in eine spezifische Lebenslage gekommen ist (etwa in eine Unterversorgungslage bezüglich Bildung, Einkommen, Gesundheit Wohnraum, gesellschaftlicher Teilhabe). Diese Frage lässt sich meist in einem ersten Schritt recht einfach damit beantworten, dass ein bestimmtes Risiko eingetreten ist wie beispielsweise Arbeitslosigkeit. Anschließend wird analysiert: (1) Wie sich die Ausgangslage (z.B. sozialstrukturell) vor Eintritt des Risikos gestaltete, (2) welche Unterstützung auf der Markoebene die Gesellschafts- oder Sozialpolitik bietet, um den Eintritt des Risikos zu vermeiden und bei Eintritt des Risikos die Folgen zu gestalten und (3) welche individuellen Ressourcen dabei wie mitwirken. Sind diese Fragen beantwortet, dann erst ist eine spezifische Lebenslage erklärt. Im zweiten Falle (Lebenslage als Explanans) geht es darum herauszufinden, zu welchen Folgen eine gegebene Lebenslage führen kann. So führt zum Beispiel eine Lebenslage, die durch Unterversorgung gekennzeichnet ist, dazu, dass eine höhere Verwundbarkeit, ein höheres Risiko für weitere Benachteiligungen gegeben ist. Auch dafür besteht kein Automatismus. Auch hier wirken abermals die eben schon angeführten Unterstützungssysteme, die der Sozialstaat zur Verfügung stellt (oder auch nicht) sowie die jeweiligen individuellen Ressourcen sowie die Bewältigungsmöglichkeiten des Einzelnen. Bei einer dynamischen Betrachtung, wenn man also die Zeitdimension einbezieht, zeigt sich, dass die Lebenslage als Ursache und Folge zu verstehen ist, womit sich auch Lebensläufe analytisch rekonstruieren lassen.

Für die hier in Rede stehende Frage nach dem (möglichen) Beitrag Sozialer Arbeit zum gelingenden Alter(n) lässt sich dieses in der Abbildung visualisierte Konzept als Heuristik nutzen. Deutlich ist zunächst, dass viele Voraussetzungen für „ein gutes Leben" im Allgemeinen wie für ein gelingendes Alter(n) im Besonderen, jenseits des unmittelbaren Einflussbereichs Sozialer Arbeit stehen. Zur Überwindung von Altersarmut infolge eines unzureichenden Sicherungsniveaus der Gesetzlichen Rentenversicherung kann Soziale Arbeit nicht direkt beitragen. Hier ließe sich allenfalls die Forderung formulieren, die Verbände Sozialer Arbeit (Wohlfahrtverbände, Fachverbände, Berufsverbände und die Wissenschaft Sozialer Arbeit) mögen ihre Expertise advokatorisch nutzen und die Stimme erheben, um sozialpolitische Veränderungen zu erreichen. Aber diese Stimme wäre nur eine

Abbildung 1: Lebenslage als Folge und Ursache

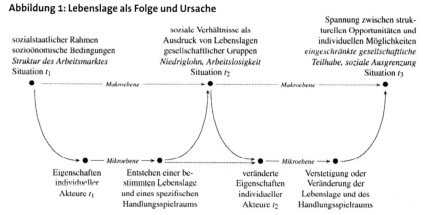

Quelle: Voges 2011, S, 30

in einem vielstimmigen Chor und gewiss nicht die lauteste. Soziale Arbeit kann vor allem bei Einzelfällen ansetzen – wenn entsprechende sozialrechtliche Möglichkeiten bestehen – und etwa die Einkommenssituation von Senioren verbessern, wenn existierende Rechtsansprüche nicht genutzt werden; hier liegt eine originäre Aufgabe und Möglichkeit Sozialer Arbeit.

Zudem kann Soziale Arbeit, das verdeutlicht die Abbildung, bei der subjektiven Dimension ansetzen. Der Lebenslagenansatz fokussiert nicht ausschließlich auf die objektiv verfügbaren Ressourcen, sondern auch auf die Handlungsspielräume, den Personen aufgrund dieser Ressourcen als gegeben ansehen, sowie ihre Fähigkeiten. Aus den Ressourcen, die zu einem bestimmten Zeitpunkt zur Verfügung stehen, kann allein nicht auf den Handlungsspielraum von Personen geschlossen werden. So muss sich etwa aus einer durch Einkommensarmut gekennzeichneten Lebenslage nicht unmittelbar ein eingeschränkter Handlungsspielraum zur Nutzung gesundheitsbezogener Dienste ergeben. Hier besteht eine unmittelbarere Anknüpfungsmöglichkeit für den Lebensbewältigungsansatz. Generell ist Soziale Arbeit zu verstehen als eine personenbezogene, fachlich qualifizierte und professionell ausgeführte Intervention mit fürsorglicher Intention. Sie ist sozialpolitisch reguliert und im System der sozialen Sicherung (vor allem im Bereich der Fürsorge) verankert und nur in diesem Kontext angemessen zu analysieren. Sie bearbeitet soziale Probleme und leistet dabei Unterstützung zur sozialen Integration. Mit Lothar Böhnisch lässt sich fortfahren: Dabei ist Soziale Arbeit eine Reaktion auf die Bewältigungstatsache. Bewältigungstatsachen sind die psycho-sozialen Bewältigungsprobleme, die sich in Folge gesellschaftlich bedingter sozialer Desintegration ergeben. Lebensbewältigung meint das Streben nach subjektiver

Handlungsfähigkeit in kritischen Lebenssituationen, in denen das psycho-soziale Gleichgewicht gefährdet ist. Kritisch ist eine Lebenssituation dann, wenn die bislang verfügbaren Ressourcen des Individuums nicht ausrei-chen. Soziale Arbeit erweitert die verfügbaren Ressourcen und unterstützt damit die (Wieder-)Herstellung der subjektiven Handlungsfähigkeit, so dass die kritische Lebenssituation bewältigt werden kann. Soziale Arbeit ist also Hilfe zur Lebensbewältigung (Böhnisch 2005).

Bewältigungsprobleme können in jeder Phase des Lebenslaufs auftreten, besonders „störanfällig" sind aber generell Statuspassagen, die Übergänge von einer Lebensphase in eine andere mit auch jeweils anderen Anforde-rungen und Verhaltenserwartungen. Für alternde Menschen spielte dabei der Übergang vom Erwerbsleben in den so genannten Ruhestand regelmä-ßig ein potenziell schwierige Übergangsphase dar. Lothar Böhnisch hat darüber hinaus in seiner „Sozialpädagogik der Lebensalter" (1997) deut-lich gemacht, dass jede Lebensphase durch spezifische Lebenslauf-Anfor-derungen gekennzeichnet ist. So bestehen auch im Alter besondere zeit-räumliche Bewältigungskonstellationen, denen ein Individuum gewach-sen sein kann – oder nicht. Hier lebenslagespezifische Hilfe zur Lebensbe-wältigung im Alter zu geben, ist Aufgabe Sozialer Arbeit. Eine Aufgabe, die jedoch eine altersspezifische Expertise benötigt, die bislang speziell für die Soziale Arbeit erst unzureichend in der Wissenschaft erarbeitet und in der Ausbildung vermittelt wird. Ein Grund für diesen von Böhnisch konstatie-ren Mangel mag in der unzureichenden Infrastruktur der sozialen Alten-hilfe jenseits der Pflege, also für die Soziale Altenarbeit sein. Hierfür fehlt, wie oben schon angeführt, eine entsprechende verbindliche rechtliche Ver-ankerung (siehe dazu den Beitrag von Zenz in diesem Band).

6   Schwerpunksetzungen in diesem Band

Die nachfolgenden Beiträge diskutieren neue Zugänge, Handlungsvorausset-zungen und Veränderungsbedarfe für ein gelingendes Alter(n). Sie verwei-sen damit auf derzeitige, aber auch auf zukünftig mehr und mehr gefragte Handlungsanforderungen an die Soziale Arbeit. Ziel ist es, Versorgungsde-fizite zu beseitigen und Wege aufzuzeigen, damit der im Titel dieses Buchs genannte Anspruch in die Tat umgesetzt werden kann. Die Ausführun-gen sind indes nicht als konkrete Bauanleitung zu verstehen. Eine simple Gebrauchsanweisung für ein gelingendes Alter(n) kann es nicht geben, weil auch die Bewertung eines Gelingens sich immer wieder auf neue Art und Weise stellen muss. Vielmehr geht es neben der Beschreibung von erfolgrei-chen Modellen und Beispielen gerade darum, kritisch auf Hürden und Barrieren zu verweisen. Ziel ist es, innovative Schritte der Sozialen Arbeit in diesem Bereich zu bestärken und zugleich bislang nicht hinreichend beachtete Aufgaben an die Soziale Arbeit herauszustreichen.

Die einzelnen Beiträge des vorliegenden Sammelbandes beleuchten aus verschiedenen Blickwinkeln die im Vorstehenden angeführten Sachverhalte, Entwicklungen und Kontroversen. Sie sensibilisieren in besondere Weise auf noch in Teilen unzureichend berücksichtigte Handlungsfelder der Sozialen Arbeit. Zunächst werden mit der Darstellung der Generationenverhältnisse und -beziehungen die gesellschaftlichen Rahmenbedingungen für das Altern an sich und damit zugleich auch für die Soziale Arbeit mit älteren Menschen präsentiert. Unter Generationenverhältnissen ist dabei die (sozial-)staatliche Gestaltung der jeweiligen Rechte und Pflichten von Menschen in unterschiedlichen Altergruppen zu verstehen. Im sozialpolitischen Zentrum stehen hierbei Festlegungen darüber, in welchem Alter von Menschen erwartet wird, dass sie (sofern sie nicht in der Lage sind, ihren Lebensunterhalt aus Vermögenseinkommen zu bestreiten) ihren Lebensunterhalt durch Erwerbsarbeit eigenständig erwirtschaften und in welchem Alter Menschen legitimerweise staatliche Transferleistungen beanspruchen können und unter welchen sonstigen Bedingungen sie Leistungen in welcher Höhe bzw. in welchem Umfang erhalten können. Anders formuliert: Es geht hier um Fragen der Umverteilung von Einkommen und sonstigen Leistungen zwischen Generationen auf der Makroebene. Unter Generationenbeziehungen ist dagegen die Gestaltung der Relationen auf der familialen, persönlichen und privaten also auf der Mikroebene zu verstehen.

Im ersten Beitrag beschäftigt sich *Gerhard Bäcker* mit den *Generationenverhältnissen im Sozialstaat*. Bäckers Ausgangspunkt sind dabei die Kontroversen über die (erforderlichen) Folgen des demografischen Wandels für die Sozialen Sicherungssysteme, insbesondere die Alterssicherung. Ist die umlagenfinanzierte Gesetzliche Rentenversicherung mit dem prognostizierten Wandel überfordert? Spitzt sich hier ein Verteilungskonflikt – „Generationenkrieg" - zu, weil immer mehr Alte auf Kosten von immer weniger Jungen leben? Sind die Jungen dadurch nicht zunehmend überlastet und benachteiligt? Wäre es nicht ein Gebot der Gerechtigkeit – hierfür wurde der neue Begriff „Generationengerechtigkeit" geprägt, der den des „Generationenvertrags" zunehmend verdrängt hat – vom umlagenfinanzierten System der Alterssicherung auf ein kapitalgedecktes Finanzierungsverfahren umzustellen? Bäckers Analyse, die mit einer Differenzierung des Generationenbegriffs durch Berücksichtigung des Zeitfaktors beginnt, um zu einer dynamischen Längsschnittanalyse zu gelangen, führt zum Ergebnis, dass die in den genannten Fragen enthaltenen Annahmen letztlich nicht haltbar sind. **31**

Die These, das gegenwärtige Leistungs- und Finanzierungssystem benachteilige die mittleren und jüngeren Altersgruppen sowie die nachrückenden Kohorten, so Bäcker, sei nicht zu halten. Verteilungskonflikte machten sich nicht an der Unterscheidung zwischen Jung und Alt, sondern an den „traditionellen" sozial-ökonomischen Scheidelinien fest. Die Begrenzung der Sicht auf intergenerationale Verteilungsdiskrepanzen diene dazu, die aufklaffenden intragenerationalen Unterschiede zwischen arm und reich zu verdecken und gleichzeitig, die im Interesse der Wirtschaft (Banken, Versicherungen) liegende Teilprivatisierung der Rentenversicherung politisch zu legitimieren.

Auch *Peter Zeman*, dessen Ausführungen sich auf die *Generationenbeziehungen im Sozialstaat* konzentrieren, wählt wie Bäcker als Ausgangspunkt seines Beitrags die aktuellen Diskurse über den demografischen Wandel und dessen Auswirkungen auf den Sozialstaat. In diesem Zusammenhang definiert er zunächst Schlüsselbegriffe wie Altgruppe, Generationen, Kohorte, um mit dem solchermaßen geschärften Begriffsinstrumentarium zu einem geeignetes theoretisches Konzept für die Gewinnung empirischer Befunde zu gelangen. Zeman verdeutlicht, dass und wie Generationenbeziehungen und Generationenverhältnisse eng miteinander verzahnt sind. Das Bildungssystem, der Arbeitsmarkt und die sozialstaatliche Umverteilungsarrangements hätten unmittelbaren Einfluss auf familiale Arrangements, sie wirkten sich erheblich auf monetäre Transfers oder instrumentelle Leistungen, auf das Zusammenleben und die Wohnentfernungen zwischen den familialen Generationen aus. Als empirische Befunde führt Zeman unter anderem an, dass die Mehrheit der Menschen in der zweiten Lebenshälfte in ein funktionierendes Netz aus familialen Beziehungen eingebunden sei. Wichtige strukturelle Voraussetzungen – die vorhandenen Generationenkonstellationen und die räumliche Entfernung der Generationen zueinander - veränderten sich jedoch. Die Wohnentfernungen der Mitglieder von Mehrgenerationenfamilien nähmen zu, dennoch seien die Kontakte zwischen den Generationen in den meisten Familien weiterhin sehr dicht und die überwiegende Mehrheit der Menschen in der zweiten Lebenshälfte bewertetet die Beziehungen zu Kindern und Enkeln als emotional eng und bezeichnet die Familienbeziehungen insgesamt als gut. Trotz der strukturellen Veränderungen blieben die Beziehungen also offensichtlich stabil. Zeman schließt seine Ausführungen mit Hinweisen auf die Fülle aktueller intergenerativen Projekte, die der Förderung der Generationenbeziehungen dienen und die auch für die Soziale Arbeit neue Betätigungsfelder böten.

Der folgende Beitrag von *Kirsten Aner* beschäftigt sich unter dem Titel: *Age Troubles – Generationenbeziehungen in der Sozialen Arbeit* ebenfalls mit Generationenbeziehungen, er fokussiert dabei, wie der Titel schon aussagt, auf diese Beziehungen innerhalb der Sozialen Arbeit. Ausgangspunkt sind hierbei zunächst zwei Befunde: (1) dass der Anteil älterer und hochaltriger Menschen in den Handlungsfeldern Sozialer Arbeit zunimmt und (2) dass die Generationenbeziehung zwischen Fachkräften Sozialer Arbeit und (älteren) AdressatInnen sowohl in Theorien wie theoretischen Reflexionen und der empirischen Professionsforschung Sozialer Arbeit kaum Beachtung findet. Gestützt auf eigene Studien zur Wahrnehmung und Wirksamkeit von Generationendifferenzen in Beratungssettings gelangt Aner zur Erkenntnis, dass das Alter als unhintergehbare horizontalen Strukturkategorien in den Beziehungen zwischen Professionellen und AdressatInnen Sozialer Arbeit Wirkungen entfaltet, die aber bislang kaum empirische erfasst und theoretisch reflektiert worden seien. Beides sei jedoch fachlich erforderlich, weil es sich für die Soziale Arbeit mehr noch als für andere Professionen verbiete, sich auf einen unpersönlichen Expertenstatus zurückzuziehen – das ist eine Art und Weise, wie Fachkräfte mit Unsicherheiten in der Interaktion mit AdressatInnen umgehen. Denn Ziele und Mittel der Interventionen Sozialer Arbeit seien von den Professionellen in einem mit den AdressatInnen einzugehenden Arbeitsbündnis auszuhandeln. Dabei müssten sich die Fachkräfte, um die soziale Sinnwelt der Adressatinnen beeinflussen zu können, in ihrem professionellen Handeln auf deren Alltagswelt einlassen und eine Verständigung herbeiführen, also auch deren Sprache sprechen. Dinge mithin, die den Aufbau einer persönlichen Beziehung erforderten, weshalb die Einnahme einer unpersönlichen Expertenrolle, zu einer kontraproduktiven Verdinglichung der AdressatInnen führen müsse. Deshalb plädiert Aner am Ende ihrer Ausführungen für eine „Gerontologisierung des sozialpädagogischen Handelns"; es gälte nicht nur die spezifischen Problemlagen älterer AdressatInnen zu berücksichtigen, sondern auch die Bedeutung der alltäglichen Generationenordnung für Hilfe- und Beratungsbeziehungen zu reflektieren. Das Erarbeiten von Wissen über Alter(n) und Generationen und seine Vermittlung in der Ausbildung sei für die Professionalisierung der Sozialen Arbeit erforderlich.

Die besondere Aufmerksamkeit Sozialer Arbeit gegenüber jungen Menschen, bei gleichzeitig geringer Beachtung älterer Menschen, wie von Aner thematisiert, zeigt sich auch bei den Rechtsgrundlagen Sozialer Arbeit. Verfügen wir seit den 1920er Jahren über ein eingeständiges Jugendhilfegesetz, so stecken Fachdiskussionen über ein vergleichbares Altenhilfegesetz noch in den „Kinderschuhen". Die Realisierungschancen für ein solches Gesetzwerk erscheinen zumindest aktuell als ausgesprochen gering, weil es am politischen Willen dafür mangelt.

Nicht dennoch, sondern auch deshalb fragen *Gisela Zenz* und *Stefan Pohlmann* in ihrem Beitrag: *„Welche Rechte braucht eine alternde Gesell-* **33** *schaft?"* Die VerfasserInnen verdeutlichen in ihrer empirischen Bestandsaufnahme, dass insbesondere für hochaltrige versorgungsabhängige Menschen ein vielfach unterschätztes Risiko, Opfer von Gewalt und Vernachlässigung zu werden, besteht. Die vorhandenen rechtlichen Gewaltschutzmechanismen im Sozialhilfe-, Betreuungs-, Pflegeversicherungs-, Polizei- und Strafrecht reichten nicht aus und bedürften der Ergänzung durch hilfeorientierte Interventionsmöglichkeiten mit klaren Zuständigkeitsregelungen. Anregungen dafür böte das Kinderschutzrecht mit seiner Orientierung am Kindeswohl und der Abwendung von Kindeswohlgefährdungen. Doch beim „Altenwohl" müssten auch die Unterschiede zum Kindeswohl beachtet werden. Alte Menschen seien keine Kinder, betonen Zenz und Pohlmann. Sie hätten als mündige Bürger das Recht, selbst über ihr Leben zu bestimmen und dabei auch Gefährdungen in Kauf zu nehmen. Gegen den entschiedenen Willen des betroffenen alten Menschen dürften daher helfende Interventionen nur in eng definierten Ausnahmefällen in Betracht kommen. Die schwierige Balance zwischen Autonomie und Schutzbedarf versorgungsabhängiger Menschen gelte es zu wahren. Speziell im Hinblick auf die Gefährdung des Wohls des/der Pflegebedürftigen bedürfe es der Schaffung von materiellrechtlichen, verfahrensrechtlichen und institutionellen Rahmenbedingungen – vergleichbar den Rechten und Pflichten von Jugendämtern und Familiengerichten bei Kindeswohlgefährdung. Generell konstatieren die VerfasserInnen „den Bedarf für einen einklagbaren Rechtsanspruch älterer Menschen auf ein möglichst selbstständiges und selbstbestimmtes Leben, das ihnen soweit wie irgend möglich eine autonome Lebensführung einräumt und zum Schutz vor Gewalt, Beeinträchtigung der persönlichen Freiheit und Vernachlässigung beiträgt".

Thematisieren Zenz und Pohlmann Sachverhalte und Risiken, die einem „gelingenden Alter(n) im Wege stehen können, so handelt der anschließende Beitrag von *Rudolf Tippelt* und *Carmen Legni* von etwas, was als Ermöglichung, wenn nicht gar als Voraussetzung, dafür angesehen werden kann, nämlich Bildung. Wie der Titel des Beitrags: *Bildungshürden und -chancen für ältere Menschen* schon verdeutlicht, gelangen dabei aber nicht nur die Bildungschancen, sondern zugleich auch Barrieren und Hürden, die es zu überwinden gilt, in den Blick. Auf empirische Studien gestützt kommen sie zu dem Ergebnis, dass sich Bildung und Weiterbildung günstig auf den sozialen Status auswirke und auch ein individuelles und gesellschaftliches Altersbild positiv beeinflusse. Lernen und Bildung stärken Kompetenzen, die Selbstorganisationsfähigkeiten des Individuums und hätte auch eine sehr hohe Bedeutung bei der Verarbeitung kritischer Lebensereignisse. Generell könne festgestellt werden, dass die individuelle Unabhängigkeit und Selbstständigkeit im Lebensverlauf durch Bildung lange erhalten bliebe. Insofern ließe sich auch konstatieren, dass Bildung und Lernen ein konstruktives Altern unterstützen. Von Bildungsaktivitäten älterer Menschen profitieren diese aber nicht nur individuell, sondern auch die Gesellschaft insgesamt. Die Gesellschaft erreiche durch Bildung soziale Integration, Innovation und auch kulturelle und politische Partizipation. Die damit wünschenswerte Unterstützung von Bildungsprozessen Älterer hätte an deren Interessen und die Kompetenzentwicklung älterer Menschen anzuschließen und hätte bei der Organisation die verschiedenen Lernorte zu berücksichtigen.

Um Bildung zu planen, so Tippelt und Legni weiter, brauche man ein adäquates Verständnis der Bildungsprozesse über die Lebensspanne. Dabei seien insbesondere expansive und differenzierende Entwicklungen der Bildung Älterer zu berücksichtigen. Eine besondere zu beachtende soziale Gruppe seien die älteren Migranten. Eine gelingende Bildung im Alter müsse an die Interessen und die Kompetenzentwicklung älterer Menschen anschließen und dies bei der Organisation der verschiedenen Lernorte berücksichtigen.

Über spezifische staatliche Versuche, an die Interessen und die Kompetenzentwicklung älterer Menschen anschließen, berichtet *Martina Wegner* unter der Überschrift *Produktives Altern – Alte als Reserve des neoliberalen Sozialstaates.* Hier geht es um politische Initiativen zur Förderung zivilgesellschaftlichen Engagements in Deutschland. Unter Verweis auf den hier schon mehrfach angeführten „demografischen Wandel" zielen staatliche Maßnahmen, flankiert von gleichgerichteten Projekten privater Stiftungen, auf die Mobilisierung ehrenamtliche Aktivitäten, die vornehmlich in den sozialen Bereich kanalisiere werden sollen, um dort kostengünstig Bedarfe zu decken. Alter und Altern erhält in den begleitenden Diskursen eine rhetorische Aufwertung und „produktive Aufladung", ein neues „realistisches und Altersbild" wird imaginiert, in dem die alten Menschen mit positiven Attributen bedacht und ihnen neue „produktive Aufgaben" zugewiesen werden, deren Erfüllung ein „erfolgreiches Altern" ausmachen sollen. Wegner stellt fünf dieser Bundesprogramme zur Förderung des zivilgesellschaftlichen Engagements älterer Menschen vor, wertet sie aus und vergleicht sie anschließend mit britischen Programmen. Im Unterschied zu Großbritannien, so lautet ihr Ergebnis, scheinen pädagogische Aspekte und gesellschaftliche Anforderungen in den deutschen Programmen schnell durch und häufig werde eine Unterordnung unter staatliche Strukturen sichtbar.

In dem abschließenden Beitrag präsentiert *Christoph Rott* unter dem Titel: *Die unbekannte Gruppe der der über 100-Jährigen* - zentrale Ergebnisse der Heidelberger Hundertjährigen-Studien. Fokussiere vor allem die aktuelle US-amerikanische Forschung (namentlich Rowe und Kahn) auf „objektive" Faktoren wie die Abwesenheit von ernsthaften Krankheiten und Alltagsbehinderungen, gute geistige und körperliche Funktionsfähigkeit, um „erfolgreiches Altern" zu bestimmen, so erfasst die Heidelberger Studie die subjektive Perspektive hochaltriger Menschen. Die unterschiedlichen Operationalisierungen dessen, was „erfolgreiches" bzw. „gelingendes" Alter(n) heißt, führen zu höchst unterschiedlichen Ergebnissen. Lassen sich bei der „objektiven" Erfassung lediglich 12 Prozent der Älteren als „erfolgreich alternd" beurteilen, so ergibt sich für Achtzig- und Hundertjährige ein völlig anderes Bild gelingenden Alterns, wenn die Selbsteinschätzung der alten Menschen zugrunde gelegt werde. Das Kriterium gute subjektive Gesundheit wird dann von 78 Prozent der Achtzigjährigen und 73 Prozent der Hundertjährigen erfüllt. 79 Prozent der jüngeren Altersgruppe und 62 Prozent der älteren Teilnehmer beurteilten ihre ökonomische Situation als gut. Hohes Glücksempfinden äußerten in beiden Gruppen jeweils 90 Prozent. Selbst Hundertjährige sind den Befunden der Heidelberger Hundertjährigen-Studie zufolge erstaunlich glücklich: Sie berichteten zu über 70 Prozent, dass sie sich die meiste Zeit glücklich fühlen. Rott resümiert, dass die psychologische Kraft der entscheidende Faktor sei und dass die in früheren Lebensphasen beobachteten erfolgreichen Anpassungsprozesse zur Aufrechterhaltung eines hohen Wohlbefindens auch im höchsten Alter funktionierten. Das korrespondiert mit den vorgestellten Befunden von Tippelt und Legni in diesem Band und bietet Anknüpfungspunkte für die Soziale Arbeit mit alten Menschen, wenn sie einen Beitrag zum gelinden Alter(n) leisten will.

Die Beiträge des vorliegenden Bandes basieren auf Vorträgen, die die Verfasser und die Verfasserinnen im Sommersemester 2013 im Rahmen des „Colloquiums Soziale Arbeit" an der Fakultät für angewandte Sozialwissenschaften der Hochschule München gehalten haben. Wir danken ihnen für die Mühe der schriftlichen Ausarbeitung. Carla Singer und Anja Uhl haben das Colloquium und die Herstellung des Bandes tatkräftig unterstützt. Auch ihnen sei dafür gedankt.

Literatur

Altenbericht, 4. [Vierter Bericht zur Lage der älteren Generation in der Bundesrepublik Deutschland: Risiken, Lebensqualität und Versorgung Hochaltriger – unter besonderer Berücksichtigung demenzieller Erkrankungen und Stellungnahme der Bundesregierung (BT-Drs. 14/8822) Hg. Bundesministerium für Familie, Senioren, Frauen und Jugend] Berlin 2002

Altenbericht, 6. [Sechster Bericht zur Lage der älteren Generation in der Bundesrepublik Deutschland. Altersbilder in der Gesellschaft und Stellungnahme der Bundesregierung (BT-Drs. 17/3815) Hg. Bundesministerium für Familie, Senioren, Frauen und Jugend] Berlin 2010

Aner, Kirsten/ Karl, Ute (Hg.): Handbuch: Soziale Arbeit und Alter". Wiesbaden 2010a

Aner, Kirsten/ Karl, Ute: Einführung: Handbuch: Soziale Arbeit und Alter. In: dies. (Hg.): 2010a; 2010b: 9–13

Aner, Kirsten: Soziale Altenhilfe als Aufgabe Sozialer Arbeit. In: Aner/Karl (Hg.): 2010a; 2010: 33–50

Aner, Kirsten; Karl, Ute (Hg.): Lebensalter und Soziale Arbeit. Ältere und alte Menschen. Baltmannsweiler 2008

Baltes, Paul B. / Baltes, Margret: Optimierung durch Selektion und Kompensation: Ein psychologisches Modell erfolgreichen Alterns. In: Zeitschrift für Pädagogik 35, 1989: 85–105.

Blome, Agnes / Keck, Wolfgang / Alber, Jens: Generationenbeziehungen im Wohlfahrtsstaat. Wiesbaden 2008

BMFSFJ (Bundesministerium für Familien, Senioren, Frauen und Jugend): Erster Bericht des Bundesministeriums für Familien, Senioren, Frauen und Jugend über die Situation der Heime und die Betreuung der Bewohnerinnen und Bewohner. Bonn 2006

Böhnisch, Lothar: Alter, Altern und Soziale Arbeit – ein sozialisatorischer Bezugsrahmen. In: Aner/Karl (Hg.): 2010a: 187–193

Böhnisch, Lothar: Lebensbewältigung. Ein sozialpolitisch inspiriertes Paradigma für die Soziale Arbeit. In: Thole, Werner (Hg.): Grundriss Soziale Arbeit. 2005: 199-213

Böhnisch, Lothar: Sozialpädagogik der Lebensalter. Eine Einführung, Weinheim und München 1997

Bosbach, Gerd / Korff, Jens Jürgen: Altersarmut in einem reichen Land. Zur Logik eines scheinbaren Widerspruchs. In: Butterwegge u.a. (Hg.) 2012: 175-188

Bundesarbeitsgemeinschaft der Freien Wohlfahrtspflege e.V. (Hg.): Gesamtstatistik der Einrichtungen und Dienste der Freien Wohlfahrtspflege. Berlin 2008

Bundesregierung, Die: Antworten zur Agenda 2010. Berlin 2003.

Butterwegge, Christoph/ Bosbach, Gerd/ Birkwald, Matthias W. (Hg.): Armut im Alter. Probleme und Perspektiven der sozialen Sicherung. Frankfurt, New York 2012

De Beauvoire, S.imone: Das Alter. Reinbek 1977. La Vieillesse. Essai. Paris.

Ebert, Andreas/ Kistler Ernst: Demographie und Demagogie. Mythen und Fakten zur „demographischen Katastrophe". In: Prokla, 37. Jg. Nr. 1, 2007: 39–59

Engels, Dietrich: Demografischer Wandel, Strukturwandel des Alters und Entwicklung des Unterstützungsbedarfs alter Menschen. In: Aner, Kirsten/ Karl, Ute (Hg.): Lebensalter und Soziale Arbeit. Ältere und alte Menschen. Baltmannsweiler 2008: 54–76

Erikson, Erik Homburger: Identity: Youth and Crisis. New York 1968.

Föcking, Friederike: Die Entstehung des Bundessozialhilfegesetzes von 1961. München 2007

Göckenjan, Gerd: Altersbilder in der Geschichte. In: Aner/Karl (Hg.): 2010a: 403–413

Gottschick, Hermann: Das Bundessozialhilfegesetz. 2. erw. Aufl. Köln u. a. 1963

Grunow, Dieter: Soziale Infrastruktur und soziale Dienste. In: Geschichte der Sozialpolitik in Deutschland seit 1945. Hg. v. Bundesministerium für Arbeit und Sozialordnung und Bundesarchiv. Bd. 3. Hg. v. Günther Schulz: Bundesrepublik Deutschland 1949–1957. Baden-Baden 2005: 805–835

Hammerschmidt, Peter/ Tennstedt, Florian: Sozialrecht und Sozialpolitik für das Alter – Entwicklung bis Anfang der 1960er Jahre. In: Aner, Kirsten/ Karl, Ute (Hg.): Handbuch: Soziale Arbeit und Alter". Wiesbaden 2010: 235–245

Hammerschmidt, Peter: Soziale Altenhilfe als Teil kommunaler Sozial(hilfe)politik. In: Aner, Kirsten/ Karl, Ute (Hg.): Handbuch: Soziale Arbeit und Alter". Wiesbaden 2010: 19–31

Hammerschmidt, Peter: Sozialpolitik, Sozialrecht und Soziale Altenarbeit. In: Aner, Kirsten/ Karl, Ute (Hg.): Lebensalter und Soziale Arbeit. Ältere und alte Menschen. Baltmannsweiler 2008: 10–24

Hockerts, Hans Günter: Abschied von der dynamischen Rente – Über den Einzug der Demografie und der Finanzindustrie in die Politik der Alterssicherung. In: Becker, Ulrich/ Hockerts, Hans Günter/ Tenfeld, Klaus (Hg.): Sozialstaat Deutschland. Geschichte und Gegenwart. Bonn 2010: 257-286

Hockerts, Hans Günter: Der deutsche Sozialstaat. Entfaltung und Gefährdung seit 1945. Bonn 2012

Hockerts, Hans Günter: Sozialpolitische Entscheidungen im Nachkriegsdeutschland. Alliierte und deutsche Sozialversicherungspolitik 1945 bis 1957. Stuttgart 1980

Holz, Gerda: Alten(hilfe)politik in der Bundesrepublik Deutschland 1945 bis 1985. Berlin 1987

Karl, Fred: Neue Wege in der sozialen Altenarbeit. Freiburg i.Br. 1990

Karl, Fred: Sozialarbeit in der Altenhilfe. Freiburg i.Br. 1993

Kaufmann, Franz-Xaver: Schrumpfende Gesellschaft. Vom Bevölkerungsrückgang uns seinen Folgen. – 3. Aufl. – Frankfurt 2007

Kistler, Ernst / Trischler, Falko: Alterarmut und Methusalem-Lüge. Wie die Senkung des Rentenniveaus mit demografischen Mythen begründet wird. In: Butterwegge u.a. (Hg.) 2012: 163-174

Kocka, Jürgen: Das Alter kann Gegenstand der Verehrung, aber auch der Verachtung sein. In: Mayer (Hg.); 2013a: 85–88

Kruse, Andreas: Die Grenzgänge des Johann Sebastian Bach. Psychologische Einblicke. Berlin 2013.

Kuhlmey, Adelheid/ Tesch-Römer, Clemens: Autonomie trotz Multimorbidität – Ressourcen für Selbstständigkeit und Selbstbestimmung im Alter. Göttingen 2012

Kumlehn, Martina / Kubik Andreas (Hg.): Konstrukte gelingenden Alterns. Stuttgart 2012

Leopold, Christian /Heinecker, Paula / Pohlmann, Stefan: Lebensqualität in der Altenberatung. In: Pohlmann, Stefan (Hg.): Altern mit Zukunft. Wiesbaden 2012: 43–70.

Mayer, Karl Ulrich (Hg.): Zukunft leben. Die demografische Chance [Katalog zur gleichnamigen Ausstellung]. Berlin 2013a

Mayer, Karl Ulrich: Einführung. In: ders. (Hg.): 2013 a; 2013b: 9–19

Modellprogramme zur Förderung zivilgesellschaftlich „produktiven Alterns" in Deutschland. [zusammen mit Kirsten Aner] In: Erlinghagen, Marcel; Hank, Karsten

(Hg.): Produktives Altern und informelle Arbeit in modernen Gesellschaften. Wiesbaden 2008: 259–276

Müller, Albrecht: Die Reformlüge. München 2004

Münch, Ursula: Familien-, Jugend- und Altenpolitik. In: Geschichte der Sozialpolitik in Deutschland seit 1945. Hg. v. Bundesministerium für Arbeit und Sozialordnung und Bundesarchiv. Bd. 4. Hg. v. Michael Ruck u. Marcel Boldorf: Bundesrepublik Deutschland 1957–1966. Baden-Baden 2007: 552–609

Pohlmann, Stefan: Sozialgerontologie. München 2011

Pohlmann, Stefan: Alterspotenziale: Wirklichkeit, Wahrnehmung und Wahrscheinlichkeit. In Kruse, Andreas (Hg.): Potenziale des Alters. Chancen und Auf-gaben für das Individuum und die Gesellschaft. Heidelberg 2010: 75–98

Pohlmann, Stefan: Das Alter im Spiegel der Gesellschaft. Idstein 2004

Reiners, Hartmut: Mythen der Gesundheitspolitik. – 2. überarb. Aufl. – Bern 2011

Richter-Kornweitz, Antje: Gesundheitliche Ungleichheit im Alter – ein Armutszeugnis. In: Butterwegge u.a. (Hg.) 2012: 144-160

Ritter, Gerhard A.: Der Sozialstaat. – 3. erw. Auflage – München 2010

Sartre, Jean-Paul: Wahrheit und Existenz. Reinbek 1996 (ursprünglich 1948)

Schmähl, Winfried: Alterssicherungspolitik im Wandel – Anmerkungen zu grundlegenden Reformen in der gesetzlichen Rentenversicherung. In: Becker, Ulrich/ Kaufmann, Franz-Xaver/ Maydell, Bernd Baron von/ Schmähl, Winfried; Zacher, Hans F. (Hg.): Alterssicherung in Deutschland. Festschrift für Franz Ruland zum 65. Geburtstag. Baden-Baden 2007: 291-314

Schröder, Gerhard: Regierungserklärung des Bundeskanzlers vor dem Deutschen Bundestag vom 14. März 2013. Deutscher Bundestag. Plenarprotokoll 15/32 vom 14.03.2003: 2481-2493

Schweppe, Cornelia (Hg.): Generation und Sozialpädagogik. Weinheim, München 2002

Schweppe, Cornelia (Hg.): Soziale Altenarbeit. Pädagogische Arbeitsansätze und die Gestaltung von Lebensentwürfen im Alter. Weinheim, München 1996

Sozialdemokratische Partei Deutschland (SPD): Protokoll: Außerordentlicher Bundesparteitag Berlin. Agenda 2010. Berlin 2003

StBA – Statistisches Bundesamt: Eckdaten Pflegestatistik 2011. Wiesbaden 2012.

Tennstedt, Florian: Geschichte des Sozialrechts. In: Maydell, Bernd Baron von/Ruland, Franz (Hg.): Sozialrechtshandbuch. 3. überarb. Aufl. Baden-Baden 2003: 24–80

Tornstam, Lars: Gerotranscendence – A Developmental Theory of Positive Aging. New York 2005

Vaupel, James W./ Jeune, Bernhard: The emergence and proliferation of centenarians. In: Jeune, Bernhard/ Vaupel, James W. (Hg.) Exceptional longevity. Odense 1995: 109–116.

Vaupel, James W. / v. Kistowski, Kristín G.: Der bemerkenswerte Anstieg der Lebenserwartung und sein Einfluss auf die Medizin. In: Berliner Gespräche: Der geriatrische Patient. Bundesgesundheitsblatt Gesundheitsforschung – Gesundheitsschutz, 48, 2005: 586–592

Voges, Wolfgang: Lebenslagen im Sozialstaat. In: Hammerschmidt, Peter/Sagebiel, Juliane (Hg.): Die Soziale Frage zu Beginn des 21. Jahrhunderts. Neu-Ulm 2011: 21–37

Voges, Wolfgang: Soziologie des höheren Lebensalters. Ein Studienbuch zur Gerontologie. Augsburg 2008

Voges, Wolfgang/ Jürgens, Olaf/ Mauer, Andreas/ Meyer, Eike: Methoden und Grundlagen des Lebenslagenansatzes. Endbericht. Bremen 2003

Wehlau, Diana: Rentenpolitik unter Druck. Einflussname und Lobbying der Finanzbranche am Beispiel der Riester-Rente. In: Butterwegge u.a. (Hg.) 2012: 204-224

WHO – World Health Organization: Aktiv Altern: Rahmenbedingungen und Vorschläge für politisches Handeln. Sonderveröffentlichung WHO/NMH/NPH/02.8. Genf 2002.

Wiesner, Gerd: Der Lebensverlängerungsprozess in Deutschland. Robert-Koch-Institut. Berlin 2001

Willke, Gerhard: Neoliberalismus. Frankfurt a.M. 2003

Zenz, Gisela: Einer von drei Sozialpädagogen arbeitet nach dem Studium mit alten Menschen. In: Forschung Frankfurt – Das Wissenschaftsmagazin, 2007, 2, S. 121–127

Gerhard Bäcker

Generationenverhältnisse im Sozialstaat

ABSTRACT

Der Sozialstaat führt zu einer Umverteilung von Einkommen zwischen den Generationen: Die Älteren erhalten Leistungen, die mittlere erwerbstätige Generation finanziert im Umlageverfahren diese Ausgaben. Die Frage ist, ob im Zuge der Alterung der Gesellschaft die Jüngeren finanziell überfordert werden, ob also der umverteilende Sozialstaat die schwächer besetzten Jüngeren gegenüber den stärker besetzten Älteren systematisch benachteiligt. In der Beantwortung dieser Frage unterscheidet der Beitrag zwischen einer Analyse von Altersgruppen im Querschnittsvergleich und einer Analyse im Längsschnittvergleich sowie zwischen einer inter- und intragenerationellen Betrachtung. Ergebnis ist, dass sich die Thesen vom zuspitzenden Generationenkonflikt und eines deswegen erforderlichen Übergangs zum Kapitaldeckungsverfahren nicht halten lassen.

1   Leben die Älteren auf Kosten der Jungen?

Sozialpolitik lässt sich als Umverteilungspolitik verstehen. Die marktliche Einkommensverteilung, die sich durch die Teilhabe an den Märkten ergibt und sich in Bruttolöhnen und -gehältern einerseits und Gewinn- und Vermögenseinkommen anderseits niederschlägt, wird – aus unterschiedlichen Gründen und Zielsetzungen – korrigiert: Durch monetäre Übertragungen erhalten Personen, die kein Markteinkommen erzielen oder deren Markteinkommen nicht ausreicht, um den Lebensunterhalt zu sichern, unter bestimmten Voraussetzungen einen Einkommensersatz oder -ausgleich. Zugleich wirkt der Staat durch die Bereitstellung von Diensten und Einrichtungen im Bereich des Gesundheits- und Sozialwesens als Produzent und/oder Finanzier von Dienstleistungen, die marktunabhängig, das heißt weitgehend unentgeltlich und nach Bedarf, in Anspruch genommen werden können. Um die Zahlung der Geldleistungen sowie die Bereitstellung sozialer Dienste und Einrichtungen finanzieren zu können, werden im Gegenzug Steuern und Beiträge erhoben, die die Markteinkommen entsprechend verringern. Dabei handelt es sich um eine reine Umlagefinanzierung: Was an Leistungen ausgegeben wird, muss zum selben Zeitpunkt durch Einnahmen gegenfinanziert werden. Einen aus Rücklagen gebildeten Kapitalstock, aus dem dann später die Ausgaben finanziert werden (Kapitaldeckungsverfahren), gibt es in den Zweigen der Sozialversicherung nicht.

Schaut man sich die finanziellen Dimensionen des Systems der sozialen Sicherung in Deutschland an, wird schnell deutlich, dass die Einkommensübertragungen an die ältere Generation mit über 40 Prozent der Gesamtausgaben (BMAS 2013) das sozialpolitische Leistungsgeschehen dominieren. Hierbei hat die über Beiträge und Steuerzuschüsse finanzierte Gesetzliche Rentenversicherung das mit Abstand höchste Gewicht: Sie deckt 32 Prozent der Gesamtausgaben ab und damit weit mehr als die anderen Alterssicherungssysteme wie die Beamtenversorgung, die berufsständischen Versorgungseinrichtungen oder die betriebliche Altersvorsorge.

Seit Jahren wird die (sozial-)politische Diskussion von der Frage beherrscht, ob sich diese hohen Rentenausgaben angesichts des demografischen Wandels noch finanzieren lassen. Die gängig geäußerte Sorge ist, dass sich infolge der steigenden Lebenserwartung und der anhaltend niedrigen Geburtenhäufigkeit das Zahlenverhältnis zwischen Älteren und Jüngeren immer mehr zu Ungunsten der Jüngeren verschiebt – mit der Folge, dass die Ausgaben der umlagefinanzierten Rentenversicherung drastisch steigen und ebenso drastische Beitragssatzanhebungen erforderlich werden. Im Ergebnis – so die Prognose – komme es zu einer Überforderung der beitragszahlenden Beschäftigten, ohne dass diese noch darauf vertrauen können, selbst im Alter noch ausreichend hohe Renten zu erhalten. Der Generationenvertrag der umlagefinanzierten Rentenversicherung verletze damit das Prinzip der Generationengerechtigkeit (im Überblick Nullmeier 2004: 62ff.). Die Botschaft klingt bedrohlich: Solange es bei der Umlagefinanzierung bleibt und nicht auf ein kapitalgedecktes Finanzierungsverfahren umgestellt wird, leben die Älteren auf Kosten der Jüngeren, es droht eine Auseinandersetzung zwischen den Generationen um die Verteilung der knappen Einkommen.

Die Schlussfolgerung aus dieser Diagnose ist bekannt und wird spätestens seit der Einführung der Riester-Rente politisch auch schrittweise umgesetzt (Schmähl 2011a: 169ff.): Zum einen kommt es durch die Begrenzung der Rentenanpassungen, durch die Anhebung der Altersgrenzen, durch die Einführung von Abschlägen und durch weitere Einschnitte im Leistungsrecht zu einer kontinuierlichen Absenkung des Leistungsniveaus der Rentenversicherung. Zum anderen wird durch die Förderung der betrieblichen und privaten Altersvorsorge die kapitalbasierte Altersvorsorge ausgebaut, bei der – so die Behauptung – das Verhältnis der Generationen nicht berührt werde, da jede Generation ausschließlich für sich selber sorge und die Älteren die Jüngeren nicht belasten.

Im Folgenden soll diskutiert werden, ob die Diagnose eines neuen, am Generationenverhältnis festgemachten Verteilungskonfliktes zutreffend ist (vgl. dazu schon Bäcker 2004: 12ff.; Bäcker/Koch 2003: 111ff.). Leben die Alten auf Kosten der Jungen, geht es ihnen im Vergleich zu den Jungen zu gut? Welche Folgewirkungen hat der demografische Umbruch, zählen die zunehmend schwächer besetzten nachrückenden Jahrgänge zu den Benachteiligten im Sozialstaat, da sie für immer mehr Ältere aufkommen müssen? Löst der Übergang zu einer kapitalfundierten Vorsorge das Problem?

2 Generationen und Generationengerechtigkeit

2.1 Sozialstaatliche Generationen als Altersgruppen

Bevor zur Beantwortung dieser Fragen vorgedrungen werden kann, ist zu klären, was unter Generationen verstanden wird. Der Begriff der Generationen stellt zum einen auf das Wechselverhältnis von Altersgruppen ab, die durch die Leistungs- und Finanzierungsströme der Sozialpolitik miteinander verbunden sind. Abgrenzungskriterium ist die am Lebenslauf festgemachte Beteiligung bzw. Nicht-Beteiligung am Arbeitsmarkt und die Bestreitung des Lebensunterhalts entweder durch Erwerbseinkommen oder durch sozialpolitische Transfers (Leisering 2000: 59ff.): Während die mittlere, im Arbeitsleben stehende und (hauptsächlich) von ihrem Erwerbseinkommen lebende Generation mit ihren Beiträgen für die Sozialsysteme aufkommt und dadurch eine entsprechende Minderung des verfügbaren Einkommens erfährt, aber durch die Beitragszahlung zugleich auch Ansprüche auf spätere Zahlungen erwirbt, zählt die ältere Generation, die die aktive Phase verlassen hat und sich im Ruhestand befindet, zu den Leistungsempfängern im Sozialstaat.

Am anderen Ende des Generationenverbundes steht die junge Generation: Kinder und Jugendliche gehören ebenfalls zu den Leistungsempfängern, wobei im Unterschied zu den Älteren ihr Lebensunterhalt vorrangig durch private, familiäre Übertragungen und erst ergänzend durch öffentliche Transfers (Kindergeld, Kinderfreibeträge, Ausbildungsförderung, Grundsicherung, Kinderzuschlag, Aufstockungen beim Arbeitslosengeld und Wohngeld, Waisenrenten usw. usf.) sichergestellt wird. Von größerer Bedeutung sind hier die Realtransfers wie Tagesstätten für Kinder, Kinder- und Jugendhilfe und Bildungseinrichtungen aller Stufen. In der zeitlichen Abfolge übernimmt diese Generation, wenn sie ihre Ausbildung beendet hat und in den Arbeitsmarkt eintritt, die Aufgabe, die dann aus dem Erwerbsleben ausgeschiedene „neue" ältere Generation zu alimentieren. Dieser Zusammenhang wird in der deutschen Debatte als „Generationenvertrag" **43** bezeichnet. Der nicht juristisch zu verstehende „Vertrag" zwischen den Generationen postuliert nicht allein eine Reziprozitätsnorm, sondern ist die zwingende Konsequenz einer umlagefinanzierten Alterssicherung, die zu einer intertemporalen Einkommensumschichtung zwischen den Generationen führt.

Allerdings begrenzt sich Sozialpolitik nicht auf diese intergenerationale und damit intertemporale Umverteilung, die - vermittelt über die Beteiligung am Arbeitsmarkt bzw. über den Ausstieg aus der Berufstätigkeit – das entscheidende Kriterium für die Bestimmung der Empfänger und Finanziers von Sozialleistungen darstellt. Leistungsempfänger sind gleichermaßen auch Personen bzw. Haushalte im Erwerbsalter. Die Bandbreite dieser interpersonellen und damit intragenerationalen Umverteilung wird deutlich, wenn man unter anderem an die Leistungen der Krankenversicherung bzw. des Gesundheitssystems, der Arbeitslosenversicherung und Arbeitsmarktpolitik, der Grundsicherung (ALG I), besonderer Transfers (wie Kindergeld, Wohngeld, Elterngeld) denkt (vgl. im Überblick Bäcker u.a. 2010: 279 ff.).

Allerdings sind die Grenzen zwischen Leistungsempfängern und Zahlenden nicht so eindeutig, wie es auf den ersten Blick erscheint. Denn die Leistungsempfänger, und damit auch die Rentner, sind über die Verbrauchsteuern, die sie als Konsumenten zu zahlen haben, an der Finanzierung der (sozial-)staatlichen Ausgaben mitbeteiligt. Zu berücksichtigen ist zudem, dass die Renten im Prinzip steuerpflichtig sind und außerdem durch Beiträge an die Kranken- und Pflegeversicherung belastet werden.

2.2 Sozialstaatliche Generationen als Kohorten

Diese zeitpunktbezogene Betrachtung des sozialstaatlichen Generationenverhältnisses stellt auf das Nebeneinander von Altersgruppen ab. Gefragt wird, wie sich in einem bestimmten Jahr die Einkommenslage der Älteren im Vergleich zu den anderen Altersgruppen darstellt und ob die eine oder andere Gruppe als benachteiligt oder bevorzugt gelten kann. Die im Generationenvertrag angelegte und mit der Umlagefinanzierung zwingend verbundene Generationenfolge weist aber darauf hin, dass nicht nur ein Zeitpunkt analysiert werden kann, sondern auch der Zeitverlauf von Bedeutung ist. Wechselt man also von der statischen Querschnitt- in eine dynamische Längsschnittanalyse und überprüft, wie sich das intergenerationale Verhältnis im Zeitverlauf entwickelt hat und - wichtiger noch - entwickeln wird, wechselt auch der Generationenbegriff. Statt der Altersgruppen kommen Kohorten bzw. Geburtsjahrgänge ins Blickfeld. Bei einer solchen Analyse der intergenerationalen Verteilung über die Zeit hinweg interessiert das Problem, ob aufeinander folgende, historisch unterschiedlich situierte Jahrgangsgruppen durch die Sozialpolitik gleich behandelt werden, also eine vergleichbare sozialstaatliche Leistungsbilanz von Leistung und Gegenleistungen aufzuweisen haben. Oder aber sind - wie befürchtet - die Jahrgangsgruppen, die jetzt als Erwerbstätige Beiträge zahlen, gegenüber den Jahrgangsgruppen, die sich in der Altersphase befinden, benachteiligt? Müssen die die zunehmend schwächer besetzten Kohorten, die in die Erwerbstätigkeit und Beitragspflicht nachrücken, immer mehr zahlen, obwohl sie im späteren Alter dann weniger Rente erhalten als ihre Vorgängerkohorten?

2.3 Generationen als familiäre Generationen

In der Fokussierung auf sozialstaatliche Generationen spielen familiäre Generationen (im Sinne der Abstammungsfolge) und damit die Beziehungen und Hilfestellungen zwischen Urgroßeltern, Großeltern, Eltern, Kindern eine nachrangige Rolle. Gleichwohl kommt dem gesamten Bereich der sozialen Hilfs- und Unterstützungsleistungen über die Altersgruppen hinweg eine große sozialpolitische Bedeutung zu. Die Tragfähigkeit des familiären Netzes entlastet die Anforderungen an die sozialen Dienste und Einrichtungen und mindert damit auch die Belastung der öffentlichen Haushalte. Dabei handelt es sich nicht nur um die idealtypische, zeitlich versetzte Reziprozität von Geben und Nehmen („Die Eltern versorgen ihre Kinder, die Kinder versorgen im Erwachsenenalter ihre pflegebedürftig gewordenen Eltern"). Der Austausch findet auch zeitlich parallel statt. Viele Menschen sind bis ins höchste Alter hinein sozial aktiv und engagieren sich im familiären oder nachbarschaftlichen Raum, etwa bei der Betreuung der Enkelkinder, während gleichzeitig die Kinder ihren Eltern bei hauswirtschaftlichen bis hin zu pflegerischen Arbeiten helfen. Auch intrafamiliäre monetäre Unterstützungen sind nicht ohne Bedeutung. Allerdings hat sich gegenüber den Anfangsjahren der staatlichen Sozialpolitik eine Richtungsverschiebung ergeben: Nicht mehr die Kinder und Enkelkinder unterstützen ihre Eltern und Großeltern, sondern Eltern und Großeltern lassen ihren Kindern und Enkelkindern Sach- und Geldgeschenke zukommen (vgl. die Beiträge in Künemund/Szydlik 2009 und Kohli 1999: 20ff.), wobei ein sozialstaatlich abgesichertes Alterseinkommen, das mehr ist als ein Zuschuss zum Lebensunterhalt, eine grundlegende Voraussetzung für diesen privaten Transferfluss ist. Last but not least ist an die Übertragung von Vermögen schon zu Lebzeiten oder im Todesfall (Vererbung) zu denken.

3 Altersgruppen im Querschnittsvergleich

3.1 Gesetzliche Rentenversicherung: Teilhabeäquivalenz und Rentenniveau

Wenn untersucht werden soll, wie sich die Einkommenslage der Älteren im Vergleich zur mittleren Altersgruppe darstellt, muss in erster Linie auf die Leistungen der Gesetzlichen Rentenversicherung Bezug genommen werden. Zielsetzung der Rentenversicherung ist es nicht, ein für alle Rentner gleiches Einkommen im Alter zu gewährleisten. Grundprinzip der Rentenberechnung ist vielmehr die so genannte Teilhabeäquivalenz (im Überblick Bäcker/Schmitz 2013: 24ff.). Die Höhe der individuellen Rente ist abhängig von den im Arbeitsleben durch Beitragszahlungen erbrachten Vorleistungen. Für die individuelle Höhe der Rente kommt es deshalb darauf an, wie lange und kontinuierlich eine versicherungspflichtige Beschäftigung ausgeübt wurde, wie hoch der Verdienst war und was davon an Beiträgen abgeführt wurde. Die Rente ist insofern immer ein Spiegelbild der vormaligen Position der Älteren auf dem Arbeitsmarkt und in der Hierarchie der Erwerbseinkommen. Nach der Rentenformel wird die relative Entgelt- und Erwerbsposition in Entgeltpunkten ausgewiesen: Für einen Verdienst genau im Durchschnitt wird pro Jahr ein Entgeltpunkt gutgeschrieben, einem Verdienst von nur 50 Prozent des Durchschnittseinkommens entspricht ein Entgeltpunkt von 0,5 usw. Die lebensdurchschnittliche relative Entgeltposition spiegelt sich also in der Summe der Entgeltpunkte wider. Insofern ist es systemisch angelegt, dass Renten auch sehr niedrig ausfallen können. Das trifft vor allem für die Frauen zu, deren eigenständige Renten bzw. Rentenanwartschaften zwar langsam ansteigen, die wegen ihrer spezifischen Lebens- und Erwerbsverläufe in aller Regel aber immer noch kurze und unterbrochene Versicherungsbiografien sowie niedrige Entgelte aufweisen (Abbildung 1).

Allerdings sagt die Summe der Entgeltpunkte noch nichts über die absolute Höhe der jeweiligen Rente aus. Entscheidend ist hier die Höhe des aktuellen Rentenwerts (Multiplikation der persönlichen Entgeltpunkte mit dem aktuellen Rentenwert). Der in Euro bemessene aktuelle Rentenwert orientiert sich an der durchschnittlichen Lohnhöhe der Beschäftigten und definiert damit das Leistungsniveau der Rentenversicherung im Verhältnis zum Entgeltniveau der versicherten Beschäftigten. Er wird im Grundsatz jedes Jahr neu festgesetzt und geht in die Berechnung einer jeden Rente, also nicht nur der neu zugehenden, sondern auch der Bestandsrenten ein. Um das als „Rentenniveau" definierte Verhältnis zwischen Renten und Arbeitnehmerentgelten zu ermitteln, werden (jeweils vor Steuern) die Net-

Abb. 1: Verteilung der Versichertenrenten im Bestand, Männer und Frauen, alte Bundesländer 2012

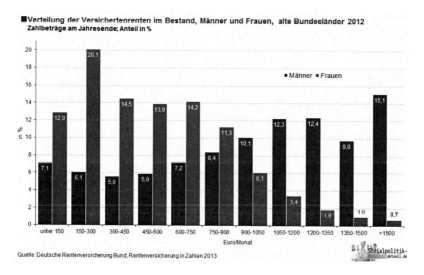

■Verteilung der Versichertenrenten im Bestand, Männer und Frauen, alte Bundesländer 2012
Zahlbeträge am Jahresende; Anteil in %

Quelle: Deutsche Rentenversicherung Bund, Rentenversicherung in Zahlen 2013

Abb. 2: Entwicklung des Netto-Rentenniveaus vor Steuern 1985 - 2026 und 2030

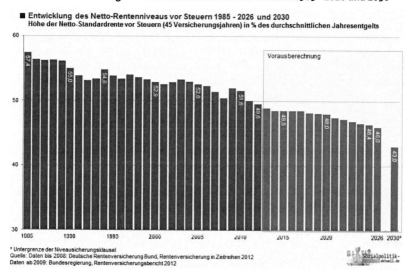

■ Entwicklung des Netto-Rentenniveaus vor Steuern 1985 - 2026 und 2030
Höhe der Netto-Standardrente vor Steuern (45 Versicherungsjahren) in % des durchschnittlichen Jahresentgelts

* Untergrenze der Niveausicherungsklausel
Quelle: Daten bis 2008: Deutsche Rentenversicherung Bund, Rentenversicherung in Zeitreihen 2012
Daten ab 2009: Bundesregierung, Rentenversicherungsbericht 2012

torenten, die sich aus der Multiplikation des aktuellen Rentenwerts mit 45 Entgeltpunkten errechnen, mit den durchschnittlichen Nettoarbeitsentgelten in Beziehung gesetzt. 45 Entgeltpunkte entsprechen dabei einer Versicherungsbiografie von 45 Jahren mit einem Durchschnittseinkommen.

47

Das Rentenniveau ist damit ein übergreifendes generationsbezogenes Verteilungsmaß, je niedriger es ist, umso schlechter gestellt sind die Rentner im Vergleich zu den Beitragszahlern, je höher es ist, umso höher fallen die Beitragssätze und damit die Abzüge vom Nettoeinkommen der Aktiven aus.

Durch die ab 2001 im Rahmen der Rentenstrukturreform in Kraft getretene neue Rentenformel ist das Nettorentenniveau (vor Steuern) in den zurückliegenden Jahren deutlich abgesunken, da die Rentenanpassung der Nettoentwicklung nur noch abgebremst (Riester Faktor und Nachhaltigkeitsfaktor) folgt. Es liegt (alte Bundesländer/2012) bei 49,6 Prozent eines Netto-Arbeitnehmereinkommens (vor Steuern) - gegenüber 52,9 Prozent im Jahre 2000, also vor der Riester-Reform (Abbildung 2).

Das Rentenniveau wird sich bis zum Jahr 2030 auf 43 Prozent weiter verringern (Bäcker 2012). Damit kann die ursprüngliche Zielsetzung der Rentenversicherung, maßgeblich zur Lebensstandardsicherung beizutragen, nicht mehr als erfüllt angesehen werden. Von einer Besserstellung der älteren Generation kann also keine Rede sein.

Der Umkehrschluss einer Besserstellung der mittleren Generation liegt nahe, ist aber unzulässig, da sich die Zusammenhänge als komplex erweisen: Ein sinkendes Rentenniveau verschlechtert im ersten Schritt zwar die Einkommensposition der Rentenempfänger und entlastet – wenn dadurch die Beitragsabzüge in ihrer Höhe begrenzt oder gar reduziert werden – die Nettoeinkommensposition der mittleren Generation. Aber auch die mittlere Generation der Beitragszahler wird im Zeitverlauf ebenfalls durch das sinkende Rentenniveau belastet, wenn nämlich die Beitragszahler mit Erreichen der Altersgrenze zu den Leistungsempfängern wechseln und nur noch eine vergleichsweise niedrige Rente erwarten können.

3.2 Intragenerativer Vergleich: Einkommensunterschiede innerhalb von Altersgruppen

Da das Rentenniveau allein die Durchschnittsentgelte mit den Standardrenten (45 Entgeltpunkte) vergleicht, bleiben die enormen Einkommensunterschiede innerhalb der jeweiligen Altersgruppen verdeckt. So wenig es „die" Einkommenslage der Älteren gibt, kann von „der" Einkommenslage der mittleren Generation, die sich in der Erwerbsphase befindet, ausgegangen werden. In beiden Gruppen gibt es eine große Spannweite zwischen hohen und niedrigen Einkommen: Der großen Zahl niedriger Arbeitsentgelte (Niedriglöhne) und der großen Zahl niedriger Renten stehen auf der anderen Seite die sehr gut verdienenden Beschäftigten und die wohlversorgten Älteren gegenüber (vgl. zu den neuesten Befunden Schäfer 2012: 589 ff.).

Um diese intragenerativen Einkommensunterschiede zu messen, dürfen allerdings nicht nur einzelne Einkommensarten berücksichtigt werden. Denn bei der Bestimmung der Einkommensverhältnisse der einzelnen Personen kommt es stets auf das gesamte Einkommen im Haushaltskontext an. So müssen bei den Alterseinkommen sämtliche, um Abgaben verminderten Einkommensarten (Alters- oder Erwerbsminderungsrenten, Hinterbliebenenrenten, Betriebsrenten, Bezüge aus der Beamtenversorgung und berufsständischen Versorgungssystemen, private Leibrenten, Kapitaleinkünfte, Wohngeld etc.), die in einem Haushalt zusammenfließen, addiert werden (Abbildung 3).

Abb. 3:   Verteilung der Gesamteinkommen im Alter 2011

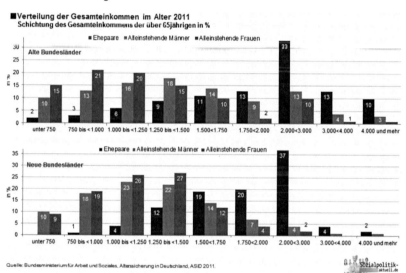

Quelle: Bundesministerium für Arbeit und Soziales, Alterssicherung in Deutschland, ASID 2011.

Erst auf der Basis des gesamten Haushaltseinkommens lässt sich bewerten, ob und in welchem Maße (niedrige) Altersrenten durch Einkünfte des Ehepartners ergänzt werden und welche Höhe das bedarfsgewichtete verfügbare Pro-Kopf-Einkommen hat (vgl. u.a. Bäcker 2011; Bieber/Stegmann 2011: 66ff.; Göbel/Grabka 2011). Dieses Verfahren muss gleichermaßen bei der Ermittlung der Einkommenslage der Bevölkerung in der mittleren Generation Anwendung finden, um sinnvolle Aussagen treffen zu können. Und auch bei der Messung der Armuts(-risiko-)quoten gilt die Höhe der Nettoäquivalenzeinkommen als Bezugsgröße: Als einkommensarm gelten danach Personen, deren aus dem Haushaltseinkommen abgeleitetes Nettoäquivalenzeinkommen den Schwellenwert von 60 Prozent des Durchschnittseinkommens (Median) unterschreitet.

Analysiert man nun bei den sozialstaatlichen Altersgruppen das Ausmaß der Armutsbetroffenheit, zeigt sich, dass sowohl in der mittleren als auch in der älteren Generation der Kreis der Einkommensarmen in den letzten Jahren kontinuierlich angestiegen ist (vgl. Abbildung 4).

Abb. 4: Armutsgefährdungsquoten 1) nach Erwerbs- und Haushaltsmerkmalen 2005 und 2011

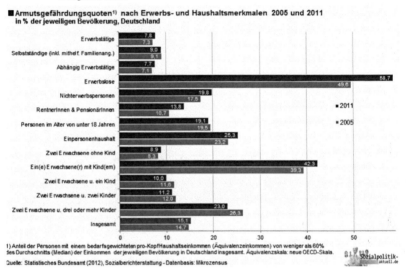

■ Armutsgefährdungsquoten[1] nach Erwerbs- und Haushaltsmerkmalen 2005 und 2011 in % der jeweiligen Bevölkerung, Deutschland

1) Anteil der Personen mit einem bedarfsgewichteten pro-Kopf Haushaltseinkommen (Äquivalenzeinkommen) von weniger als 60% des Durchschnitts (Median) der Einkommen der jeweiligen Bevölkerung in Deutschland insgesamt. Äquivalenzskala: neue OECD-Skala. Quelle: Statistisches Bundesamt (2012), Sozialberichterstattung - Datenbasis: Mikrozensus

Aus den Armutsanalysen (Deckl 2011: 151ff., Göbel/Habich/Krause 2011: 162ff.) wissen wir, dass das Risiko eines unzureichenden Einkommens bis hin zur Armut neben dem Familienstand vor allem abhängig ist von der Stellung im Erwerbsleben: Langzeitarbeitslosigkeit, prekäre Arbeitsverhältnisse, Niedriglöhne, gesundheitsbelastende Arbeitsbedingungen, die zur Erwerbsminderung führen, diskontinuierliche Erwerbstätigkeit, Teilzeitarbeit und Minijobs - all dies sind Faktoren und Konstellationen, die die Einkommenssituation kritisch werden lassen. Diese erwerbsbezogenen Risiken wirken sich in der Erwerbs- wie in der Altersphase aus, sie gefährden zunächst die Einkommensverhältnisse in der mittleren Generation und übertragen sich dann auch auf die Einkommenssituation im Alter. Auf der anderen Seite stehen diejenigen, deren günstige Erwerbsposition sich zugleich in einem hohen Erwerbs- und späteren Alterseinkommen niederschlägt.

Diese Disproportionen weisen auf ein intragenerationales Verteilungsproblem hin, das durch den Blick auf intergenerationale Unterschiede unbeachtet bleibt. Mit fehlender Gerechtigkeit zwischen den Generationen können die Spaltungen innerhalb der Generationen nicht begründet werden, denn der Verteilungskonflikt macht sich nicht an der Unterscheidung zwischen Jung und Alt, sondern an den „traditionellen" sozial-ökonomischen Scheidelinien fest.

Beim Vergleich der Einkommensverhältnisse der älteren mit der mittleren Generation dürfen deshalb auch nicht „Äpfel und Birnen" einander gegenübergestellt werden, also beispielsweise die Altersrente eines zuvor gut verdienenden und langjährig versicherten Angestellten mit dem Arbeitsentgelt einer teilzeitbeschäftigten alleinerziehenden Mutter. Eine derartige Gegenüberstellung - von den Medien publikumswirksam in Szene gesetzt - nährt den Eindruck, dass die Älteren die Jungen „ausplündern", ohne zu erwähnen, dass es auch bei den Alten schlecht gestellte und bei den Jungen gut gestellte Haushalte gibt und dass sich die Unterversorgungskonstellationen in der Altersphase aus den vorgelagerten schlechten Einkommensverhältnissen in der Erwerbsphase ableiten.

4 Generationengerechtigkeit als Gleichbehandlung von Kohorten?

Einkommensvergleiche zwischen den Generationen, im Sinne von Altersgruppen, können davon ablenken, die wachsenden, sozio-ökonomisch determinierten Verteilungsdisparitäten innerhalb von Generationen zu thematisieren. Gleichwohl bleibt zu fragen, ob es nicht zumindest berechtigt ist, das Generationenverhältnis hinsichtlich der Gleichbehandlung bzw. Benachteiligung von Kohorten zu problematisieren. Denn der demografische Wandel führt dazu, dass die jüngeren Geburtsjahrgänge wegen ihrer im Verhältnis zu den Vorgängerjahrgängen geringeren Besetzungsstärke, also allein aufgrund demografischer Faktoren, eine steigende Belastung ihrer Erwerbseinkommen durch Steuer- und Beitragsabzüge zu erwarten haben.

Dieser Tatbestand, dass bei gleich bleibendem Rentenniveau die nachrückenden Jahrgänge unter dem Druck der Verschiebung der Relation von Beitragszahlern und Leistungsempfängern (Rentnerquotient) stärker als die vorhergehenden Jahrgänge belastet werden, lässt sich nicht wegdiskutieren. Dennoch ist es verfehlt, daraus ein Problem abzuleiten, das das Generationenverhältnis im Sozialstaat gleichsam „sprengt". Weder sind die zukünftigen Belastungen untragbar, noch kommt es zu einer „Benachteiligung" der jüngeren Kohorten (vgl. dazu Bäcker 2004: 24ff.):

- Aus gesamtwirtschaftlicher Sicht hängen die (zukünftigen) Belastungen der nachrückenden Kohorten durch den Sozialstaat allgemein und der Rentenversicherung im Besonderen entscheidend von der Arbeitsmarktlage ab. Denn für die Finanzlage der Rentenversicherung ist nicht die Altersstruktur der gesamten Bevölkerung maßgeblich, sondern das Verhältnis von Rentenbeziehern zu beitragszahlenden Versicherten. Die Zahl der tatsächlich erwerbstätigen, beitragszahlenden Versicherten wird sich anders entwickeln als die rückläufige Zahl der Bevölkerung im erwerbsfähigen Alter, wenn es in der Zeit des demografischen Umbruchs gelingt, die Arbeitslosen zu integrieren, die Frauenerwerbsquote auszudehnen und die Alterserwerbstätigkeit anzuheben. Wie groß das Finanzierungspotential ist, das durch eine Erweiterung des Beitragszahlerkreises erschlossen werden kann, zeigt plastisch der Umstand, dass gegenwärtig nur rund 59 Prozent der Personen im erwerbsfähigen Alter von 20 bis unter 65 Jahren (Beschäftigtenquote) tatsächlich Beiträge zur Rentenversicherung zahlen. Die anderen 41 Prozent sind arbeitslos, in Ausbildung, frühverrentet, krank, Hausfrauen oder trotz Erwerbstätigkeit nicht sozialversicherungspflichtig (z.B. Selbstständige, Beamte, Beschäftigte in Minijobs oder mit Werkverträgen). Der demografisch bedingte Anstieg der Beitragssätze lässt sich also entschärfen, wenn es in Zukunft zu rückläufigen Arbeitslosenzahlen und steigenden Beschäftigtenquoten (sozialversicherungspflichtig) kommt.

- Die Belastung der nachrückenden Kohorten bezieht sich auf relative Größen. Denn auch wenn die Beitragssätze erhöht werden, so muss dies nicht mit einer absoluten Verschlechterung im Einkommens- und Lebensstandardniveau einhergehen. Vielmehr spricht alles dafür, dass Produktivität und Wertschöpfung der Gesellschaft weiter steigen werden und dass damit das zwischen den Bürgern - aktiven wie inaktiven - aufzuteilende Sozialprodukt größer wird. Das heißt, dass die höheren Abzüge aus den Zuwächsen der Bruttoeinkommen getragen werden können und die erwerbstätige Generation die Finanzierung der Altersgeneration auch ohne Konsumverzicht bewältigen kann. Bei einer in Zukunft schrumpfenden Bevölkerung kann selbst bei einem nur schwach steigenden Sozialprodukt das Pro-Kopf-Einkommenswachstum vergleichsweise hoch ausfallen. Durch die Steigerung der Arbeitsproduktivität lässt sich die gleiche Produktion nämlich mit weniger Beschäftigten herstellen und die Bruttolohn- und -gehaltssumme auf weniger Personen verteilen. Höhere Beitragssätze können damit in der Zukunft womöglich leichter zu verkraften sein als niedrigere Beitragssätze in der Gegenwart.

- Bewertet man die geringere relative Beitragsbelastung der Vorgängerkohorten als „Bevorzugung", fällt aus dem Blickfeld, dass früher nicht nur der allgemeine Lebensstandard und die gesamtwirtschaftlichen Verteilungsspielräume enger waren, sondern für die Rentenanwartschaft bzw. für einen Entgeltpunkt weitaus länger gearbeitet werden musste, als dies heute und auch in Zukunft der Fall ist.

- Die Höhe des Sozialproduktes und damit das Potenzial für die sozialstaatliche Umverteilung hängen nicht allein von den ökonomischen
Rahmenbedingungen in der aktuellen Periode ab. Arbeitsproduktivität, Innovationskraft und technologisches Niveau werden auch durch
den Bestand an Realkapital, das heißt an öffentlicher Infrastruktur und
Humankapital, bestimmt. Dieser Bestand, der in den vergangenen Peri-
oden von der jetzt älteren Generation geschaffen worden ist, erweist
sich als Vorleistung für die wirtschaftliche Leistungskraft in der aktuellen Periode und erhöht das Einkommensniveau der nachrückenden
Kohorten. Die jüngeren Altersjahrgänge profitieren also immer, ob sie
es wollen oder nicht, von den Leistungen ihrer Vorgänger. Der gesamtwirtschaftliche Generationenvertrag, oder besser der wechselseitige
Verbund von Kohorten im ökonomischen Entwicklungsprozess, lässt
sich deshalb auch nicht kündigen.

Letztlich erweist es sich als sinnlos, eine Benachteiligung oder Bevorzugung von Kohorten aufzuspüren und vermeiden zu wollen. Denn es kann
keinen Entwicklungsverlauf des Sozialstaates geben, bei dem alle Kohorten gleich behandelt werden und gleiche Renditen aus der Differenz von
sozialstaatlichen Leistungen und Finanzierungsbelastungen erzielen.
Der demografische Wandel, nicht zuletzt beeinflusst durch die Folgen
von Kriegen und Migrationsbewegungen, ist ein ständiger Begleiter von
Gesellschaften, der die Altersstruktur der Bevölkerung immer wieder verschiebt. Historische Beispiele für Verlierer- und Gewinnergenerationen
gibt es genug, auch aus der jüngeren Vergangenheit. „Jeder ist Gefange-
ner seiner Kohorte. Die Baby-Boomer kennen dies aus eigener Erfahrung
nur zu gut: überfüllte Kindergärten, dann Schulen, dann die Konkur-
renzsituation auf dem Arbeitsmarkt. Im Alter werden sie die Erfahrung
machen, dass alle gleichzeitig ihr angespartes Kapital versilbern wollen"
(Hypo Vereinsbank 2001). Auch aus politischer und verfassungsrechtli-
cher Sicht kann es keinen Anspruch auf Gleichbehandlung über die Zeit
hinweg geben; eine solche Vorgabe würde jede Veränderung ausschließen,
sei es - um nur einige Beispiele zu nennen - im Steuerrecht, in der Arbeitsmarktpolitik oder in der Sozialversicherung. Die Angleichung der Renten
in den neuen Bundesländern an das westdeutsche Niveau, die Anerkennung von Kindererziehungszeiten in der Rentenversicherung ab einem
bestimmten Stichtag oder die Einführung der Pflegeversicherung mit
sofortigem Anspruchsrecht auf Leistungen und einem entsprechenden
Einführungsvorteil der ersten Empfängergeneration hätte es nicht geben
dürfen, weil den Vorgängergenerationen diese Leistungen nicht zustan-
den und deshalb deren „Renditen" schlechter ausfallen.

5 Intergenerative Belastungen und kapitalgedeckte Alterssicherung

Eine Gleichbehandlung von Kohorten lässt sich erreichen - so die Argumentation der Kritiker der umlagefinanzierten gesetzlichen Rentenversicherung -, wenn aus der Umlagefinanzierung ausgestiegen und zu einem Kapitaldeckungsverfahren übergegangen werde. Kapitalfundierte Alterssicherung erscheint aus dieser Sicht als unempfindlich gegenüber den Verschiebungen in der Bevölkerungsstruktur, da jede Person und damit auch jede Kohorte durch die Kapitalbildung nur für sich selbst vorsorgt. Folgt man der Argumentation, hängt das Absicherungsniveau im Alter dann allein von der Höhe des Kapitalstocks, der Kapitalmarktentwicklung und den individuellen Risiken ab, während leistungsverbessernde oder -verschlechternde politische Entscheidungen hinsichtlich Rentenniveau und -struktur keine Rolle mehr spielen. Auch die Besetzungsstärke und die Zahlungsfähigkeit wie -willigkeit der nachrückenden Jahrgänge - entscheidende Voraussetzungen für die Finanzierung im Umlageverfahren - verlieren ihre Bedeutung.

So eingängig und weit verbreitet diese Argumentationskette auch ist – das Problem zusätzlicher Finanzierungsbelastungen durch die demografische Entwicklung gilt auch für kapitalgedeckte Systeme, gleichgültig ob diese von der Gesetzlichen Rentenversicherung verwaltet werden oder von privaten Finanzinstitutionen. Dieser Tatbestand lässt sich anhand der so genannten „Mackenroth-These" verdeutlichen: Das, was eine Gesellschaft für die Versorgung der Nicht-Erwerbstätigen aufwendet, muss stets aus dem Sozialprodukt der laufenden Periode abgezweigt werden. Den Ruheständlern wie auch allen anderen Bevölkerungsgruppen steht für ihre Konsumnachfrage nichts anderes zur Verfügung als die Ergebnisse der jeweils aktuellen Produktion, die von der mittleren, erwerbstätigen Generation erwirtschaftet wird (vgl. Schmähl 1981: 147ff.).

Aus diesem gesamtwirtschaftlichen Zusammenhang kann auch derjenige nicht „aussteigen", der durch Sparen vorsorgt, um im Alter dann von den Erträgen des Vermögens bzw. von der Abschmelzung des Vermögens zu leben. Das für den Einzelnen naheliegende Verhalten, durch Sparen bzw. durch den Abschluss von Lebensversicherungen vorzusorgen, um im Alter oder in „schlechten Zeiten" dann von den Erträgen des Vermögens bzw. von der Abschmelzung des Vermögens zu leben, ist aus gesamtwirtschaftlicher Sicht, das heißt für die gesamte Bevölkerung nicht möglich. Eine Gesellschaft und Volkswirtschaft insgesamt kann spätere Ausgaben nicht durch „Sparen" vorfinanzieren und damit die Belastungen zeitlich verschieben. Denn wie sich nur jemand verschulden kann, wenn er einen Gläubiger findet, kann auch nur der Geld anlegen und ein Vermögen bilden, der einen

Schuldner bzw. Investor findet. Da jedem Schuldner ein Gläubiger gegen-
übersteht, rechnen sich innerhalb einer Gesamtwirtschaft Schulden und
Guthaben gegeneinander auf. Umgekehrt gilt, dass Vermögen nur aufgelöst
und in Konsum umgewandelt werden kann, wenn sich ein Anleger findet,
der bereit ist, zu sparen und auf Konsum zu verzichten.

Für die Finanzierung der Alterssicherung folgt daraus, dass auch bei
einem kapitalgedeckten System die Zahlung von Renten nur möglich ist,
wenn die nachfolgende Generation zugunsten der Älteren auf Konsum ver-
zichtet. Denn wenn das angesparte und in Aktien, Immobilien, Wertpapie-
ren angelegte Kapital veräußert werden soll, müssen sich Käufer für diese
Anlagen finden. Im Wesentlichen wird dies die Generation sein, die sich
selbst gerade in der Erwerbsphase befindet und nun ihrerseits Geld für die
eigene Alterssicherung anlegen möchte. Nicht nur das Umlageverfahren
basiert also auf dem Miteinander der Generationen, sondern auch das Kapitaldeckungsverfahren (Bach/Wagner 2009: 180).

Wenn sich der Alterungsprozess der Bevölkerung fortsetzt, kommt es
also auch bei kapitalfundierten Systemen zu einer erhöhten Anpassungs-
last der späteren Kohorten:

- Bei einer steigenden Lebenserwartung und einer entsprechenden Ver-
  längerung der Bezugsdauer von Renten müssen auch kapitalfundierte
  Systeme reagieren: Entweder sinkt bei gegebenem Kapitalbestand der
  monatliche Auszahlungsbetrag. Oder aber die Beiträge steigen und der
  Kapitalbestand wird erhöht, um den gleichen monatlichen Auszahlungsbetrag zu erreichen.
- Der aus der anhaltend niedrigen Geburtenrate folgende Rückgang der
  nachwachsenden Geburtsjahrgänge führt zu einer negativen „Age-
  wave" auf den Aktien- und Kapitalmärkten. Denn wenn die Älteren ent-
  sparen, also ihre Wertpapiere veräußern und in Konsum umwandeln
  wollen, die nachfolgende Zahl der jüngeren Sparer und Käufer von Wert-
  papieren aber demografisch bedingt sinkt, kommt es zu Anpassungsre-
  aktionen auf den Märkten. Entweder sparen die Jüngeren zusätzlich, was
  zu einer Einschränkung ihres Konsums führt (analog zu Beitragserhö-
  hungen). Oder der Realwert der Alterssicherungsvermögen sinkt, weil
  die weniger werdenden Jungen die zum Verkauf anstehenden Fondsan-
  teile, Aktien oder Immobilien nur noch in geringerem Maß nachfragen.
  Dieser Angebotsüberhang hätte dann vergleichbare Auswirkungen wie
  eine Absenkung des Rentenniveaus.
- Konkret bedeutet dies, dass die steigende Besetzungsstärke der älteren
  Kohorten dazu führt, dass - bei gegebenem Leistungsniveau - ein größerer Teil des Sozialprodukts für die Finanzierung von Renten eingesetzt
  werden muss. Es gibt keine institutionelle oder ökonomische Zauber-

formel, die diesen Tatbestand überwinden könnte. Für die Versicherten wird es sogar teurer, wenn privat und kapitalbasiert vorgesorgt werden muss. Dies wird überdeutlich, wenn man berücksichtigt, dass die Belastung der mittleren Generation nach der Einführung der Riester-Rente ja keineswegs gesunken ist. Denn dem Arbeitnehmerbeitrag zur Rentenversicherung (die Hälfte des Beitragssatzes von (seit 2013) 18,9 %) muss die Belastung von 4 Prozent vom Bruttoeinkommen für den Aufbau der geförderten privaten Altersvorsorge hinzugerechnet werden. So liegt die Abzugsquote schon jetzt bei 13,45 Prozent - allerdings nur für die Arbeitnehmer. Da die private Altersvorsorge allein durch sie finanziert wird, bleibt es für die Arbeitgeber bei dem hälftigen Beitragssatz von 9,45 %.

- Die gesamtwirtschaftliche Belastung kann bei kapitalfundierten Systemen allenfalls durch den Export und späteren Import von Kapital gemildert werden - wenn es nicht in jenen Ländern, bei denen ein Kapitaltransfer risikolos ist, den selben Verlauf der Alterung gäbe. In den (Entwicklungs-)Ländern mit einer wachsenden und mehrheitlich jungen Bevölkerung sind aber die Risiken einer Kapitalanlage (politische und Wechselkursrisiken) außerordentlich hoch.

Im Ergebnis kann festgehalten werden, dass bei jedem Finanzierungssystem zu entscheiden ist, wie die demografischen Belastungen zu verteilen sind: Werden die Jüngeren durch Einbußen ihres verfügbaren Einkommens betroffen und/oder müssen die Älteren eine Minderung des Rentenniveaus hinnehmen. Beim Umlageverfahren erfolgt diese Entscheidung über den politisch-demokratischen Prozess, bei kapitalfundierten Systemen über „anonyme" Marktprozesse hinter dem Rücken der Akteure. Die Zukunft des Generationenverbundes im Sozialstaat hängt deshalb letztlich allein davon ab, in welchem Maße die mittlere, erwerbstätige Generation bereit ist, Ansprüche auf das Sozialprodukt auf die Älteren zu übertragen.

6   Ausblick

Die Generationenverhältnisse im Sozialstaat stellen sich als komplexe Zusammenhänge dar. Bedrohungsszenarien wie „Generationenkonflikt" oder gar „Generationenkrieg", mit denen infolge der Alterung der Gesellschaft zu rechnen sei (vgl. unter vielen: Gründinger 2009), schaffen zwar Aufmerksamkeit, lenken aber nur von den eigentlichen Problemen ab. Denn sowohl bei der Fokussierung der Analyse auf Altersgruppen im Querschnitt als auch auf Altersjahrgänge im Längsschnitt ist die die sozialpolitische Diskussion beherrschende These, das gegenwärtige Leistungs- und Finanzierungssystem benachteilige die mittleren und jüngeren Altersgruppen sowie die nachrückenden Kohorten, nicht zu halten. Es ist zu vermuten, dass die Begrenzung der Sicht auf intergenerationale Verteilungsdiskrepanzen vielmehr dazu dient, die aufklaffenden intragenerationalen Unterschiede zwischen arm und reich zu verdecken. Und anzunehmen ist auch, dass die um die Jahrtausendwende aufflammende Debatte um die fehlende Generationengerechtigkeit des Umlageverfahrens mit dazu beitragen sollte und beigetragen hat, die Teilprivatisierung der Rentenversicherung politisch zu legitimieren (vgl. Schmähl 2011b: 405ff.).

Unter dem Eindruck der negativen Rückwirkungen der Banken- und Finanzkrise auf die kapitalmarktabhängige private Altersvorsorge haben die Angriffe auf die gesetzliche Rentenversicherung an Vehemenz eingebüßt. Denn gerade die Umlagefinanzierung hat sich als äußerst krisenfest erwiesen. Dennoch ist damit zu rechnen, dass die Kritik am Umlageverfahren immer wieder aufflammt und auch weiterhin mit dem Argument einer Entlastung der jungeren Altersjahrgänge für den Aufbau kapitalfundierte private Vorsorgesysteme geworben wird. Die Einführung einer öffentlich geförderten privaten Zusatzversicherung für den Pflegefall im Jahr 2013 demonstriert die Aktualität dieses Trends. Man geht nicht fehl in der Annahme, dass dahinter die wirtschaftlichen Interessen von Versicherungen, Banken und Finanzinvestoren stehen.

Literatur

Bach, Stefan / Wagner, Gerd: Generationen in der Volkswirtschaftslehre: Ein wichtiges, aber lieblos behandeltes Konzept. In: Künemund, Harald / Szydlik, Marc (Hg.): Generationen. Wiesbaden 2009.

Bäcker, Gerhard / Koch, Angelika: Die Jungen als Verlierer? Alterssicherung und Generationengerechtigkeit. In: WSI-Mitteilungen 2/2003.

Bäcker, Gerhard u.a.: Sozialpolitik und soziale Lage in Deutschland: Band 1: Wiesbaden 2010..

Bäcker, Gerhard: Die Frage nach der Generationengerechtigkeit. In: VDK (Hg.): Generationengerechtigkeit. In: VDR-Schriften. Frankfurt 2004.

Bäcker, Gerhard / Schmitz, Jutta: Altersarmut und Rentenversicherung: Diagnosen: Trends, Reformoptionen und Wirkungen. In: Vogel, Claudia / Motel-Klingebiel, Andreas (Hg.): Altern im sozialen Wandel: Die Rückkehr der Altersarmut? Wiesbaden 2013.

Bäcker, Gerhard: Erwerbsminderungsrenten: Strukturen, Trends und aktuelle Probleme. In: Altersübergangsreport 2/2012. Duisburg.

Bäcker, Gerhard: Strategien gegen Armut im Alter in Deutschland. In: Leisering, Lutz (Hg.): Die Alten der Welt. Neue Wege der Alterssicherung im globalen Norden und Süden. Frankfurt am Main 2011.

Bieber, Ulrich/Stegmann, Michael: Aktuelle Daten zur Altersarmut in Deutschland. In: Deutsche Rentenversicherung 1/2011.

BMAS (Bundesministerium für Arbeit und Sozialordnung): Sozialbudget 2012. Berlin 2013.

Deckl, Sylvia: Armutsgefährdung und soziale Ausgrenzung. In: Statistisches Bundesamt / Wissenschaftszentrum Berlin (Hg.). Datenreport 2011.

Eichenhofer, Eberhard u.a. (Hg.): Handbuch der Gesetzlichen Rentenversicherung. Köln.

Göbel, Jan / Grabka, Markus: Zur Entwicklung der Altersarmut in Deutschland. In: DIW-Wochenbericht. 25/2011.

Goebel, Jan / Habich, Roland / Krause, Peter: Einkommen – Verteilung, Armut und Dynamik. In: Statistisches Bundesamt / Wissenschaftszentrum Berlin (Hg.): Datenreport 2011.

Gründinger, Wolfgang: Aufstand der Jungen – Wie wir den Krieg der Generationen vermeiden können. München 2009.

Hypo Vereinsbank: Age-Wave - Zur Demografieanfälligkeit von Aktienmärkten. Policy Brief vom 26.06.2001.

Kohli, Martin u.a.: Familiale Generationenbeziehungen im Wohlfahrtsstaat: Die Bedeutung privater intergenerationeller Hilfeleistungen und Transfers. In: WSI-Mitteilungen 1/1999.

Künemund, Harald / Szydlik, Marc (Hg.): Generationen. Wiesbaden 2009.

Leisering, Lutz: Wohlfahrtsstaatliche Generationen. In: Kohli, Martin / Szydlik, Mark: Generationen in Familie und Gesellschaft. Opladen 2000.

Nullmeier, Frank: Der Diskurs der Generationengerechtigkeit in Wissenschaft und Politik. In: Burmeister, Klaus / Böhning, Björn (Hg.): Generationen und Gerechtigkeit. Hamburg 2004.

Schäfer, Claus: Wege aus der Knechtschaft der Märkte – WSI-Verteilungsbericht 2012. In: WSI-Mitteilungen 8/2012.

Schmähl, Winfried: Über den Satz „Aller Sozialaufwand muss immer aus dem Volkseinkommen der laufenden Periode gezahlt werden". In: Hamburger Jahrbuch für Wirtschafts- und Gesellschaftspolitik. Hamburg 1981.

Schmähl, Winfried: Von der Ergänzung der Gesetzlichen Rentenversicherung zu deren partiellen Ersatz - Ziele, Entscheidungen sowie sozial- und verteilungspolitische Wirkungen. In: Eichenhofer, Eberhard u.a. (Hg.): Handbuch der Gesetzlichen Rentenversicherung. Köln 2011a.

Schmähl, Winfried: Der Paradigmenwechsel in der Alterssicherungspolitik: Die Riester-Reform von 2011 - Entscheidungen, Begründungen, Folgen. In: Soziale Sicherheit 12/2011b.

Vogel, Claudia / Motel-Klingebiel, Andreas (Hg.): Altern im sozialen Wandel: Die Rückkehr der Altersarmut? Wiesbaden 2013.

Peter Zeman

Generationenbeziehungen im Sozialstaat

ABSTRACT

Der gesellschaftliche Generationendiskurs steht heute in engem Bezug zum demografischen Wandel und seinen Konsequenzen für den Sozialstaat. Zur Versachlichung der kontroversen Debatten sind einige Schlüsselbegriffe zu präzisieren: Altersgruppe, Kohorte, Generationenbeziehungen und Generationenverhältnisse. Auf welche theoretischen Konzepte baut die Generationenforschung auf und zu welchen empirischen Ergebnissen kommen die aktuellen Untersuchungen? Abschließend wird der Ansatz einer Generationenpolitik skizziert, die sich in einem wachsenden, auch für SozialarbeiterInnen wichtigen Praxisfeld von Generationenprojekten umsetzt.

1 Einleitung

„Generationenfragen" sind, wie historische und ethnologische Quellen durch alle Epochen hindurch und quer durch die Kulturen belegen, ein gesellschaftliches Schlüsselthema.[1] Allerdings haben sie heute neue Brisanz bekommen. Der gesellschaftliche Diskurs über das Verhältnis und die Beziehungen der Generationen wird in den modernen Industrienationen und zunehmend auch in der so genannten Dritten Welt mit Blick auf den demografischen Wandel geführt.

In der Bundesrepublik Deutschland wurde die Entwicklung zu einer „alternden Gesellschaft" mit immer mehr älteren und immer weniger jüngeren Menschen zunächst nur von Demografen und Gerontologen wahrgenommen. Das öffentliche Interesse wuchs jedoch rasch, als sich die Medien und die Politik des Themas annahmen. 1992 wurde eine Enquete-Kommission des Deutschen Bundestags eingesetzt, die den Namen „Demographischer Wandel – Herausforderungen unserer älter werdenden Gesellschaft an den Einzelnen und die Politik" trug und zehn Jahre später ihren Abschlussbericht vorlegte (Deutscher Bundestag 2002). Zugleich nahm in den Medien und in der (populär-)wissenschaftlichen Literatur die Auseinandersetzung mit Generationenfragen kontinuierlich zu. Viele unterschiedlichen Erwar-

---

1 Nach wie vor lesenswert der Essay von Simone de Beauvoir „Das Alter" (1970, dt. 1972).

tungen und Befürchtungen prägen diese Flut der Veröffentlichungen. Optimistische, pessimistische, häufig auch dramatisierende Einschätzungen stehen gegeneinander. Kontroverse sozialpolitische und wirtschaftspolitische Konzepte bieten Lösungen für Generationenprobleme an, welche – so heißt es oft – Prosperität und Zusammenhalt der Gesellschaft in Zukunft immer mehr bedrohen. Es fällt schwer, in diesem Diskurs sachliche und fundierte Argumente von bloßen Behauptungen zu trennen. Das Thema bietet sich zur Instrumentalisierung für wirtschaftliche und politische Interessen an und scheint geeignet, mediale Aufmerksamkeit zu erregen. Dies liegt sicher auch an der Unschärfe der verwendeten Schlagworte rund um den Generationenbegriff und ihrer hohen emotionalen Aufladung.

Der folgende Beitrag skizziert zunächst einige Aspekte des aktuellen gesellschaftlichen Generationendiskurses und versucht, einige der verwendeten Begriffe zu präzisieren. Danach wird berichtet, wie sich die Wissenschaft heute mit dem Thema der Generationenbeziehungen auseinandersetzt, auf welche theoretischen Konzepte sich die aktuelle empirische Generationenforschung hauptsächlich gründet und zu welchen Ergebnissen sie kommt. Schließlich geht es um den neuen Ansatz einer Generationenpolitik vor dem Hintergrund des demografischen Wandels. Die neuen theoretischen und empirischen Befunde schlagen sich hier noch keineswegs durchgängig nieder. Dennoch wäre aus ihnen eine Menge zu lernen, insbesondere dort, wo es um die Umsetzung in dem – auch für SozialarbeiterInnen wichtigen – wachsenden Praxisfeld der Generationenprojekte geht.

2   Generationen als Thema im aktuellen gesellschaftlichen Diskurs

Wie ist es um die Beziehungen zwischen den Generationen bestellt? Interessieren sie sich trotz unterschiedlicher „Generationenlagerung" (Mannheim 1928) füreinander, fühlen sie sich verbunden und einander verpflichtet, gehen sie auf skeptische Distanz (Schelsky 1957), dominieren Konflikte und Verteilungskämpfe?

Vor dem Hintergrund der demografischen Alterung und der damit verbundenen Herausforderungen hat sich eine kontroverse Diskussion entzündet, in der sich Annahmen und Thesen zur Entwicklung des Generationenzusammenhalts, der wirtschaftlichen Entwicklung, der gesellschaftlichen Innovationsfähigkeit und insbesondere zur Zukunft des Sozialstaats verquicken.

Die explodierende Zahl älterer Menschen wird mit Ambivalenz betrachtet (Philippson 2007; Walker 2007) und hat zu einem weitgreifenden Diskurs über die „Lasten und Potenziale" der demografisch alternden Gesellschaft geführt. Dabei geht es vor allem um die erheblichen Verschiebungen der Bevölkerungsanteile von jungen Menschen (die noch vor der Erwerbsphase stehen), Menschen im mittleren Lebensalter (die im Sinne des Arbeitsmarkts in einem „erwerbsfähigen" Alter sind) und älteren Menschen (welche die so genannte Regelaltersgrenze überschritten haben). Die Relationen zwischen diesen Bevölkerungsgruppen werden durch unterschiedliche „Altersmaße" berechnet, wobei politisch insbesondere mit dem steigenden Altenquotienten (2008: 33,5 Ältere (65+) auf 100 Jüngere im erwerbsfähigen Alter (20-64)) argumentiert wird. Er wird oft als gesellschaftliche „Alterslast" interpretiert, welche die sozialen Sicherungssysteme überfordere. Der Sozialstaat mit seiner charakteristischen Balance von Versicherungs- und Solidarprinzip werde durch das zunehmende Ungleichgewicht zwischen Leistungsempfängern und Beitragszahlern zunehmend obsolet.

Der Altenquotient ist jedoch gesellschaftlich konstruiert und veränderbar, denn er bemisst sich an der zugrunde gelegten Altersgrenze. Wer in diesem Sinne als „alt" definiert wird, hängt von der verwendeten kalendarischen Grenzziehung zwischen den Altersgruppen ab und orientiert sich zumeist an den aktuellen Zugangsaltern zum Erwerbsleben und zur Verrentung. Veränderungen dieser Altersgrenzen schlagen sich in veränderten Altersquotienten nieder und haben in der Realität starke Auswirkungen – beispielsweise auf die makroökonomische Produktivität, die individuelle Lebensplanung in ihrer *work-life-balance* und die Finanzierung der sozialen Sicherungssysteme.

Legt man - als Rechenexempel - die heutigen Bevölkerungszahlen zugrunde, setzt aber die obere Altersgrenze der Erwerbsphase bei 70 Jahren an, ergäbe sich ein deutlich geringerer Altenquotient von 21,1 über 70-Jährigen auf 100 Personen im Alter zwischen 20 und 70 Jahren (eigene Berechnung nach GeroStat DZA 2010). Dies zeigt die Auswirkungen von Anhebungen der Regelaltersgrenze für die bevölkerungsstatische Berechnung mitsamt ihren Konsequenzen für das Gleichgewicht der Generationen im Sozialstaat (Zeman 2010).

Die Debatte um die mit dem demografischen Wandel einhergehende gesellschaftliche Belastung bezieht sich vor allem auf die sozialen Sicherungs- und Versorgungssysteme. Im Bereich der Einkommenssicherung wird dabei an erster Stelle das zunehmende zahlenmäßige Ungleichgewicht zwischen Leistungsempfängern und Beitragszahlern in der Rentenversicherung thematisiert, in der gesundheitlichen und pflegerischen Versorgung die sich öffnende Schere zwischen einerseits der wachsende Zahl chronisch kranker, multimorbider und pflegebedürftiger Menschen im hohen Lebensalter und andererseits den steigenden Finanzierungsproblemen sowie den

Kapazitätsgrenzen des beruflichen und lebensweltlichen Pflegepotenzials, dass sich aus den jüngeren Generationen rekrutieren muss.[2]

Ist das Verhältnis von Alterssicherung und Zukunftssicherung für die heute jungen Menschen noch ausgewogen? Diese Frage richtet sich auf die „Generationengerechtigkeit im Sozialstaat" und sie wird kontrovers beantwortet. Kritische Positionen halten die staatliche Zukunftsvorsorge (anhand von Bildungs- und Forschungsausgaben, Familienförderung und Minimierung von Staatsverschuldung), die vor allem jungen Menschen und nachrückenden Generationen zu Gute kommt, für zu gering im Vergleich mit den klassischen Leistungen der Sozialpolitik, die in hohem Maße für die Sicherung der Lebenslagen im Alter aufgewendet werden. Überdies könnten die heute jungen Generationen nicht mehr mit einer ausreichenden Rentenversorgung für das eigene Alter rechnen.

In schrillen Tönen wird in den Massenmedien, aber auch in der populärwissenschaftlichen Fachliteratur mitunter die „Ausbeutung der Jungen durch die Alten" angeprangert und die Aufkündigung des Generationenvertrages prophezeit, gar ein Krieg der Generationen. Aber lässt sich die so vehement behauptete Generationen-Ungerechtigkeit wirklich beweisen? Sie ist mit vielen Fragezeichen zu versehen. Um sie empirisch zu belegen, bedarf es so genannter Generationenbilanzen, die jedoch sehr spekulativ und höchst unvollständig sind.

Wie die Enquete-Kommission Demografischer Wandel (Deutscher Bundestag 2002: 36) schon vor über zehn Jahren festgestellt hat, wird in diesem Zusammenhang häufig die Ansicht vertreten, dass den Jüngeren auf Dauer weder politische noch wirtschaftliche Gestaltungsmöglichkeiten blieben, da die Älteren auf Kosten der Jüngeren leben und sie um ihre Chancen bringen würden. Der daraus resultierende Konflikt zwischen Alt und Jung sei bestimmt von der Erfahrung der Jüngeren, dass die Älteren als die jetzt Herrschenden alles verbraucht hätten, was die Lebensgrundlage der Jüngeren für die Zukunft sein müsse.

Die Enquete-Kommission demografischer Wandel monierte jedoch solche Perspektiven in der politischen und wissenschaftlichen Diskussion als einseitig, verengt und irreführend. So werde mit der Behauptung, die (aktiv) Versicherten in der Gesetzlichen Krankenversicherung subventionierten die „Krankenversicherung der Rentner" verkannt, dass Menschen im Zeitablauf die verschiedenen Lebensphasen durchlaufen und damit

---

2   Mindestens ebenso bedrohlich erscheint der mit dem demografischen Wandel einhergehende Bevölkerungsrückgang, der zusammen mit den altersstrukturellen Veränderungen die makroökonomische Entwicklung bedroht, und auf regionaler Ebene teilweise bereits erkennbar zur Schwächung der Wirtschaftskraft und der infrastrukturellen Versorgung führt.

zeitweise „Nettozahlende" und zeitweise „Nettoempfangende" sind.[3] Bei der Frage nach dem Verhältnis zwischen den Generationen müsse daher sowohl die Querschnittperspektive (Situation in einzelnen Kalenderjahren), wie die Längsschnittperspektive (Entwicklung im Lebensablauf) beachtet werden.

In der weit verbreiteten These von der „zunehmenden ökonomischen Belastung der Jüngeren durch die wachsende Zahl der Älteren" werden die Jüngeren als die ökonomisch Aktiven in der Erwerbsphase und die Älteren als ökonomisch Inaktive jenseits der Erwerbsphase einander gegenüber gestellt. Diese These stimmt jedoch nur unter der Voraussetzung, dass sich ökonomische Aktivität tatsächlich auf die Erwerbstätigkeit beschränkt. Faktisch sind jedoch auch Ältere in vielfältiger Weise ökonomisch aktiv.[4] Durch eine genauere Analyse wird deutlich, dass man im Zusammenhang von sozialer Sicherung und Verteilung zwischen den Generationen nicht isoliert einzelne Aspekte, wie beispielsweise die Gesetzliche Krankenversicherung bzw. die Gesetzliche Rentenversicherung oder andere öffentliche Einrichtungen, betrachten darf, wie dies insbesondere in Ansätzen der „Generationenbilanzen" erfolgt (Deutscher Bundestag, 2002: 50f.).

Generationenbilanzen sind hoch spekulativ, weil die Rendite aus der Alterssicherung für jetzige und künftige Rentnergenerationen nur verglichen werden kann, wenn wirtschaftliche Entwicklungen und institutionelle Regelungen über Jahrzehnte hinweg fortgeschrieben werden. Generationenbilanzen sind unvollständig, weil neben den Beiträgen und Leistungen der sozialen Sicherungssysteme auch andere Rahmenbedingungen berücksichtigt werden müssten, letztlich der gesamtwirtschaftliche öffentliche und private Realkapitalbestand, die Infrastruktur, das Wohlstandsniveau der Gesellschaft und die Stabilität der innen- und außenpolitischen Verhältnisse.

---

3   Dies wird abgeleitet aus der Tatsache, dass in einer früheren Lebensphase die Beitragszahlungen die „in Anspruch genommenen" Krankenversicherungsausgaben übersteigen, während bei Älteren das Verhältnis gerade umgekehrt ist.

4   So beteiligen sie sich, wie die Enquete-Kommission feststellt, am Prozess der Wertschöpfung durch die Zurverfügungstellung von Finanzmitteln, die sie im Lebensablauf akkumuliert haben, und die zur Finanzierung von Investitionen genutzt werden können. Darüber hinaus führen Ältere wichtige Arbeiten aus, auch wenn diese nicht monetär vergütet werden, folglich nicht in die Berechnung des Sozialproduktes eingehen und auch keine Erwerbsarbeit darstellen. Ältere Menschen sind zudem nicht nur Konsumenten, sondern sie beteiligen sich durch Steuerzahlungen an der Finanzierung von Staatsaufgaben, also z.B. der Finanzierung von Schulen, Hochschulen usw. Bezogen auf indirekte Steuern (Mehrwertsteuer) sind die Älteren auf Grund ihrer vergleichsweise hohen Konsumquote, vor allem aber auch wegen ihres steigenden Anteils an der Bevölkerung – das heißt auch als Konsumenten –, ohnehin immer stärker an der Finanzierung von Staatsaufgaben, die auch den Jüngeren zu Gute kommen. Schließlich ist der gesamtwirtschaftliche öffentliche und private Realkapitalbestand, der den Jüngeren für ihre eigenen Aktivitäten, für Ausbildung wie Produktion, aber auch zur Nutzung in der Freizeit zur Verfügung steht, maßgeblich durch Vorgängergenerationen geschaffen worden.

Auch der fünfte Altenbericht knüpft an den Diskurs zur Generationen-gerechtigkeit an, in dem er Nachhaltigkeit und Generationengerechtig-keit in einen expliziten Zusammenhang mit der Förderung und Verwirk-lichung von Potenzialen des Alters stellt. In einer Leitlinie wird formuliert, dass dies nicht zu Lasten anderer Generationen oder späterer Geburtsjahr-gänge gehen dürfe (BMFSFJ 2006: 41). Ähnlich argumentieren auch anderer Experten (z.b. Kaufmann 2008), wenn sie die Auffassung vertreten, dass das entscheidende Problem des demografischen Wandels nicht die höhere Lebenserwartung, sondern die geringe Geburtenrate sei. Aufbau, Erhalt und Nutzung der Potenziale des Alters sollten nicht isoliert von ihren Auswir-kungen auf nachfolgende Generationen diskutiert werden, vielmehr stelle sich aus gesellschaftlicher Perspektive auch die Frage, inwieweit die Poten-ziale des Alters für nachfolgende Generationen genutzt werden können. Im Kontext der Förderung und Nutzung von Potenzialen des Alters wird folge-richtig die Förderung generationenübergreifender Kontakte als eine zent-rale Aufgabe bezeichnet (BMFSFJ: a.a.O.).

Mit dem Argument der Generationengerechtigkeit werden sowohl Min-destgrenzen für den Bezug von Altersrente, wie berufsrechtliche Höchst-grenzen für den Verbleib im Erwerbsleben begründet. Auch das zent-rale Rechtfertigungsmuster für feste Altershöchstgrenzen in bestimm-ten Berufen, wonach die Zugangs- und Teilhabechancen jüngerer Men-schen beim Berufszugang gesichert werden sollen, wird mit diesem Argu-ment gestützt. Allerdings spricht, wie Ökonomen betonen, mehr für innovative Strategien, welche auf generationenübergreifende Zusammen-arbeit setzen. Dies schon allein wegen der damit verbundenen möglichen Produktivitätszuwächse.

Im Fokus der Frage nach dem Austausch und dem Zusammenhalt der Generationen stehen jedoch weniger makroökonomische Überlegungen als die erheblichen privaten Transfers zwischen den Generationen, die vor allem in den Familien stattfinden. Sie zu bilanzieren ist bereits dann schwierig, wenn es um die finanzielle Unterstützung geht, und es wird noch schwieriger bei den vielfältigen anderen – nicht monetären – Hilfeformen zwischen den Generationen. Hiermit ist der Kern des Themas „Generatio-nenbeziehungen" angeschnitten. Die Hauptargumente im gesellschaftli-chen Generationendiskurs richteten sich auf Fragen des „Generationenver-hältnisses", auch wenn häufig von Generationenbeziehungen die Rede ist. Begriffliche Klärung tut not.

3 Begriffsklärungen, Wechselwirkung von Generationenverhältnissen und Generationenbeziehungen

Eine Versachlichung des oft polemisch geführten öffentlichen Diskurses über die Generationenbeziehungen bedarf einer Klärung der Begriffe. Häufig werden sie vermischt: Es wird von Generationen geredet, wenn eigentlich Altersgruppen („die Jungen, die Alten") und Kohorten („die künftigen Generationen") gemeint sind (vgl. Tesch-Römer et al. 2000), und die Unterscheidung von Generationenverhältnissen und Generationenbeziehungen wird vollends ausgeblendet.

1. *Altersgruppen* sind durch Altersgrenzen zusammengefasste Gruppen von Personen (z.B.: Menschen, die zu einem gegebenen Zeitpunkt 60 oder 65 Jahre und älter sind, oder Menschen, die zwischen 15 und 64 Jahre alt sind („Erwerbspersonenpotenzial"). Hierauf beziehen sich die demografischen Altersmaße (Altenquotient). Altersgruppen sind sozialpolitisch relevant, weil Regelungen und Verteilungsnormen (zu Schutzbestimmungen, Transfers und sozialen Diensten) häufig an Altersgrenzen geknüpft sind.

2. *Kohorten* im demografischen und alternswissenschaftlichen Sinn sind einander benachbarte Geburtsjahrgänge, also Personen, die innerhalb eines bestimmten Zeitraums geboren sind - analog wird von Erwerbseintritts- oder Ruhestandskohorten gesprochen.

3. Der Begriff der gesellschaftlichen *Generation*, wie er von Karl Mannheim (Mannheim 1928/29) eingeführt wurde, meint mehr. Nämlich eine Gruppierung von Menschen gleichen oder ähnlichen Geburtsjahrgangs, die insbesondere in der formativen Phase von Kindheit, Jugend und jungem Erwachsenenalter historische Ereignisse und Alltagskulturen in gleicher Weise erfahren und das Bewusstsein einer Einheit entwickelt haben. Nur unter bestimmten prägenden Bedingungen entsteht ein solches Wir-Gefühl, etwa im Sinne der „Nachkriegsgeneration", der „68er Generation" oder der „Nachwende-Generation").

4. Intergenerative Relationen auf der familialen, persönlichen und privaten Ebene werden als *Generationenbeziehungen* bezeichnet, jene auf einer unpersönlichen gesellschaftlichen Ebene, auf der keine Face-to-Face-Begegnung stattfindet, aber als *Generationenverhältnisse*.

In Bezug auf den Sozialstaat wie auf den Zusammenhalt der Generationen ist es wichtig, die Mikroebene der familialen Generationen von der Makroebene gesellschaftlicher Generationen zu unterscheiden. Im Diskurs über Generationengerechtigkeit geht es vor allem um Generationenverhältnisse (vgl. Bäcker in diesem Band). Im Folgenden sind die Generationenbeziehungen im engeren Sinne das Thema. Allerdings ist, wenn man die Gene-   **65** rationenbeziehungen im Sozialstaat reflektiert, an die aktuelle öffentliche Debatte um Generationenverhältnisse anzuknüpfen, weil sie – vermittelt über den Umbau des Sozialstaats - die Generationenbeziehungen immer mit betrifft. Generationenverhältnisse und Generationenbeziehungen stehen in einer engen Wechselwirkung: Die sozialstaatlichen Prinzipien der Umverteilung zwischen den gesellschaftlichen Generationen, schaffen teilweise erst den materiellen Spielraum für die Ausgestaltung der persönlichen Generationenbeziehungen. Und umgekehrt wirkt die (dadurch gestützte) Qualität der Generationenbeziehungen auf die Akzeptanz und Legitimation der sozialstaatlichen Strategien zurück. Intergenerationale Geld- und Sachtransfers der Älteren an die Jüngeren, wie sie ein ausreichendes Renteneinkommen ermöglicht oder ein nicht sozialstaatlich gedeckter Bedarf Älterer, fördern oder belasten die Generationenbeziehungen ganz erheblich. Dies zeigt auch der internationale Vergleich unterschiedlich entwickelter Wohlfahrtssysteme.

In der Sozialstaatsdiskussion gibt es den Widerstreit zweier Thesen:

1. Öffentliche Leistungen durch den Wohlfahrtsstaat führen zu einer Verdrängung von lebensweltlicher Unterstützung in den (familialen) Generationenbeziehungen („crowding-out").
2. Die wohlfahrtsstaatlichen Leistungen sind eine wichtige Ergänzung, mitunter sogar eine Voraussetzung funktionierender Solidarität in den Generationenbeziehungen („crowding-in").

Die meisten empirischen Untersuchungen sprechen für diese zweite These. Vermittelt über den Sozialstaat sind Generationenbeziehungen und Generationenverhältnisse eng miteinander verzahnt. Bildungssystem, Arbeitsmarkt und sozialstaatliche Umverteilungsarrangements haben unmittelbaren Einfluss auf familiale Arrangements, sie wirken sich erheblich aus zum Beispiel auf monetäre Transfers oder instrumentelle Leistungen, auf das Zusammenleben und die Wohnentfernungen zwischen den familialen Generationen.

4   Generationenbeziehungen: Konzepte

Generationenbeziehungen sind seit langem ein Thema im Schnittpunkt unterschiedlicher wissenschaftlicher Disziplinen, so beispielsweise der Familiensoziologie und Psychologie, der Ethnologie, der Ökonomie und – disziplinenverbindend - der Gerontologie. Im Zentrum vieler wissenschaftlicher Studien über Generationenbeziehungen stehen die generationenübergreifenden Austauschprozesse in der Familie. Weit weniger erforscht sind persönliche Generationenbeziehungen außerhalb der Familie und die Begegnung unterschiedlicher Generationen im öffentlichen Raum, in Kommune und Nachbarschaft. In diesem Bereich hat sich jedoch in den letzten Jahrzehnten eine Fülle öffentlicher und zivilgesellschaftlicher Projekte angesiedelt; darüber wird weiter unten berichtet.

Die wissenschaftliche Diskussion über Generationenbeziehungen – und teilweise auch die Strategien der „Generationenpolitik" – werden heute vor allem durch zwei unterschiedliche Konzepte bestimmt: Das Modell der „Generationensolidarität" (Bengtson 1996; Bengtson & Roberts 1991), später modifiziert von Szydlic (2000), und das Modell der „intergenerationalen Ambivalenz" (Lüscher & Pillemer 1998).

Das Modell der Generationensolidarität beschreibt sechs unterschiedliche Dimensionen und erläutert die Beziehungen zwischen diesen Dimensionen:

1. Strukturelle Solidarität betrifft die Opportunitätsstrukturen (z.B. die Wohnentfernung)
2. Assoziationale Solidarität das Ausmaß an persönlichen Kontakten,
3. Affektive Solidarität das Ausmaß an gegenseitiger Zuneigung,
4. Konsensuelle Solidarität den Grad an Übereinstimmung hinsichtlich Werten und Einstellungen,
5. Normative Solidarität die Stärke von Verpflichtungsgefühlen,
6. Funktionale Solidarität die vorhandenen Hilfe- und Unterstützungsleistungen

Wie hängen diese Dimensionen zusammen? Die strukturellen Voraussetzungen ermöglichen (oder erschweren) Begegnungen, Begegnungen wirken sich positiv auf die Qualität der Beziehungen und den Grad des Verpflichtungsgefühls aus; dies wiederum beeinflusst das Ausmaß der Unterstützung zwischen den Generationen. In der Regel investieren die Eltern mehr in ihre Kinder, als ihnen zurückgegeben wird (intergenerational stake hypothesis), und es gibt durchaus auch Konflikte, aber – so die Kernaussage - familiale Generationenbeziehungen sind grundsätzlich durch Harmonie und wechselseitige Solidarität geprägt.

Dieses - zunächst nur auf die Familie - gerichtete Konzept wird häufig auf intergenerationelle Beziehungen außerhalb der Familie übertragen. In der Generationenpolitik und in vielen Projekten der intergenerativen Begegnung schwingt es oft implizit mit. Die grundsätzliche Solidarität der Generationen wird – wie eine anthropologische Universalie - quasi vorausgesetzt und immer wieder beschworen.

Der Soziologe Kurt Lüscher hat dagegen betont, dass intergenerative Beziehungen grundsätzlich mit Ambivalenzen behaftet seien. Im Konzept der „intergenerationalen Ambivalenz" unterscheidet er zwischen einer strukturellen Dimension und einer gefühlsmäßigen. Ambivalenz – so **67**

Lüscher – gründet sich strukturell auf die Gleichzeitigkeit von Abhängigkeit und Autonomie in den Generationenbeziehungen – besonders deutlich zwischen Eltern und Kindern charakterisiert –, wobei sich die Positionen im Lebenslauf ändern. Auch gefühlsmäßige Ambivalenz – das Hin- und Hergerissensein zwischen Sympathie und Antipathie, Nähe und Distanz – tritt insbesondere in Beziehungen zwischen Eltern und Kindern auf, mehr oder weniger jedoch auch in anderen Generationenbeziehungen. Kern der Theorie ist nicht nur, dass es solche intergenerationalen Ambivalenzen gibt, sondern dass sie Anlass für Aushandlungen sind.

Vier Typen der intergenerationalen Beziehungsgestaltung, werden modellhaft aufgezeigt: Solidarität, Emanzipation, Atomisierung und Kaptivation. Lüscher hat diese Typen in einer Weise beschrieben, die eine Übertragbarkeit auch auf Generationenbeziehungen außerhalb der Familie nahe legt:

1. Solidarität: Es überwiegt die persönliche Vertrautheit in überkommenen Lebenswelten und Tätigkeitsfeldern; Ambivalenzerfahrungen werden mit dem Hinweis auf das Gemeinsame weitgehend überspielt oder verdrängt.

2. Emanzipation: Die gegenseitige Wertschätzung orientiert sich an der Vorstellung einer eigenständigen Persönlichkeitsentfaltung in sich wandelnden Lebenswelten; man gesteht sich Ambivalenzerfahrungen ein und bringt sie zur Sprache.

3. Atomisierung: Distanz und Fremdheit und sich rasch verändernde Lebenswelten führen dazu, dass man sich auseinanderlebt; mögliche Ambivalenzerfahrungen werden verdrängt oder kommen nicht zum Tragen.

4. Kaptivation: Man ist sich fremd und dennoch an überkommene Lebensformen gebunden; die Ambivalenzen äußern sich in Verstrickungen oder in einem instrumentellen gegenseitigen Umgang.

Empirische Belege gibt es sowohl für das Konzept der Generationensolidarität wie für das der intergenerationalen Ambivalenz. Die Forschung zeigt zum Beispiel, dass die Institution Familie eine hohe Anpassungsfähigkeit besitzt und auch unter sich wandelnden gesellschaftlichen Rahmenbedingungen, oder wie Lüscher sagen würde: trotz auseinander driftender Lebenswelten, zur Solidarität fähig ist. Die Forschung bestätigt aber auch, dass es große Ambivalenzen gibt und sehr unterschiedliche individuelle Wünsche und intergenerationale Verpflichtungen, widerstreitende Gefühle der Verbundenheit und der Eigenständigkeit, Normen der Selbstverwirklichung und der sozialen Bindung im Raum stehen können. Entscheidend ist dann in der Tat, wie dies zur Sprache gebracht und „ausgehandelt" wird. Solidarität ist nur eines der möglichen Ergebnisse.

5 Generationenbeziehungen: Empirische Befunde

Analysen zu Struktur, Dynamik und Gestaltung intergenerationaler Beziehungen in der Familie zeigen seit langem: Die familialen Generationenbeziehungen verändern sich – wie die gesellschaftlichen Generationenbeziehungen. Der Einfluss der demografischen Entwicklung auf die Familien- und Haushaltsstrukturen und der soziale Wandel machen sich deutlich bemerkbar. Als Entwicklungstendenzen gelten die Zunahme von Drei- und Vier-Generationen-Konstellationen, die zunehmende Heterogenität und Komplexität der Familienformen, der Trend zur „multilokalen Mehrgenerationenfamilie" (Bertram 1997), wachsende Schwierigkeiten, berufliche und familiale Aufgaben zu vereinbaren, Auswirkungen von arbeitsweltlichen Mobilitätsanforderungen auf die räumliche Nähe zwischen Familienmitgliedern (mit entsprechenden Konsequenzen für Austausch und Unterstützung).

Im Deutschen Alterssurvey wurden die Strukturen und die Ausgestaltung der Generationenbeziehungen in familialen Netzwerken mit Blick auf ihre Veränderungen in den letzten zwölf Jahren analysiert (Erhebungswellen 1996, 2002 und 2008, siehe Mahne/Motel-Klingebiel 2010). Die Ergebnisse des Alterssurveys zeigen, dass die intergenerationalen Familienbeziehungen einerseits durch Wandel, andererseits durch Stabilität gekennzeichnet sind.

Die Mehrheit der Menschen in der zweiten Lebenshälfte ist eingebunden in ein funktionierendes Netz aus familialen Beziehungen. Wichtige strukturelle Voraussetzungen – die vorhandenen Generationenkonstellationen und die räumliche Entfernung der Generationen zueinander - verändern sich jedoch. Heute erleben die meisten Menschen im Laufe des Lebens noch die Geburt eigener Kinder und Enkel. So haben aktuell mehr als 80 Prozent der Deutschen ab 40 Jahren eigene Kinder und gut 40 Prozent Enkelkinder. Allerdings nehmen die Anteile Kinderloser in den nachfolgenden Kohorten zu, und viele Menschen erleben den Übergang zur Großelternschaft immer später im Lebenslauf, oder sie werden keine Enkel mehr haben.

Auch die räumlichen Strukturen verändern sich. Die Wohnentfernungen der Mitglieder von Mehrgenerationenfamilien nehmen zu. Aktuell lebt für die Mehrheit der 40- bis 85-Jährigen Eltern das nächste Kind maximal zwei Stunden entfernt. Aber nur noch weniger als die Hälfte hat ein Kind am gleichen Wohnort oder näher. Im Verlauf der letzten zwölf Jahre haben sich die Wohnentfernungen kontinuierlich vergrößert. Hier zeigen gesteigerte Mobilitätsanforderungen und Bedürfnisse nach mehr Mobilität ihre Wirkung. Dennoch sind die Kontakte zwischen den Generationen in den meisten Familien weiterhin sehr dicht und die überwiegende Mehrheit der Menschen in der zweiten Lebenshälfte bewertet die Beziehungen zu Kindern und Enkeln als emotional eng und bezeichnet die Familienbeziehungen insgesamt als gut. Trotz der strukturellen Veränderungen bleiben die Beziehungen also offensichtlich stabil.

Im Alterssurvey werden schwerpunktmäßig auch die Beziehungen von Großeltern und Enkeln betrachtet. In der jüngsten Erhebung richtete sich die Aufmerksamkeit dabei vor allem auf die erwachsenen Enkel. Welches waren die Ergebnisse?

1. Großeltern erleben – anders als frühere Generationen - ihre Enkelkinder heute nicht selten bis in deren Erwachsenenalter hinein.

2. Drei Viertel aller Großeltern in Deutschland beschreiben ihre Großelternrolle als wichtig oder sehr wichtig. Dies gilt insbesondere für die jüngeren Großeltern und für die Großmütter, etwas weniger für ältere Großeltern und für Großväter.

3. Es gibt viele Kontakte zwischen Großeltern und ihren erwachsenen Enkeln, die meisten sehen oder sprechen sich mindestens einmal im Monat, allerdings hat immerhin ein Drittel der Großeltern relativ selten Kontakt.

4. Die Beziehungen zwischen Großeltern und Enkelkindern sind vielfältig, die emotionale Verbundenheit wird als hoch bewertet, nur etwa ein Fünftel der Großeltern schätzt dies nicht so ein.

5. Geld- und Sachleistungen werden inzwischen häufiger an Enkel als an Kinder vergeben.

6. Ein zunehmender Anteil der Älteren wird allerdings erst spät Enkelkinder bekommen, oder ganz ohne Enkel bleiben. Großelternschaft wird daher, so die Schlussfolgerung im Alterssurvey, vermutlich in Zukunft ein knappes Gut darstellen, das hoch begehrt sein könnte.

Für die Generationenbeziehungen von entscheidender Bedeutung ist der wechselseitige Transfer von Hilfe und Unterstützung. Dieser Austausch ist in den zwölf Jahren, die der Alterssurvey bislang erfasst, überwiegend stabil geblieben ist. Er findet unverändert vor allem in der engeren Verwandtschaft statt, wobei und nach wie vor Geld- und Sachtransfers vor allem von älteren zu jüngeren Familienmitgliedern fließen, während umgekehrt instrumentelle Hilfen besonders von den Jüngeren für die Älteren geleistet werden.

Was zeigt der Altersgruppenvergleich?

1. Die 40- bis 54-Jährigen spielen eine besonders aktive Rolle im Austausch der Generationen. Sie unterstützen einerseits ihre Eltern durch Hilfen im Haushalt, geben andererseits finanzielle Transfers an erwachsene Kinder und fördern ihre Enkel mit Geld- und Sachleistungen.

2. Auch von den 55- bis 69-Jährigen fließen Unterstützung und Hilfen sowohl zu den Eltern wie zu den Kindern und Enkeln.

3. Bei den 70- bis 85-Jährigen verändert sich dies. Sie geben vor allem Geld- und Sachtransfers an ihre Kinder und Enkel und empfangen im Gegenzug instrumentelle Unterstützung.

Zusammenfassend bestätigt sich erneut: Die älteren Familienmitglieder haben die primäre Rolle als Geber von Geld- und Sachleistungen - und dies bis ins hohe Alter. Bei den Geld- und Sachtransfers hat sich also wenig verändert. Anders jedoch bei den instrumentellen Hilfen. Sie nehmen deutlich ab. Hier zeigen sich Auswirkungen der zunehmenden Wohnentfernung zwischen Eltern und erwachsenen Kindern.

Unterm Strich belegt der Alterssurvey, dass sich die Strukturen der Generationenbeziehungen zukünftig weiter ausdifferenzieren und verändern werden. Dies hat Auswirkungen auf die Unterstützungsfunktionen zwischen den familialen Generationen, während die Kontakthäufigkeit und auch die emotionale Nähe bislang wenig davon beeinflusst sind. Gesellschaftliche Herausforderungen ergeben sich vor allem durch die steigende Zahl derer, die in weniger familial eingebundenen Lebenssituationen altern. Der Wunsch der meisten älteren Menschen ist es, solange wie möglich, auch bei eingeschränkter Gesundheit und zunehmendem Hilfebedarf, in der eigenen Wohnung zu leben. Bislang wird die Pflege älterer Familienmitglieder zum Großteil von Verwandten, namentlich von Töchtern und Schwiegertöchtern, geleistet (Pfau-Effinger 2005). Angesichts größerer räumlicher Distanzen zwischen den familialen Generationen und steigender Erwerbsquoten von Frauen wird es zukünftig schwieriger werden, solche eingespielten Konstellationen familialer Unterstützungsleistungen aufrechtzuerhalten.

An dieser Stelle werden die engen Wechselwirkungen zwischen privaten Generationenbeziehungen und gesellschaftlichen Generationenverhältnissen sehr deutlich. Sie zeigen sich aber auch am Zusammenhang von Alterseinkommen und innerfamilialem Hilfetransfer. Nur ein ausreichendes Alterseinkommen – und dies bedeutet für die meisten eine ausreichende Rente – ermöglicht es den Älteren, jene Geld- und Sachleistungen an die Jüngeren zu geben, mit denen sie ihre Position im innerfamilialen Austausch der Generationen behaupten. Der so genannte „kleine Generationenvertrag" trägt erheblich zur Legitimation des gesellschaftlichen Generationenvertrags bei.

6 Generationenpolitik und Generationenprojekte

Mit einer Reihe sozialstaatlicher Strategien und Maßnahmen wird heute versucht, sowohl auf die Entwicklungsszenarien der gesellschaftlichen Generationenverhältnisse wie auf die Veränderungen in den familialen Generationenbeziehungen zu reagieren. Das Spektrum reicht von den klassischen sozialstaatlichen Instrumenten im Bereich der Einkommensverteilung, über die Pflegepolitik und viele andere Politikfelder bis hinein in den kommunalpolitischen Raum. In mehreren Landesregierungen wurden Generationenministerien etabliert und etliche Kommunen haben Planungskonzepte und Leitbilder entwickelt, bei denen es zentral um den Zusammenhalt der Generationen geht. Während noch vor kurzem viel von der „altersgerechten Kommune" die Rede war, spricht man heute zunehmend von der „generationengerechten Kommune".

Die Förderung der Generationenbeziehungen vor dem Hintergrund der demografisch strapazierten Generationenverhältnisse ist mittlerweile ein weitverbreitetes Ziel. Programmatisch drückt sich dies in einem neuen querschnittsorientierten, ressortübergreifenden Politikfeld aus, der „Generationenpolitik". Generationenpolitik soll dazu dienen, wie Lüscher dies formuliert hat (in Ette et al. 2010), das Gemeinsame der generationenrelevanten Politikbereiche Kindheit, Jugend, Familie, Alter, Bildung u.a. zu erfassen und dabei die Zusammenarbeit zwischen staatlichen und zivilgesellschaftlichen Akteuren zu berücksichtigen. In der Praxis wird dies in Modellprogrammen und in einer Fülle öffentlicher und zivilgesellschaftlicher Projekte umgesetzt. Auf dieses, auch für die Soziale Arbeit relevante, Handlungsfeld möchte ich abschließend eingehen.

Bereits vor mehr als zehn Jahren wurde in einer vielzitierten Studie das zunehmende Auseinanderdriften der Generationen außerhalb der Familie festgestellt (SIGMA 1999). Problematisch sei weniger das Gegeneinander, sondern ein notorischer Kommunikations- und Beziehungsmangel zwischen den Generationen (ebd. 41). Dies beschreibt auch heute noch den Ansatzpunkt für Projekte, die sich den Generationendialog auf die Fahne geschrieben haben. Außerfamiliale Beziehungen sind – anders als in der Familie – meist durch die Zugehörigkeit zur gleichen Altersgruppe und durch gleiche Interessen gekennzeichnet. So entstehen und stabilisieren sich Freundschaften zumeist aufgrund gemeinsamer Lebensvorstellungen. Im Freizeit-, Sport- und Kulturbereich finden die meisten Aktivitäten in Gruppen gleichen Alters statt und in der Arbeitswelt werden Generationenkontakte, wie Höpflinger feststellt, oft durch Statusdifferenzen überlagert. Außerfamiliale Begegnungen unterschiedlicher Generationen im Alltag sind meist nur Gelegenheitskontakte von kurzer Dauer und geringer Intensität, generationenübergreifende Nachbarschaftskontakte finden kaum statt (siehe Höpflinger 2012).

Die Politik versucht mit gezielt durchgeführten generationenübergreifenden Projekten gegenzusteuern. Dabei stehen allerdings häufig weniger jugend- als seniorenpolitische Motive im Hintergrund, denn es bietet sich an, in diesem Engagementbereich die Potenziale der Älteren sichtbar zu machen und als Ressource anzubieten, was dazu beitragen soll, gesellschaftlichen Generationenkonflikten den Wind aus den Segeln zu nehmen.

Zugleich eröffnen sich damit „neue Verantwortungsrollen" für das Alter, die am Bedürfnis nach Generativität und tradierten Familienrollen der Großelternschaft anknüpfen können (vgl. das Bundesmodellprogramm „Erfahrungswissen für Generationen EFI").

Das Spektrum der Projekte, in denen sich Ältere für Jüngere, Jüngere für Ältere und beide Generationen in bewusster Gemeinsamkeit betätigen, umfasst viele Bereiche. Hier einige Beispiele:

1. Ökologie: „Alt und Jung erleben die Natur", „generationenübergreifendes Lernen in der Umweltbildung";
2. Bildung und Wissenstransfer: „Werkstatt der Generationen", Zeitzeugenprogramme, z.b. in Kindergärten und Schulen, aber auch in Unternehmen;
3. Wohnen: „Mehrgenerationenwohnen", „Studenten als Untermieter bei Senioren: gegenseitige Hilfeleistungen";
4. Kulturelle und multikulturelle Aktivitäten: Theatergruppen, Vorlesepatenschaften, Unterstützung von jugendlichen Migranten und Migrantenkindern;
5. Arbeitswelt: Mentoren zur Berufsvorbereitung, Weitergabe beruflichen Erfahrungswissens, Gestaltung altersheterogener Lern- und Arbeitsstrukturen;
6. Gewaltprävention: Mentorenprogramme mit Jugendlichen, Prävention von Jugendkriminalität, Mediation (Seniorpartner in School); Stützung familialer Generationenbeziehungen: Elternschulung und -beratung im Umgang mit heranwachsenden Kindern, Entlastung pflegender Töchter und Söhne, die alte Eltern pflegen, Großelterndienste, Ansätze zur Unterstützung von Großeltern-Enkelkind-Beziehungen bei Demenzerkrankungen;
7. Nachbarschaftliche Aktivitäten: Einkaufshilfen und Besuchsdienste – zu Hause oder in Heimen.

Die Hauptziele in diesem Spektrum der intergenerativen Projekte sind: Begegnung, Erfahrungsweitergabe und Erfahrungsaustausch, Lernen, Unterstützen, Wohnen und Arbeiten (vgl. Karl 2005; Höpflinger 2012). In den generationenübergreifenden Settings solcher Projekte treffen häufig drei Generationen (Großeltern, Kinder und Enkelkinder) und zwei Lebenswelten (ehrenamtlich/hauptamtlich, oder auch: privat/institutionell) aufeinander. Dies kann spezifische Vermittlungsaufgaben und Brückenschläge erfordern, wie sie zum angestammten Handlungsrepertoire von Sozialarbeiterinnen gehören. Spezifisches Wissen über die unterschiedlichen Lebenswelten beider Seiten und die fachliche Fähigkeit zur Distanz kann auch von Nutzen sein, weil die gängige Unterscheidung von „alt" und „jung" in der Praxis eine viel zu grobe Orientierung ist. So unterscheiden sich die Lebenssituationen, Bedürfnisse, Potenziale und Entwicklungsaufgaben nicht nur bei Kindern und Jugendlichen erheblich. Es gibt auch in der Altersphase ähnlich starke Differenzierungen, zum Beispiel zwischen jungen und alten Alten, drittem und viertem Lebensalter. Hinzu kommt die Vielgestaltigkeit des kohortenspezifischen Hintergrunds, der sich in unterschiedlichen (lebens-)geschichtlichen Erfahrungen und Mentalitäten ausdrückt. Zu den Erfolgsfaktoren von intergenerativen Projekten gehört es, dies reflektieren zu können und das Handeln sensibel daran auszurichten.

In der Einschätzung von außerfamilialen Generationenprojekten hat Höpflinger (2010) darüber hinaus auf zwei kritische Punkte hingewiesen: Erstens bestehen in der breiten Öffentlichkeit teilweise sozial-romantische Generationenvorstellungen. Intergenerationenprojekte werden als bedeutsam erachtet, weil man stillschweigend davon ausgeht, dass die Generationensolidarität früher besser war. Zudem wird unterstellt, dass enge Kontakte zwischen Jung und Alt immer und jederzeit wünschenswert seien. Zwar können Intergenerationenprojekte die gesellschaftliche Integration stärken, aber darf nicht vergessen werden, dass gesellschaftliche Konfliktlinien und soziale Ungleichheiten weniger zwischen als innerhalb von Altersgruppen bzw. Geburtsjahrgängen verlaufen. So wertvoll Kontakte zwischen unterschiedlichen Generationen sein mögen, in manchen Lebensphasen und für manche Lebensfragen sind Kontakte zu Gleichaltrigen bedeutsamer. Zweitens ist das Interesse älterer Menschen an generationenübergreifenden Aktivitäten häufig ausgeprägter als das Interesse jüngerer Menschen. Heute werden viele Generationenprojekte von älteren Menschen initiiert, ohne dass Wünsche und Bedürfnisse der jüngeren Menschen, mit denen zusammengearbeitet werden soll, vorrangig berücksichtigt werden.

In Generationenprojekten kommt es darauf an, die spezifischen Bedingungen intergenerationeller Kommunikation und die intergenerationellen Unterschiede der Lebenslagen zu berücksichtigen. Erfolgreiche Generationenprojekte leugnen die vorhandenen Alters- und Generationendifferenzen von Erleben und Erfahrung nicht, sondern thematisieren sie und nutzen sie als ein spezifisches Potenzial (vgl. Eisentraut 2007; Höpflinger 2010). Um mit Lüscher zu sprechen: Die Generationenambivalenzen dürfen eben nicht vom Tisch gewischt werden, vielmehr muss versucht werden, mit dem Spannungsfeld von Gemeinsamkeit und Verschiedenheit produktiv umzugehen und daraus eine wechselseitige Bereicherung zu ziehen.

Literatur

Beauvoir, Simone de: Das Alter. Reinbek b. Hamburg 1972

Bengtson, Vern L.: Continuities and discontinuities in intergenerational relationships over time. In: V.L. Bengtson (Hg.): Adulthood and Aging. New York 1996: 271-303

Bengtson, Vern L. / Roberts, R E. L.: Intergenerational solidarity in aging families: An example of formal theory construction. Journal of Marriage and Family, 53 (4), 1991: 856-870

Bertram, Hans: Getrennt wohnen − solidarisch leben: Die „multilokale Mehrgenerationenfamilie". In: Lepenies, A. (Hg.), Alt & Jung, Basel 1997: 79-84

Bundesministerium für Familie, Senioren, Frauen und Jugend: Fünfter Bericht zur Lage der älteren Generation in der Bundesrepublik Deutschland. Potenziale des Alters in Wirtschaft und Gesellschaft. Der Beitrag älterer Menschen zum Zusammenhalt der Generationen. Berlin 2006

Deutscher Bundestagstag: Schlussbericht der Enquete-Kommission „Demographischer Wandel: Herausforderungen unserer älter werdenden Gesellschaft an den Einzelnen und die Politik. Drucksache 14/8800. Bonn 2002

Eisentraut, Roswitha: Intergenerationelle Projekte. Motivationen und Wirkungen. Baden-Baden 2007

Ette, Andreas / Ruckdeschel, Kerstin / Unger, Rainer (Hg.): Potenziale intergenerationaler Beziehungen. Chancen und Herausforderungen des demografischen Wandels. Würzburg 2010

Höpflinger, Francois: Möglichkeiten der Förderung von Generationenbeziehungen. In: Wahl, Hans-Werner / Tesch-Römer, Clemens / Ziegelmann, Jochen Philipp (Hg.): Angewandte Gerontologie. 2. Aufl. 2012: 447-452

Karl, Fred: Generationenübergreifende Arbeit − Schwerpunkt Schule/Kindergarten. In: Braun, Joachim / Kubisch, Sonja / Zeman, Peter: Erfahrungswissen und Verantwortung. Köln 2005. 27-75

Kaufmann, Franz-Xaver: Was meint Alter? Was bewirkt demographisches Altern? Soziologische Perspektiven. In: Staudinger, Ursula M./ Häfner, Heinz (Hg.): Was ist Alter(n)? Neue Antworten auf eine scheinbar einfache Frage.Berlin 2008: 119-138

Lüscher, Kurt / Pillemer, Karl: Intergenerational ambivalence: A new approach to the study of parent-child relations in later life. Journal of marriage and the Family, 60, 1998: 413-425

Mahne, Katharina / Motel-Klingebiel, Andreas: Familiale Generationenbeziehungen. In: Motel-Klingebiel, Andreas / Wurm, Susanne / Tesch-Römer, Clemens (Hg.): Altern im Wandel. Befunde des Deutschen Alterssurveys (DEAS). Stuttgart 2010: 188-214

Mannheim, Karl: Das Problem der Generationen. In: Kölner Vierteljahreshefte für Soziologie 7 (1928/29), S. 157-184. (Teilweiser Nachdruck in Kohli, M. (Hg.): Soziologie des Lebenslaufs. Darmstadt/Neuwied1978: 33-53,.)

Pfau-Effinger, Birgit: Culture and Welfare State Policies: Reflections on a Complex Interrelation, Journal of Social Policy, 34, 2005: 1-18.

Phillipson, Chris: New Aging and New Policy Responses: Reconstructing Gerontology in a Global Age. In: Wahl, Hans-Werner / Tesch-Römer, Clemens/ Hoff, Andreas (Ed.): New Dynamics in Old Age. Amityville, New York 2007: 291-305

Schelsky, Helmut: Die skeptische Generation. Eine Soziologie der deutschen Jugend, Düsseldorf/Köln 1957

SIGMA (Sozialwissenschaftliches Institut für Gegenwartsfragen): Generationenkonflikt und Generationenbündnis in der Bürgergesellschaft. Stuttgart 1999

Szydlik, Marc: Lebenslange Solidarität? Generationsbeziehungen zwischen erwachsenen Kindern und Eltern. Opladen 2000

Tesch-Römer, Clemens; Motel-Klingebiel, Andreas; Kondratowitz, Hans-Joachim v.: Sicherung der Solidarität der Generationen (Diskussionspapier 33). Berlin (DZA) 2000

Walker, Alan: The New Politics of Old Age. In: Wahl, Hans-Werner / Tesch-Römer, Clemens/ Hoff, Andreas (Ed.): New Dynamics in Old Age. Amityville, New York 2007S. 307-324.

Zeman, Peter: Altersgrenzen auf dem Prüfstand. Schriften der Landesstelle für Gleichbehandlung − gegen Diskriminierung. Berlin 2010

Kirsten Aner

Age Troubles
– Generationenbeziehungen in der Sozialen Arbeit

ABSTRACT

Angesichts der unübersehbar steigenden Zahl älterer Menschen in vielen Hand-lungsfeldern Sozialer Arbeit ist eine Gerontologisierung des sozialpädagogischen Handelns unumgänglich. In diesem Kontext sollte es selbstverständlich werden, nicht nur die spezifischen Problemlagen älterer AdressatInnen zu berücksich-tigen, sondern auch die Bedeutung der alltäglichen Generationenordnung für Hilfe- und Beratungsbeziehungen zu reflektieren. Der Beitrag zeigt auf theoreti-scher und empirischer Basis, welche Prämissen dabei zu berücksichtigen sind.

1   Einleitung: Age matters!

Die steigende Zahl älterer und hochaltriger Menschen in den Handlungs-feldern Sozialer Arbeit ist nicht mehr zu ignorieren. Durch einen allein auf die Altenhilfe und Altenarbeit ausgerichteten Blick wird die Bedeutung der Alters- und Generationenproblematik für die Profession bei weitem unterschätzt. Ein Großteil der Beschäftigten ist in Arbeitsfeldern tätig, für die gerontologische Erkenntnisse relevant sind. Klie (1996) schätzte diesen Anteil aufgrund von Daten für Baden-Württemberg auf 40 Prozent. Diese Schätzung wird plausibel, wenn man sich beispielsweise die Situation in der Behindertenhilfe, der Obdachlosenarbeit, der Suchtkrankenhilfe, der Arbeit mit Suizidgefährdeten und MigrantInnen vor Augen hält. Selbst die Familienhilfe ist mit veränderten Konstellationen konfrontiert, kann bes-tenfalls auf Großeltern oder gar Urgroßeltern als unterstützende Faktoren im Familiensystem zurückgreifen. Nicht zuletzt die Arbeit mit Freiwilligen ist zu einem beträchtlichen Teil eine Arbeit mit älteren Menschen und/oder intergenerative Arbeit (vgl. Pohlmann 2006).

Doch die Sozialpädagogik als Teil der allgemeinen Pädagogik hat sich lange weder mit ihren Theorien noch empirisch auf das höhere und hohe Alter bezogen, endet doch Erziehung weit früher im Lebenslauf. Die Diffe-renzierung zwischen erziehender und erzogener Generation und ihre her-ausragende Bedeutung für Disziplin und Profession führte dazu, dass trotz der Zunahme erwachsener und älterer AdressatInnen in pädagogischen Handlungsfeldern Versuche unterblieben, eigenständige, weniger erziehungswissenschaftlich ausgerichteten Theorien und Methoden zu den Generationenbeziehungen zu entwickeln.

Auch die Annäherung von Sozialpädagogik und Sozialarbeit in den letzten Jahrzehnten führte nicht dazu, diesen Anachronismus aufzuheben. Das ist, historisch betrachtet, verwunderlich: Konnte noch im Elberfelder System davon ausgegangen werden, dass der gut situierte Helfer selbstverständlich einen Erziehungsanspruch gegenüber dem bedürftigen Erwachsenen hat, wurde dieser Anspruch in demokratischen Gesellschaften obsolet, denn in ihnen hat der mündige Bürger ein Recht auf Hilfe und Unterstützung. Mit der sozialrechtlichen Stärkung des Hilfeempfängers veränderte sich das Selbstverständnis Sozialer Arbeit. Heute dominiert die Ansicht, dass es sich bei den Hilfeprozessen nur um eine Koproduktion von Professionellen und AdressatInnen handeln kann. Gleichwohl kam die Problematik der Generationendifferenz bisher wenig systematisch in den Fokus der diesbezüglichen Theoriebildung und Forschung. Erkennbar sind erste Ansätze der gegenseitigen Öffnung von sozialpädagogischer und Altersforschung (vgl. Schweppe 2002a, 2005, Aner 2005, Karl 2005, Aner/Karl 2008). Außerdem wird vereinzelt und kontrovers über die Werthaltigkeit des Generationenbegriffs für die sozialpädagogische Theoriebildung diskutiert (vgl. Müller 1999, Böhnisch 2002, Merten 2002, Bock 2005, Ecarius 2008). Einflussreicher sind Überlegungen zur Relativierung der Lebensalter" (Böhnisch/Blanc 1989). Generationenbeziehungen wurden außerdem als Gegenstand sozialpädagogischer Interventionen, von Bildungsprozessen und im Kontext hermeneutischen Fallverstehens betrachtet (u.a. Mollenhauer/Uhlendorff 1992, 1995, Müller 1995, Jacob/Wensierski 1997, Uhlendorff 1997, Ecarius 1998). Selten jedoch wurden Generationenbeziehungen zwischen Fachkräften und AdressatInnen thematisiert und wenn, dann für die Tätigkeiten in der Kinder- und Jugendhilfe (Bock 2002, Müller 2002b), in der Schule (Helsper/Kramer 1998) oder in der Bildung von Heranwachsenden (vgl. Klika 2000, Moll 2000). Auch die neuerliche Konjunktur gemeinwesen- und sozialraumorientierter Ansätze Sozialer Arbeit änderte nichts daran, obwohl doch gerade hier die Arbeit mit Angehörigen auch höherer Altersgruppen Alltag ist und sich Soziale Arbeit folglich permanent mit außerfamilialen Generationendifferenzen auseinander zu setzen hat. Wie auch in der Sozialpädagogik standen und stehen andere Potenziale und Konfliktlinien als die der Generationen und des Alterns im Fokus der theoretischen Reflexionen. Auch der empirische Ertrag von praktischen Projekten, die explizit als Zusammenwirken der Generationen angelegt sind (vgl. u.a. Karl 2002, 2005a), blieb bisher beschränkt. Dies könnte daran liegen, dass die personellen Ressourcen in der Regel knapp bemessen sind und wissenschaftliche Begleitung oft fehlt oder eher an den Interessen der Förderer als an denen von Disziplin und Profession ausgerichtet ist.

Immerhin erfährt die sozialpädagogische Theoriebildung derzeit eine Erweiterung, indem Alter(n) in den Kontext von Lebenslauf und Lebensgeschichte gestellt wird, so dass biografie- und bildungstheoretische Konstrukte erziehungswissenschaftlicher Provenienz anschließen können. Begriffe wie „Erfahrungswissen", „lebenslanges Lernen", „Generation" und „Lebensbewältigung" werden auf das Alter bezogen. Dabei werden Statuspassagen und kritische Lebensereignisse im höheren Erwachsenenalter als Lern- und Bildungsanlässe wahrgenommen. Theoriegeleitete Reflexionen über die eigene Stellung der Professionellen fehlen also weitgehend. Unbeantwortet blieb bisher insbesondere die Frage nach der Bedeutung von professionellen Generationenbeziehungen, in denen die Sozialpädagogen erheblich jünger sind als ihre KlientInnen, sodass die dem Senioritätsprinzip folgende „alltägliche Generationenordnung" (Lüscher/Liegle 2003: 254) „umgekehrt" wird.

Der Anlass, mich mit dieser Frage zu beschäftigen, war eine Lehrsituation im Jahr 2005. In einem Begleitseminar zu Berufspraktika im Studium der Sozialen Arbeit erzählte ein Studierender aus seinem Praktikum bei Pro Familia: „Ich darf seit einiger Zeit selbstständig Paare beraten, mein Anleiter sitzt nur noch dabei. Einmal wusste ich gar nicht, was ich tun sollte. Mir gegenüber ein Paar um die sechzig, die waren 30 Jahre verheiratet. Was soll ich (!) zu deren Problemen sagen. Meine längste Beziehung bisher dauerte acht Monate!" Handelte es sich dabei um ein spezielles Problem von PraktikantInnen? Oder hat diese Verunsicherung etwas mit der Sozialen Arbeit selbst zu tun? Selbstverständlich spielt der Status von PraktikantInnen eine Rolle für die Verunsicherung des Studierenden. Und ebenso selbstverständlich hat sie etwas mit der Sozialen Arbeit selbst zu tun, allerdings nicht nur damit.

Zunächst einmal zur Frage, warum die Irritation aus der Sozialen Arbeit selbst resultiert. Als anschaulicher Ausgangspunkt für eine theoretische Analyse bietet sich ein Vergleich mit einem jungen Hausarzt an, zu dem ein Rentner in die Sprechstunde kommt und zwar mit unklaren Symptomen einer Erkältung oder Grippe, Bronchitis oder auch Lungenentzündung. Zweifelt dann der junge Mediziner daran, das Richtige zu tun, für den Rentner eine fachliche Autorität zu sein, nur weil sein Patient um einiges älter ist als er? Sollte er zweifeln, dann sicher nicht wegen des Altersunterschieds, obwohl doch auch in dieser Situation die dem Senioritätsprinzip folgende alltägliche Generationenordnung durchbrochen wird. Doch worin ähneln, worin unterscheiden sich sozialpädagogische Hilfe- und Beratungssituationen von der Sprechstunde einer Medizinerin bzw. eines Mediziners? Zunächst fallen ja Ähnlichkeiten ins Auge.

Inhalt der beruflichen Tätigkeit von SozialpädagogInnen ist die Auf-rechterhaltung/Wiederherstellung der Selbststeuerungskapazität der Kli-entInnen. Mit der vom Mediziner angestrebten Linderung oder Heilung hat dieses Ziel durchaus etwas gemeinsam. Oft ist auch der Weg zum Ziel ähnlich. Das Gelingen einer sozialpädagogischen/sozialarbeiterischen Intervention ist abhängig vom Gelingen der Koproduktion, somit vom Ver-trauen und von der Mitwirkung der AdressatInnen. Ähnliches gilt für die medizinische Behandlung. Vor allem in so genannten Vollzugsrollen (Blin-kert 1976), in denen SozialarbeiterInnen dem diagnostischen und therapeu-tischen Handeln der Mediziner vergleichbar Gesetze, Verordnungen, Vor-schriften auszulegen und anzuwenden haben, handeln sie ähnlich den MedizinerInnen eher bürokratisch und kontrollierend, um die Bedingun-gen für die Realisierung eines Anspruchs zu prüfen oder die Regeln einer Organisation oder (totalen) Institutionen durchzusetzen gegenüber Adres-satInnen, die notwendig „verdinglicht" werden.

Gleichwohl gehen SozialpädagogInnen von einem anderen professio-nellen Selbstverständnis als Ärzte aus. Mit diesem Selbstverständnis ver-binden sich auch andere Handlungsformen. Sie kommen, wenn auch nicht ausschließlich, so doch weit stärker als in den sogenannten Vollzugsrollen in so genannten Erzieherrollen zur Geltung. Hier finden sich sehr deutli-che Unterschiede zum eher technokratischen Handeln der MedizinerIn-nen. In diesen Rollen ist es möglich, Situationen nach Maßgabe von pädago-gischen/methodischen Konzepten zu definieren und beispielsweise einen Beratungsprozess selbst zu strukturieren (Hamburger 2003: 75). Das Ziel einer Intervention wird als offen angesehen. Es ist Gegenstand eines Aus-handlungsprozesses, in den gezielt die Bewältigungsressourcen der Adres-satInnen einbezogen werden. Diejenigen, die der Hilfe bedürfen, werden als ExpertInnen ihrer Lebenswelt wahrgenommen und anerkannt, während MedizinerInnen bekanntlich das alleinige Recht zur Beurteilung der Lage und der notwendigen Interventionen für sich beanspruchen. Gegen die Vor-schläge medizinischer Laien verwahren sie sich mehr oder weniger auto-ritär. Weit unbestimmter als in der Medizin und in ihrer Unbestimmtheit auch anerkannt sind die Wirkungen der Interventionen im Kontext Sozialer Arbeit. Weil dabei die Selbststeuerungskapazität keinesfalls eingeschränkt werden soll, ist die fachliche Handlungsdynamik weitgehend abhängig von der lebensweltlichen der Adressatinnen, und womit Verständigung statt Verdinglichung der AdressatInnen zwingend geboten ist.

Ein Arbeitsbündnis (Müller 2002) wird konstituiert, das den Rahmen für professionelle Handlungssituationen bildet, situativ unterschiedlich ausge-staltet werden kann und sich doch immer von der Mitarbeit der Patienten an der eigenen Heilung unterscheidet. Denn im Unterschied zum Handeln der Ärzte ist sozialpädagogisches Handeln eingelassen in die Alltagswelt der AdressatInnen. Weil es deren soziale Sinnwelt beeinflussen will, muss es sich in ihr bewegen, mithin auch deren Sprache sprechen – auch dies im Unterschied zum Mediziner. Beide müssen sich aufeinander einlassen, dazu später mehr.

Doch erst einmal zurück zum „nicht nur". Die vom Studierenden beschriebene Verunsicherung hat nicht nur etwas mit der Sozialen Arbeit zu tun, sondern mit der Kategorie Alter. Wie das Geschlecht ist das Lebensalter eine der zentralen Dimensionen, an denen Menschen sich im Zusammenleben orientieren. Wir alle wissen und kennen das, ohne dass es uns in jedem Moment bewusst wäre: Begegnet uns eine Person, so ordnen wir ihr in Bruchteilen von Sekunden ein Alter einschließlich bestimmter Bilder davon zu. Alter ist uns wie das Geschlecht „in den Leib geschrieben" und wie das Geschlecht eine soziale Konstruktion. Deshalb werden Fachkräfte von AdressatInnen nicht nur als Frauen oder Männer wahrgenommen, sondern auch als Menschen mit einem Lebensalter und als Angehörige einer Generation. Zugleich sind sie selbst beteiligt an der Konstruktion von Alter und Generationenzugehörigkeit aller Beteiligten. Aber es gibt Aspekte der Kategorie Alter, die sie noch komplizierter und zugleich spannender als die Kategorie Geschlecht machen: Die Kategorie Alter ist aufgrund ihrer Zeitlichkeit sehr dynamisch und stets relational. In jeder Interaktion, an verschiedenen Orten, wird das Alter je neu bestimmt. Zudem: Kein Mensch entgeht dem Altern, irgendwie ist jede Person von dieser Dynamik und Relationalität betroffen. Und zwar in jedem Alter. Die Kategorie ist somit universal.

Wie Fachkräfte damit umgehen, wurde bisher erst einmal dezidiert erforscht – in meiner explorativen Studie über die individuellen Umgangsweisen von SozialarbeiterInnen mit der Beratung älterer und alter KlientInnen (ausführlich vgl. Aner 2010). Auf Theorie und Empirie dieser Studie und eines Folgeprojekts beziehe ich mich im Folgenden.

2 Generationenbeziehungen in der Sozialen Beratung – theoretische Klärungen

Um die Ergebnisse meiner Forschungen einordnen zu können, sind theoretische Klärungen vorab nötig. Zunächst muss definiert werden, was ich unter „Sozialer Beratung" verstehe: Sie ist als zentrale Handlungsmethode integraler Bestandteil Sozialer Arbeit und wird in den verschiedensten Handlungsfeldern praktiziert, mithin in eigenen Arbeitssettings aber auch in nicht derart formalisierten Arbeitssituationen und mit unterschiedlichen Zielen und in vielfältigen Formen praktiziert (vgl. Thiersch 2004). Professionelle Beratung durch SozialarbeiterInnen und SozialpädagogInnen findet insbesondere in einem rechtlich fixierter „Beratungs-Kernbereich" (Sickendieck et al. 2002: 33) statt.[1] Wegen der diversifizierten Trägerstrukturen der öffentlichen und freien Wohlfahrtspflege, wegen der Entscheidungsfreiheit der einzelnen Anbieter im Rahmen der vom Träger vorgegebenen grundsätzlichen Ausrichtung und der Existenz eines „sich ausweitenden offenen Beratungsfeldes" (ebd.: 34) ist eine große Vielfalt an konzeptionellen Orientierungen und methodischer Umsetzung derselben zu verzeichnen. Daraus resultierte in den letzten Jahren ein umfangreicher Diskurs über die Professionalisierung von Beratung. Er war in weiten Teilen ein disziplinärer Diskurs über die Abgrenzung zwischen sozialer, sozialpädagogischer und psychosozialer Beratung (vgl. Nestmann 1997, Ansen 2006, Gröning 2006, Peters 2006, Wendt 2007). Hier wird im Folgenden von „Sozialer Beratung" die Rede sein, die zweidimensional konturiert ist: Sie weist eine soziale sowie eine pädagogische Dimension auf, wobei die soziale Dimension auf die Themen, die pädagogische auf die Vermittlung von Kompetenzen zielt.[2] Die Themen, zu denen Beratung im Kontext von Sozialversorgung und Fürsorge angeboten wird, beziehen sich auf Inhalte wie Armut, Wohnungslosigkeit, Beantragung von Sozialleistungen, Erziehung oder auf Gruppen von Menschen, mit deren Lebenslagen häufig kumulative Belastungen einhergehen, wie Frauen, Gewaltopfer, Jugendliche, MigrantInnen, Suchtkranke und eben auch alte Menschen. Dabei ist die psychosoziale Perspektive, wie es die Beispiele nahelegen aber auch schon der Wortsinn ergibt, Teil der sozialen Dimension. Schließlich hängen soziale und psychische Probleme wechselseitig voneinander ab. Die pädagogische Dimension entfaltet sich darin, den Ratsuchenden bei der eigenständigen Lösung von Schwierigkeiten zu unterstützen, wobei nicht Anpassung, sondern die Eröffnung von Alternativen das Ziel der Unterstützung ist. Konkret geht es im beraterischen Handeln darum, Probleme rational zu erhellen und auf diese Weise Entscheidungen vorzubereiten, die frei von Vorurteilen und Verfestigungen getroffen werden können (vgl. Mollenhauer 2001: 118f.). Anders formuliert: Die Beratung zielt darauf, dass die AdressatInnen „von der Fremd- zur Selbstaufforderung" (Ansen 2006: 21) gelangen. Die Intention sozialer Beratung ist mithin nicht die Reorganisation innerpsychischer Prozesse, sondern die Initiierung und Begleitung von Lernprozessen, deren Gelingen

---

1   Soziale Beratung ist rechtlich zunächst in §14 SGB I geregelt, nach dem jeder einen Anspruch darauf hat, bei der Verwirklichung seiner Rechte nach diesem Gesetzbuch beraterisch unterstützt zu werden und dafür die Leistungsträger der jeweiligen Rechte zuständig sind. Die Problemfelder sind zum Teil in weiteren Sozialgesetzbüchern geregelt.

2   Konsequent wäre die Bezeichnung „Beratung im Kontext Sozialer Arbeit", die hier aus Gründen der Lesbarkeit auf „Soziale Beratung" verkürzt wird.

die AdressatInnen (wieder) in die Lage versetzt, individuelle Konkretionen von sozial typischen Problemsituationen selbstständig zu bewältigen. Ihre spezifische Leistung bestcht darin, „zur problembezogenen Erweiterung des Horizonts an Deutungsmöglichkeiten beizutragen, auf dessen Hintergrund der Klient selbst seine Situation interpretiert und Handlungsalternativen entwirft" (Dewe/Scherr 1990: 493). Sozialarbeiterische und sozialpädagogische Expertise wird also eingesetzt, um die Entscheidungssituationen zu strukturieren, die externen und individuellen Ressourcen zu ihrer Lösung zu klären und alternative Handlungsmöglichkeiten zu entwickeln. Dabei vertragen die „verknäulten Probleme", mit denen sich Beratung im Kontext Sozialer Arbeit befasst, „keine parzellierende Vorklärung und methodische Engführung" (Heiner 1988: 315). Zudem ist „von cincr auf alle Beteiligten verteilten Expertise aus[zu]gehen" (Wendt 2007: 84), so dass im gemeinsamen Problemlösungsprozess einer Beratungssituation Wissen zwischen professionellen RatgeberInnen und RatsuchInnen „zirkuliert" (Kade 2004). In solchen als Ko-Produktion verstandenen Hilfe- und Beratungsprozessen muss eine sinnvolle Balance zwischen Sach- und Beziehungsarbeit hergestellt werden, wobei die Qualität der Beziehung selbstverständlich von einer sachlich erfolgreichen Beratung abhängig sein wird (Ansen 2006: 16). Doch können Veränderungen bei den AdressatInnen nur dann in Gang kommen, wenn sie sich mit den SozialpädagogInnen oder zumindest den angebotenen Lösungen identifizieren können (Hamburger 2003: 181ff.).

Auch auf der Seite der BeraterInnen bedingt die notwendige Identifikation ein „Sich-Einlassen", so dass in der Beratungsinteraktion bei den Fachkräften stets funktionale Rollenaspekte und Aspekte einer menschlichen Begegnung zum Tragen kommen (vgl. Böhnisch 2001: 288). Deshalb muss die Person der/des BeraterIn als eine der wesentlichen Komponenten der Beratung angesehen werden und die Beratungsbeziehung als eine eigene „Hilfequelle" (Müller 2002a).[3] Wie zeitlich und inhaltlich eingeschränkt das Arbeitsbündnis je nach Feld und Fall auch sein mag, zwischen der BeraterIn und einer deutlich älteren NutzerIn des Angebots beinhaltet es also immer eine Beziehung, die im Falle einer entsprechenden Altersdifferenz zugleich eine Generationenbeziehung darstellt.

Die Zugehörigkeit zu einer Generation lässt sich nun wiederum aus verschiedenen Perspektiven betrachten. Die sozialpolitische Perspektive defi-

---

3   Wenn in der einschlägigen Literatur die Zentralität der Beziehung für eine gelingende Beratung herausgestrichen wird, dann häufig mit der Begründung, sie habe sich als einzige durchgängig erfolgsrelevante Variable im Vergleich diverser Beratungsmethoden, und verschiedener Gruppen von KlientInnen und BeraterInnen erwiesen (vgl. u. a. Sickendiek et al. 2002: 129). Allerdings basiert diese Aussage ausschließlich auf Untersuchungen im Kontext psychologische orientierter Beratung oder gar der Psychotherapie (vgl. Strasser 2006: 37 ff.), was die Daten ebenso plausibilisiert wie es ihre Reichweite begrenzt.

niert Generationen als „Wohlfahrtsgenerationen", fokussiert also das Austauschverhältnis der Altersgruppen über sozialstaatliche Finanzierungsströme (Kaufmann 1993). Soziologisch betrachtet kommen über die außerfamilialen, institutionell vermittelten Generationenverhältnisse auf der Makroebene hinaus die damit einhergehenden Generationengestalten (Mannheim 1928) und Altersdiskurse (Göckenjan 2000) sowie die informellen außer- und innerfamilialen Generationenbeziehungen auf der Mikroebene in den Blick. Psychologisch/psychoanalytisch wird die Generationenzugehörigkeit über Entwicklungsaufgaben bestimmt (Kohli 1991) und ist sozialpsychologisch durch moralische Gefühle gekennzeichnet (Brumlik 2000). In der Sozialpädagogik, in der stets die Beziehung zwischen erziehender und erzogener Generation im Vordergrund stand, mehren und differenzieren sich, wie oben erwähnt, erst in jüngster Zeit die Beiträge zum Generationenthema, ohne dass man bisher von einer Wissensgrundlage sprechen kann, die für die Soziale Beratung älterer und alter Menschen befriedigend wäre. Das ist umso kontraproduktiver, als sich BeraterInnen und AdressatInnen ohnehin auf sehr unsicheres Terrain begeben, wenn sie sich in professionellen Beratungssituationen gegenseitig einer Altersgruppe und Generation zuordnen.

Denn zum einen ist Alter eine sehr grundlegende Kategorie mit einer gewissen Konstanz. Sie lässt sich zu den horizontalen Strukturkategorien zählen, die die vertikalen Ungleichheitskategorien überformen. Auf der Ebene überpersonaler Generationenverhältnisse bestehen Machtasymmetrien, die auf personale Generationenbeziehungen wirken.[4] In allen Kulturen stehen personale Identitäten, Alltagsbewältigung und Interaktionen auch mit dem Lebensalter und der Generationenzugehörigkeit in Verbindung. Ähnlich wie ein „doing gender" lässt sich ein „doing age" als beständige gesellschaftliche wie auch individuelle Aushandlung von Rollenzuschreibungen und -übernahmen beobachten – mit der Folge, „dass sich die Akteure im Alltag ihr Alter durch signifikante Symbole wechselseitig anzeigen" (Schroeter 2008: 250). Immer bleibt eine irreduzible Fremdheit zwischen den Generationen, weil ein „biologisch vermittelter Unterschied in den Weltzugängen" (Winkler 1998: 137) existiert.[5] Trotz aller Gruppenbil-

---

4 Nach wie vor setzen sich die mittlere und ältere Generation in ein praktisches Verhältnis zur jüngeren, wenn sie über Arbeitsmarkt- und Rentenpolitik, Stadtplanung etc. Rahmenbedingungen schaffen, auf die die Jüngeren erst sehr viel später Einfluss nehmen können (zur politischen Dimension des Diskurses über die überpersonalen Generationenverhältnisse vgl. auch Aner 2004).

5 Zu dieser potenziellen Fremdheit tritt ein weiterer Aspekt: dass wir nicht nur in einer multikulturellen, sondern auch in einer „multigenerationellen Gesellschaft" leben. Die Generationen sind uneinheitlicher denn je, weil „Alter" und Generation" soziale Konstruktionen sind, die in verschieden Kulturen je unterschiedlich bestimmt werden (ausführlicher dazu Aner 2005, Elwert et al.1990).

dungen innerhalb von Generationen, egal wie sich die individuelle Erfahrungsaufschichtung vollzieht, die sozialhistorische Generationenzugehörigkeit bildet das Fundament jeder Biografie und neben der Lebenslage konstituiert das Vergehen von Lebenszeit den subjektiven Bedeutungshorizont (noch) möglicher Erfahrungen. Zum anderen gibt es Tendenzen zur Variabilität. So legen Forschungsbefunde zur „Entstandardisierung von Lebensläufen", zur „Wissensgesellschaft" eine „Relativierung der Lebensalter" (Böhnisch/Blanc 1989), zur Herausbildung einer familiären „Verhandlungskultur" sowie die öffentliche Infragestellung des so genannten Generationenvertrags eine verschwundene „Gratiskraft" (Ziehe 1991) des tradierten Autoritäts- und Generationenverhältnisses nahe.

Der Rahmen für die Aushandlung der Rollen und die Kommunikation in der sozialen Beratung älterer KlientInnen durch junge BeraterInnen oder auch BeraterInnen, die selbst schon die Lebensmitte überschritten haben, ist also von Unbestimmtheit, Ambivalenzen und Fremdheit gekennzeichnet

3 Generationenbeziehungen in der Sozialen Beratung – Empirische Befunde

Wo sozialpädagogisch inspirierte Theorien und empirische Befunde zur Bedeutung solch komplexer Konstellationen für die Beratungsbeziehung und zur professionellen Bearbeitung der intergenerativen Fremdheit weitgehend fehlen, gilt es, explorativ zu forschen. Dementsprechend war meine oben schon erwähnte Studie explorativ angelegt. Im Folgenden referiere ich ihre Ergebnisse:

Meine Stichprobenbildung folgte der Maßgabe, das Feld Sozialer Beratung und die in diesem Feld professionell Tätigen zu repräsentieren. Ausgewählt wurden diverse Beratungssettings, in denen nicht Altenberatung im Vordergrund steht, sondern ein eben nicht mit dieser Gruppe von AdressatInnen assoziiertes Thema. Dabei erfolgte eine Eingrenzung auf Beratungsstellen und explizite Beratungsangebote für einzelne AdressatInnen im Rahmen von Diensten und Einrichtungen, in denen Einzelberatung nur eines der Angebote ist. Ausgespart wurden somit sozialpädagogische Beratungen, die sich im Kontext anderer, ergebnisoffener Arbeitsvollzüge tagtäglich ergeben.[6] Um die in diesem Feld professionell Tätigen angemes-

---

6 Thiersch (2004) versteht soziale Beratung als kommunikative Klärung und Bearbeitung von Bewältigungsprozessen. Dem entsprechend bezieht sich Beratung auf unterschiedliche Aufgaben und wird in vielfältigen Formen praktiziert, also nicht nur in Beratungsinstitutionen mit eigenen Arbeitssettings, sondern auch in nicht derart formalisierten Arbeitssituationen. „Die Formulierung ‚Soziale Arbeit schließt soziale Beratung ein' bedeutet zudem, dass sie ein Kontinuum unterschiedlicher Beratungsformen einbezieht." (Wendt 2007: 84)

sen zu repräsentieren, sollten sowohl Männer als auch Frauen verschiedener Altersgruppen sowie SozialarbeiterInnen und SozialpädagogInnen mit diversen grundständigen hochschulischen Ausbildungen berücksichtigt werden. Die Stichprobe für erste Explorationen bestand aus zwölf UntersuchungsteilnehmerInnen im Alter zwischen 32 und 55 Jahren, darunter vier Männer. Ihre Tätigkeit übten sie in folgenden Arbeitsfeldern aus: Familienberatung, Paar-, Sexual- und Schwangerschaftsberatung, Beratung für Frauen in Trennungs- und Scheidungskonflikten sowie Gewaltbeziehungen, Soziale Beratung für Haftentlassene und Wohnungslose.

Um das anvisierte Problem tatsächlich in den Blick zu bekommen, waren problemzentrierte Interviews (Witzel 1996) die Methode der Wahl. Der Interviewleitfaden folgte der Prämisse theoretischer und technischer Offenheit. Er übersetzte das aus den skizzierten Vorüberlegungen abgeleitete Erkenntnisinteresse in Themen, die für die InterviewpartnerInnen ein Diskussionsangebot darstellen und Fragen, die erzählgenerierend wirken.[7] Die transkribierten Interviews wurden zunächst nicht sequenziell, sondern das Material sortierend ausgewertet. Wenngleich durch die Leitfadeninterviews in gewisser Weise Themenvorschläge gemacht wurden, waren die Auswertungskategorien nicht zuvor festgelegt, sondern aus den alltagssprachlichen Formulierungen der Interviewten zu entwickeln. Das Material wurde so offen codiert. Dabei wurden die aus der Fragestellung und dem sozialpädagogischen Erkenntnisinteressen resultierenden zunächst eher vagen Kategorien, die sich im Interviewleitfaden wiederfanden, präzisiert, differenziert, modifiziert und nicht zuletzt ergänzt, um auch solche Passagen zu berücksichtigen, die den anfänglichen Erwartungen nicht entsprachen. Nach diesen ersten Auswertungsschritten konnten zunächst die Forschungsfragen geschärft werden, sie lauteten nun: Welche subjektiven Deutungen des Alters haben beratende SozialarbeiterInnen und SozialpädagogInnen im Alltag? Haben diese Implikationen für professionelle Deutungen (bzw. Handlungen, soweit das aus Interviews abzuleiten ist)? Diese präzisierten Fragen wurden an das Material herangetragen. Den „Interpretationsrahmen" für die Auswertung der problemzentrierten Interviews nach Witzel (1996) bildeten darüber hinaus folgende Vorüberlegungen: Aus der Perspektive Sozialer Arbeit lassen sich die Generationenbeziehungen in der Beratungssituation vor dem Hintergrund folgender Kennzeichen sozialpädagogischer Arbeitsbündnisse betrachten: (a) der Asymmetrie der Beziehungen in einigen Phasen der Beratungssituationen, die Bestandteil von Hilfeprozessen sind, sowie (b) der Tatsache, dass in der sozialpädagogischen Inter-

---

7   Zu berücksichtigen ist dabei eine Einschränkung dieser Erhebungsmethode – insbesondere im Unterschied zu im engeren Sinne ethnografischen Methoden: Mit Interviews lassen sich nur die Konzepte der Teilnehmer erheben, aber nicht die alltägliche Umsetzung.

aktion stets funktionale Rollenaspekte und Aspekte einer menschlichen Begegnung eine Rolle spielen. Schließlich muss (c) die verstärkte Ökonomisierung sozialer Dienstleistungen berücksichtigt werden, in deren Folge der Legitimationsdruck auf die Soziale Arbeit erheblich stieg und die „Produktivität" sowohl der AdressatInnen als auch der Fachkräfte in den Fokus der Aufmerksamkeit geriet. Im Folgenden werden diese Kennzeichen auf ihre möglichen Folgen für verschiedene Konstellationen des Zusammentreffens von Generationen in der Beratung geprüft, wobei zunächst die Situation der Fachkräfte fokussiert und die Adressatenseite vernachlässigt wird.

Die Ergebnisse meiner Interviews mit Fachkräften in Beratungsstellen mit altersgemischter Klientel lassen sich wie folgt zusammenfassen: Grundsätzlich ließ sich aufzeigen, dass das alltägliche „doing age" in der Sozialen Beratung tatsächlich Irritationen mit sich bringt – die in Anlehnung an Butler (1991) und Haller (2004, 2005) als „Age Troubles" bezeichnet werden können. Bei allen Fachkräften schlägt sich eine gesellschaftlich aktualisierte Altersnorm des aktiven Alter(n)s sowohl in den Deutungen des eigenen Älterwerdens als auch in den Deutungen nieder, die für Interventionsziele maßgeblich sind. Jüngere BeraterInnen werden insbesondere mit einer „Verkehrung" von Generationenbeziehungen konfrontiert, ältere mit dem eigenen Altern.

Junger Berater/junge Beraterin – älterer Klient/ältere Klientin
und die Asymmetrie der Beratungsbeziehung

Insbesondere bei Fachkräften in der ersten Lebenshälfte resultierte eine gewisse Verunsicherung daraus, dass die asymmetrischen Beziehungen zwischen den Beteiligten (vgl. Dewe/Scherr 1990) in den Arbeitsbündnissen mit Angehörigen früherer Generationen im Vergleich mit den Erziehungsprozessen, in denen die ältere Generation die jüngere erzieht, weniger ausgeprägt und deutlich waren. Es zeigte sich zum einen, dass in der Beratung deutlich älterer KlientInnen der formale Expertenstatus der jüngeren Professionellen der größeren Lebenserfahrung und einem Senioritätsprinzip westlicher Kulturen entgegen steht, nachdem mit dem Vorrücken in der Geburten- und/oder Generationenfolge grundsätzlich ein Zuwachs an Macht einhergeht. Zum zweiten wollten die (jungen) Fachkräfte den AdressatInnen Lösungen anbieten, mit denen sie sich identifizieren können, jedoch steht eigenes Erfahrungswissen als Referenzfolie nur begrenzt zur Verfügung. Während Erfahrungen der Ratsuchenden mit anderen Themen wie Kindererziehung, Drogengebrauch, Erwerbsbeteiligung oder Nichtbeteiligung am Arbeitsmarkt auf die eine oder andere Weise mit eigenen Lebenserfahrungen zumindest abgeglichen werden konnten, steht Vergleichbares für das Altern nicht zur Verfügung. Zum dritten ließ sich im jungen Erwachsenenalter allenfalls erahnen, wie neben der Lebenslage das Vergehen von Lebenszeit den subjektiven Bedeutungshorizont (noch) möglicher Erfahrungen konstituiert. Zum vierten zeigte sich, dass nicht davon ausgegangen werden kann, dass die abnehmende Eindeutigkeit von Generationendifferenzen in den vergangenen Jahrzehnten gleichzeitig zur vollständigen Auflösung der hierarchischen Bilder von jüngerer und älterer Generation führte. Dazu kommt möglicherweise fünftens, dass sich die situative Verkehrung von vermittelnder und aneignender Rolle vor dem Hintergrund eigener Erziehungserfahrungen der Professionellen vollzieht, die zumindest im frühen Kindesalter durch die binäre Struktur unmündig vs. mündig, unwissend vs. wissend, also durch generative Abhängigkeit geprägt war. Angesichts der wachsenden Schwierigkeiten, in postmodernen Gesellschaften mit ihren partiellen, insbesondere ökonomischen Verspätungen der Mündigkeit das „Ende der Erziehung" zu bestimmen (Liebau 1997: 33). Es war mit dem erhobenen Material und der gewählten Methode aber nicht zu prüfen, ob und inwieweit diese Abhängigkeit in der Biografie der jungen Professionellen gelöst wurde. Deutlich wurde aber sechstens, dass sie die Umkehrung oder zumindest Aufweichung der Machtdifferenz in der Beratungssituation zwar durch Expertenwissen, nicht jedoch durch die Zugehörigkeit zu einer statusträchtigen Berufsgruppe zu kompensieren war. In der Summe erwiesen sich die Situationen, in der eine „pädagogische Umkehrung des soziologischen Generationenverhältnisses" (ebd.: 32) erfolgt, normativ als unbestimmt und wurden in der Folge zum Teil als schwierig beschrieben.

Älterer Berater/ältere Beraterin - älterer Klient/ältere Klientin und die Konfrontation mit den Verlusten des Alters

Wenn Fachkräfte selbst in der zweiten Lebenshälfte sind, können besondere Herausforderungen daraus resultieren, dass die Begegnung mit denjenigen, denen geholfen wird, immer auch eine Selbstbegegnung ist. Je nach Handlungsfeld und -situation unterschiedlich gewichtet, lassen sich in Hilfe- und Beratungsprozessen gleichzeitig beruflich fachliche Elemente und eine emotionale Beziehung identifizieren. Erfahren die Professionellen die „kränkenden Mühen, alt zu werden" (Thiersch 2002) bei ihrer Klientel, werden sie zugleich mit den unausweichlichen Verlusten des eigenen Alterns konfrontiert. Das zeigte sich in den Interviews. Eine vermeidende Reaktion liegt offensichtlich immer dann nahe, wenn solche Verluste Beratungsinhalt sind, die auch die Fachkräfte mit einiger Wahrscheinlichkeit oder mit Sicherheit treffen werden. Verschärft wurde dieses Phänomen, wo Themen im Fokus standen, die mit dem medial unterstützten Leistungs-, Jugend- und Schönheitswahn unserer Gesellschaft in recht unmittelbarem Zusammenhang stehen, weil auch die BeraterInnen selbstverständlich nicht frei von diesen (Selbst-)Bildern waren. Zu berücksichtigen ist außerdem, dass Soziale Arbeit in die Alltagswelt eingelassenen ist, sodass berufliche und Lebenserfahrung in besonderer Weise miteinander verschränkt sind. Die Interviews lieferten zudem Hinweise auf folgenden Zusammenhang: Werden die älteren BeraterInnen, die seit vielen Jahren beruflich die starke Rolle der Begleitenden oder Helfenden inne hatten, durch die Beratung älterer Menschen damit konfrontiert, dass es im (ihnen bevorstehenden) Alter zu einem dauerhaften Rollenwechsel in Richtung Hilfsbedürftigkeit geben kann, wird ihr Selbstbild eventuell besonders bedroht. Infolge dieser Konstellation stehen den notwendigen empathischen Impulsen möglicherweise Gefühle der Abwehr gegenüber, deren Reflexion unterbleibt. Unreflektiert kann die Abwehr dazu führen, dass ein „fremdes Altern" der KlientInnen konstruiert wird. Im Beratungsprozess könnten dann Defizite betont und Ressourcen (auch des Alters) übersehen werden.

BeraterInnen aller Altersgruppen und der Produktivitätsdiskurs

Wenn durch Hilfe und Beratung bleibende und/oder zunehmende Verluste thematisiert werden, die eher begleitet als umgekehrt werden können, steht dies einem in der Ausbildung erworbenen und im Beruf in der Regel gefestigten professionellen Selbstverständnis der „Hilfe zur Selbsthilfe" entgegen. Dieser Anspruch, neue Kräfte zu wecken, ist bei BeraterInnen aller Altersgruppen gleichermaßen zu finden und kann offensichtlich bei der Begleitung alter Menschen, insbesondere Hochaltriger potenziell konfliktträchtig sein. Heute ist dieser professionelle Anspruch eingebettet in gesellschaftliche Rahmenbedingungen des so genannten Sozialinvestitionsstaats. Mit ihm ist eine neue Polarisierung unübersehbar geworden, die mit dem Lebensalter korrespondiert und zwischen den zumindest potenziell produktiven und den unproduktiven Mitgliedern der Gesellschaft unterscheidet. Während Kinder und Jugendliche als „noch nicht produktiv" angesehen werden können, stehen Erwachsene spätestens ab der Lebensmitte unter Druck, ihre Produktivität stets aufs Neue unter Beweis zu stellen oder schnellstmöglich wieder zu erlangen. Die Produktivitätsdebatte beherrscht den öffentlichen Diskurs und die Kategorisierung produktiv vs. unproduktiv ist längst zu einer selbstverständlichen Trennlinie auch in der (Selbst-)Wahrnehmung und -darstellung alternder und alter Menschen geworden. Sie betrifft nicht nur die älteren AdressatInnen und die sozialpolitisch favorisierten Inhalte und Ziele der Arbeit mit ihnen (vgl. dazu Aner 2006). Ihre Deutungs- und Handlungswirksamkeit auch in der Beratungsbeziehung kann anhand des Interviewmaterials unterstellt werden. Wenn Alterskategorie und Produktivitätsdebatte miteinander verwoben in die alltäglichen Wahrnehmungs- und Deutungsmuster eingehen, sind junge wie ältere Fachkräfte offensichtlich aufgefordert, sich und anderen – darunter ihren TeamkollegInnen – ihre berufliche Produktivität zu beweisen. Erstere müssen zeigen, dass sie es „schon", letztere, dass sie es „noch" können.

Typologie und typenübergreifende Phänomene:
Unabhängig vom Lebensalter waren bei den Interviewten typische Deutungsmuster von Alter in der Beratung zu identifizieren. Ein Typus lässt sich als „De-Thematisierung des Alters" bezeichnen, ein zweiter als „Pragmatische Berücksichtigung des Alters" und bei einem dritten werden „Generationenbeziehungen als Bestandteil beruflichen Rollenhandelns" genutzt.

Der Typus „De-Thematisierung" ist dadurch gekennzeichnet, dass von den Fachkräften „Alter" als unhintergehbarer Bestandteil jeglicher Kommunikation, mithin auch der Beratungskommunikation, durchaus wahrgenommen wird. Jedoch blenden sie diesen Aspekt bewusste und systematisch aus. Eine Form des Ausblendens von „Alter" beruht darauf, dass Beratungsansätze und -techniken die Deutungen und das professionelle Handeln sehr stark bestimmen, während Lebensläufe und Biografien der Beteiligten, ihr sozialhistorischer Hintergrund und ihre Bedeutung für eine lebensweltorientierte Beratung und die Bewältigung von Lebensphasen weitgehend vernachlässigt werden. Den BeraterInnen, die ihr professionelles Handeln auf diese Weise beschreiben, erscheint es plausibel, die „Altersvariable" explizit für irrelevant zu erklären oder aber (insbesondere bei sehr deprivilegierten alten KlientInnen) keinerlei Ressourcen mehr anzunehmen und dabei Wesentliches zu übersehen, nämlich die (Über-)Lebensleistungen, die mit diesen Bedingungen des Alterns auch verbunden sind. Eine andere Variante ließe sich auch als Subtypus der De-Thematisierung bezeichnen. Sie fußt auf einer Idealisierung des Alters, die sich sowohl darin äußern kann, dass selbst dem hohen und sehr gebrechlichen Alter unrealistisch große Handlungsspielräume zugeschrieben werden, oder aber darin, dass alte KlientInnen gegenüber den jüngeren per se als die zuverlässigeren mit den besseren Erfolgsaussichten (gemessen an geringeren Erwartungen) gelten.

Beim Typus „Pragmatische Berücksichtigung des Alters" wird das Alter der KlientInnen als biologische Tatsache, zeitliche Verortung im Lebenslauf und soziale Konstruktion zur Kenntnis genommen. Diese Aspekte werden in den Deutungen reflektiert und im Beratungshandeln immer wieder berücksichtigt, allerdings nur punktuell und wenig systematisch. Altersbilder und ihre Internalisierung in die eigene Wahrnehmung sind einer Reflexion sporadisch zugänglich. Die grundsätzliche Aufmerksamkeit für das Thema verbunden mit Anstrengungen, dem gerecht zu werden, führt dazu, dass die Alten stärker als beim Typus „De-Thematisierung" in ihrer Vielfalt, in ihren generationen- und geschlechtsspezifischen Handlungsspielräumen und -grenzen wahrgenommen werden, allerdings sehr unsystematisch. Die Generationenzugehörigkeit der AdressatInnen kann dann als Orientierungspunkt für Interventionen genutzt werden, wenn Auswirkungen auf die Beratungsthemen und die Inanspruchnahme von Hilfen recht unmittelbar herzustellen sind. Weniger gut gelingt die eigene Verortung in der Generationenbeziehung des Beratungssettings. Die punktuelle Berücksichtigung des Alters ist mit erheblichen Unsicherheiten behaftete und leistet einer „Ideologie der Unmittelbarkeit" Vorschub. Die BeraterInnen konstruieren über das kalendarische Alter und eine ähnliche oder zumindest nähere Positionierung im Lebenslauf geringere Eingangshürden, einen Vertrauens- und/oder Fachlichkeitsbonus seitens der AdressatInnen. Die älteren Fachkräfte vermuten bei sich selbst ein tieferes Verständnis altersspezifischer oder mit dem Alter verwobener Lebensproblematiken älterer Menschen. Die Ambivalenzen des eigenen Alterns und der Generationendifferenz bleiben dabei zumindest in ihren potenziellen Wirkungen auf die beraterischen Lösungsangebote unterbelichtet, wenn nicht gar vollständig unberücksichtigt.

Beim Typus „Generationenbeziehungen als Bestandteil beruflichen Rollenhandelns" wird Altern grundsätzlich und durchgängig als ein Phänomen der Positionierung im Lebenslauf wahrgenommen, das von verschiedenen Lebenslagendimensionen sehr stark beeinflusst und zudem biografisch bedingt ist. Die historische Generationenlagerung kann mit anderen Dimensionen sozialer Ungleichheit, regionalen oder ethnischen Besonderheiten in Verbindung gebracht werden und ein Verständnis generieren, das wissensbasiert reflexive Züge trägt, statt nur auf einem Abgleich mit eigenen bio-grafischen Erfahrungen zu beruhen. In der Folge ist es möglich, Ressourcen und Restriktionen älterer Menschen differenziert und realistisch wahrzunehmen. Adäquate stellvertretende Deutungen stellen bei den KlientInnen eine Auseinandersetzung mit der eigenen Position im Lebenslauf und mit der Endlichkeit des Lebens in Rechnung, ebenso die weit verbreitete Verschiebung persönlicher Zielvorstellungen im höheren Lebensalter weg von der Selbstverwirklichung hin zur Generativität als altersspezifische Ressource. Vor diesem Hintergrund kann die Tatsache, dass im Alter gerade bei deprivilegierten KlientInnen selten ein kompletter Neuanfang gelingen kann, entdramatisiert werden. Nicht zuletzt ist es möglich, zu reflektieren, welche Rolle das Lebensalter der Ratsuchenden spielt, wenn zu entscheiden ist, wo und in welchem Umfang Fachwissen hilft, wann und in welchem Maße instrumentell gehandelt werden muss, wo und in welchem Ausmaß Beziehungs- und Biografiearbeit in den Vorder-grund rücken müssen und können.

Über diese Typologie hinweg waren zwei Phänomene deutlich als „wiederkehrende Figuren" zu identifizieren: Zum einen die Konstruktion einer Differenz zwischen dem „eigenen positiven" und dem „fremden negativen" Altern der Klientel. Es scheint, als wäre die Trennung je schärfer möglich, je deprivilegierter die AdressatInnen der Beratung sind (bspw. Wohnungslosenhilfe). Sie ist je weniger möglich, je ähnlicher die Lebenslagen der AdressatInnen den eigenen sind, und wahrscheinlicher es ist, dass die (Alterns-) Themen noch vor einem liegen (bspw. Altern als Paar oder Witwenschaft, Großelternrolle, Pflege von Angehörigen) und je größer die lebenszeitliche Nähe zu diesen potenziellen Schwierigkeiten ist. Ein anderes typenübergreifendes Phänomen ist, dass „Generation" als strukturierende Kategorie in den Beratungen benutzt wird.

Soweit die zentralen Ergebnisse der explorativen Studie, die sich auf Professionsforschung konzentrierte. Abschließend möchte ich ergänzend Resultate eines adressatenorientierten Lehrforschungsprojekts vorstellen, das nach der potenziellen Wirksamkeit von Altersdifferenzen oder -ähnlichkeiten auf die Wahrnehmungen durch die AdressatInnen fragte.[8] Die in diesem Rahmen geführten Interviews lieferten erste Hinweise auf folgende Phänomene: Ob die Ratsuchenden zum Zeitpunkt des Interviews eher jung oder alt waren, ob in freiwilligen oder Zwangskontexten beraten und begleitet wurden, alle erkannten die Asymmetrie der Hilfe- und Beratungsbeziehung. Dabei schreiben sie dem jugendlichen Alter neben positiven Aspekten (in deren Formulierung sie sich kaum von den ExpertInnen unterscheiden) einen negativen Aspekt zu: die Gefahr nicht ernst genommen zu werden – auch und gerade in Hilfebeziehungen. Das scheint insbesondere dann zuzutreffen, wenn es zu starken Übertragungen kommt: „Der [Sozialarbeiter] wusste alles besser wie mein Vater". Ein anderes, eher gegenläufiges Phänomen wurde auch beschrieben: So wie ExpertInnen ihre (Berufs-) Biografie als Ressource sehen, so sind auch AdressatInnen der Meinung, dass die Fachkraft erst mit steigendem Alter eine Reihe von Erfahrungen haben kann. Diese Grundannahme über die Professionellen wird jedoch vielfach gebrochen, etwa von der Berücksichtigung der privaten Familienkonstellation. So formuliert ein Interviewpartner „eigene Kinder zu haben, ist entscheidender, als das Alter der Fachkraft". Andere meinten: „Erfahrung, Kompetenz, Ernsthaftigkeit sind entscheidend".

Die ersten Analysen der Auseinandersetzung sehr junger KlientInnen mit älteren SozialarbeiterInnen verweisen auch darauf, dass sie (genau wie ältere KlientInnen) eigenes, lebensweltliches Expertenwissen zur Bewälti-

---

8   Es handelt sich dabei um eine Forschungswerkstatt mit dem Titel „Hilfebeziehungen als Generationenbeziehungen", die von der Verfasserin gemeinsam mit Brigitte Geißler-Piltz von 2009 bis 2010 an der Alice-Salomon-Hochschule Berlin durchgeführt wurde.

gung von Situationen, die von der so genannten Normalität abweichen, als Stärkung in einer asymmetrischen Hilfebeziehung verwenden. Das gelingt durchaus, zumal wenn (in Abhängigkeit vom Setting) das eigene Leben der Fachkräfte „gar nicht zur Debatte" steht. Den sehr jungen Adressat/-innen erscheint die Fachkraft als „immer schon fünfzig" mit immer schon „sorglosem Leben", während sie selbst schon in jungen Jahren „einiges durchgemacht hätten". Aus einer solchen Adressatenperspektive heraus wird die Fachkraft zu einer Lernenden mit einigem Nachholbedarf!

Im Material des adressatenorientierten Lehrforschungsprojekts wird also deutlich, dass ein „biografischer Abgleich" seitens der KlientInnen erfolgt. Für Erfahrungen wie Drogengebrauch, Elternschaft etc. gilt, dass Adressaten und Fachkräfte sie auch ausklammern können, weil Gemeinsamkeiten hier nicht auftreten müssen. Doch das gilt niemals für das Alter, das jede(r) hat und das immer Teil des Rahmens von Interaktionen ist. Diesbezüglich liefert das Interviewmaterial Hinweise darauf, dass die AdressatInnen Sozialer Arbeit von BeraterInnen erwarten, dass sie sehr reflektiert sind, das eigene Alter(n) in Beruf und Privatleben eingeschlossen.

4 Schlussfolgerungen für die Professionalisierung von Beratungs- und Hilfeprozessen

In professionellen Beratungssituationen gehen insbesondere jüngere Fachkräfte oft Arbeitsbündnisse mit Menschen ein, die ihnen einige Lebens- und Berufsjahre voraushaben. Ältere BeraterInnen werden durch die Begegnung mit älteren KlientInnen häufig mit Verlusten des Alterns und einschlägigen Problemkonstellationen konfrontiert, die auch sie selbst bald betreffen könnten. In beiden Konstellationen müssen diesbezüglich Strategien professioneller Selbstvergewisserung und -behauptung gefunden werden.

Die in der beruflichen Praxis Sozialer Arbeit vorfindlichen Umgangsformen (Typen) mit Altersdifferenzen „De-Thematisierung des Alters" und „Pragmatische Berücksichtigung des Alters" sowie die Differenzkonstruktion „eigenes vs. fremdes Alter(n)" entfalten in der Interaktion zwischen AdressaInnen und Professionellen negative Effekte. Lediglich der ebenfalls vorkommende Typus „Generationenbeziehungen als Bestandteil beruflichen Rollenhandelns" kann als eine gute Basis für angemessene stellvertretende Deutungen in der Beratung angesehen werden. Deshalb ist es im Interesse einer weiteren Professionalisierung von Sozialer Beratung, die Kategorie Generation als Bezugspunkt der Reflexion zu stärken. Dabei ist es offensichtlich möglich, an die aktuellen Deutungsmuster von Fachkräften anzuknüpfen. Zwar handelt es sich bei „Generation" um eine ausgesprochen komplexe

Kategorie, die nicht minder komplex ist als die des „Alter(n)s", jedoch ist sie für die BeraterInnen scheinbar weniger von stigmatisierenden, bedrohlichen oder idealisierenden Stereotypen belastet. Außerdem liegen gerade in ihrer Komplexität eine Fülle von Anknüpfungspunkten für situationsangemessene Deutungen und interdisziplinärere Wissensbestände zum Thema Alter. Die Befunde beider Projekte verdeutlichen, wie groß die Herausforderungen des „doing age" in professionellen Beratungssettings sind. Die entsprechende theoretische Fundierung, eine zielgruppen- und feldspezifische Methodenausbildung und die selbstverständliche Thematisierung der Hilfe- und Beratungskonstellationen „jüngere BeraterInnen – ältere KlientInnen" und „ältere BeraterInnen – ältere KlientInnen" wären deshalb wichtige Beiträge zur weiteren Professionalisierung der Sozialen Arbeit. Die Schaffung institutionalisierter Gelegenheiten für die fortlaufende Wahrnehmung und Reflexion der eigenen Stellung im Generationengefüge einer Beratungsbeziehung wie auch der eigenen lebenszeitlichen Besonderheiten auch noch nach der grundständigen Ausbildung dürfte von großer Bedeutung sein.

Literatur

Aner, Kirsten: Zur politischen Dimension des Dialogs zwischen den Generationen. In: Sozial Extra 9/2004, 28. Jg.: 45-47

Aner, Kirsten: „Ich will, dass etwas geschieht". Wie zivilgesellschaftliches Engagement entsteht – oder auch nicht. Berlin 2005

Aner, Kirsten: Generationendifferenzen in der Sozialen Arbeit mit älteren Menschen – eine sozialpädagogische Herausforderung. In: Der pädagogische Blick 14. Jg., Heft 3/2006: 141-152

Aner, Kirsten: Soziale Beratung und Alter. Irritationen, Lösungen, Professionalität. Opladen, Farmington Hills 2010

Aner, Kirsten: Beratungsbeziehungen als Generationenbeziehungen. In: Journal Supervision 1/2013: 10-13

Aner, Kirsten/Karl, Ute: Lebensalter und Soziale Arbeit: Ältere und alte Menschen. Band 6 der Reihe Basiswissen Soziale Arbeit. Hg. von Hans-Günther Homfeldt und Jörgen Schulze-Krüdener. Baltmannsweiler 2008

Ansen, Harald: Soziale Beratung bei Armut. München 2006

Blinkert, Baldo et al.: Berufskrisen in der Sozialarbeit. Eine empirische Untersuchung über Verunsicherung, Anpassung und Professionalisierung von Sozialarbeitern. Weinheim/Basel 1976

Bock, Karin: Generationenbeziehungen im Kontext der Kinder- und Jugendhilfe. In: Schweppe (Hg.). 2002: 283-300

Bock, Karin: Generationen und Soziale Arbeit. Wie der Begriff „Generation" in die Soziale Arbeit kam. In: SOZIALEXTRA 2/2005: 26-30

Böhnisch, Lothar: Sozialpädagogik der Lebensalter. Eine Einführung. Weinheim und München 2001

Böhnisch, Lothar: Generation und Modernisierung. Zur gesellschaftlichen und sozialstaatlichen Transformation einer Kategorie. In: Schweppe, Cornelia (Hg.): Generation und Sozialpädagogik. Weinheim und München 2002: 67-82

Böhnisch, Lothar/Blanc, Klaus: Die Generationenfalle. Von der Relativierung der Lebensalter. Frankfurt 1989

Brumlik, Micha: Moralische Gefühle – Vertrauen und Scham. In: Winterhager-Schmidt, Luise (Hg.): Erfahrung mit Generationendifferenz. Weinheim 2000: 195-207

Butler, Judith: Das Unbehagen der Geschlechter. Frankfurt 1991

Dewe, Bernd/ Scherr, Albert: Beratung und Beratungskommunikation. In: Neue Praxis 6/1990, 20. Jg.: 488-500

Ecarius, Jutta: Generation, Erziehung und Bildung. Eine Einführung. Stuttgart 2008

Elwert, Georg/ Kohli, Martin/ Müller, Hans: Im Lauf der Zeit. Ethnografische Studien zur gesellschaftlichen Konstruktion von Lebensaltern. Saarbrücken Göckenjan 1990

Gerd: Das Alter würdigen. Altersbilder und Bedeutungswandel des Alters. Frankfurt 2000

Gröning, Katharina: Pädagogische Beratung. Konzepte und Positionen. 2006

Haller, Miriam: Ageing trouble. Literarische Stereotype des Alter(n)s und Strategien ihrer performativen Neueinschreibung. In: Initiativ Forum Generationenvertrag (IFG) (Hg.): Altern ist anders: Gelebte Träume – Band 1. Münster 2004: 170-188

Haller, Miriam: Unwürdige Greisinnen. Ageing trouble im literarischen Text. In: Hartung, Heike (Hg.): Alter und Geschlecht. Repräsentationen. Geschichten und Theorien des Alter(n)s. Bielefeld 2005, 47, 63

Hamburger, Franz: Einführung in die Sozialpädagogik. Stuttgart 2003

Heiner, Maja: Beratung und Akzeptanz. Praxisforschung zur Arbeit einer Beratungsstelle für alleinstehende Wohnungslose. In: dies. (Hg.): Praxisforschung in der Sozialen Arbeit. Freiburg 1988; S. 269-283

Helsper, Werner/ Kramer, Rolf-Torsten: Pädagogische Generationenverhältnisse und -konflikte in der gymnasialen Schulkultur. In: Ecarius, Jutta (Hg.): Was will die jüngere mit der älteren Generation? Generationenbeziehungen in der Erziehungswissenschaft. Opladen 1998: 207-238

Kade, Sylvia: Alternde Institutionen. Wissenstransfer im Generationenwechsel. Bad Heilbrunn/Recklinghausen 2004

Karl, Fred: Generations and Society: Intergenerational Programs. In: Karl, Fred/ Aner, Kirsten (Hg.): Die „neuen Alten" – revisited. Kassel 2002: 13-38

Karl, Fred: Demenz und Sozialpädagogik. In: Schweppe (Hg.). 2005a: 131-140

Karl, Fred: Generationenübergreifende Arbeit: Schule/Kindergarten. in: Braun, Joachim/ Kubisch, Sonja/ Zeman, Peter (Hg.): Erfahrungswissen und Verantwortung zur Rolle von SeniortrainerInnen in ausgewählten Engagementbereichen. Gutachten aus dem Wissenschaftlichen Beirat im Bundesmodellprogramm „Erfahrungswissen für Initiativen". ISAB-Schriftenreihe aus Forschung und Praxis, Nr. 89, Köln 2005b

Klie, Thomas: Soziale Arbeit mit älteren Menschen in Baden-Württemberg –eine Bestandsaufnahme. In: Kontaktstelle für praxisorientierte Forschung (Hg.): Soziale Arbeit mit älteren Menschen und bürgerschaftliches Engagement. Freiburg 1996: 19-47

Klika, Dorle: Der „pädagogische Bezug". Hermann Nohls Komposition einer komplexen Struktur intergenerationeller Beziehungen. In: Winterhager-Schmid (Hg.). 2002: 134-150

Kaufmann, Franz-Xaver: Generationenbeziehungen und Generationenverhältnisse im Wohlfahrtsstaat. In: Lüscher, Kurt / Schultheis, Franz (Hg.): Generationenbeziehungen in postmodernen Gesellschaften. Konstanz 1993: 95-108

Kohli, Martin: Das Feld der Generationenbeziehungen. In: Zeitschrift für Sozialisationsforschung und Erziehungssoziologie (ZSE) 11. Jg., Heft 4/1991: 290-294

Liebau, Eckart (Hg.): Das Generationenverhältnis: über das Zusammenleben in Familie und Gesellschaft. Weinheim/München

Lüscher, Kurt/ Liegle, Ludwig: Generationenbeziehungen in Familie und Gesellschaft. Konstanz 2002

Mannheim, Karl: Das Problem der Generationen. In: Kölner Vierteljahreshefte für Soziologie. 7. Jg. 1928: 157-185, 309-330

Merten, Roland: Über Möglichkeiten und Grenzen des Generationenbegriffs für die (sozial-) pädagogische Theoriebildung. In: Schweppe (Hg.). 2002: 21-40

Moll, Jeanne: Postadoleszente Lehrer und adoleszente Schüler: eine konfliktträchtige Beziehungsgeschichte. In: Winterhager-Schmid (Hg.). 2002: 115-125

Mollenhauer, Klaus: Einführung in die Sozialpädagogik: Probleme und Begriffe der Jugendhilfe. 10. Aufl. Weinheim [1964] 2001

Mollenhauer, Klaus/ Uhlendorff, Uwe: Sozialpädagogische Diagnosen I. Über Jugendliche in schwierigen Lebenslagen. Weinheim und München 1992

Mollenhauer, Klaus/ Uhlendorff, Uwe: Sozialpädagogische Diagnosen II. Selbstdeutungen verhaltensschwieriger Jugendlicher als empirische Grundlage für Erziehungspläne. Weinheim und München 1995

Müller, Burkhard: Das Allgemeine und das Besondere beim sozialpädagogischen und psychoanalytischen Fallverstehen. In: Zeitschrift für Pädagogik 5/1995: 697-708

Müller, Burkhard: Sozialpädagogische Arbeitsbündnisse – Beziehungen zwischen den Generationen. Dilemma und Aufgabe von Jugendarbeit. In: Schweppe, Cornelia (Hg.): Generation und Sozialpädagogik. Weinheim u. München 2002: 263-282

Müller, Hans-Rüdiger: Das Generationenverhältnis. Überlegungen zu einem Grundbegriff der Erziehungswissenschaft. In: Zeitschrift für Pädagogik, 45. Jg., H.6/1999: 787-805

Nestmann, Frank: Beratung als Ressourcenförderung. In: (ders.): Beratung. Bausteine für eine interdisziplinäre Wissenschaft und Praxis. Tübingen 1997: 15-38

Peters, Meinolf: Psychosoziale Beratung und Psychotherapie im Alter. Göttingen 2006

Pohlmann, Stefan: Gerontologie als neuer Hochschultrend? Voraussetzungen für ein alternswissenschaftliches Profil. In: DZA (Hg.): Informationsdienst Altersfragen 2/2006, 33. Jg.: 6-9

Schroeter, Klaus R.: Verwirklichungen des Alters. In: Amann/Kolland (Hg.), Amann, Anton/Kolland, Franz (Hg.): Das erzwungene Paradies des Alters? Fragen an eine kritische Gerontologie. Wiesbaden 2008: 235-274

Schweppe, Cornelia (Hg.): Generation und Sozialpädagogik. Weinheim und München 2002

Sickendiek, Ursel/Engel, Frank/Nestmann, Frank: Beratung. Eine Einführung in sozialpädagogische und psychologische Beratungsansätze. 2. Aufl. Weinheim/München 2002

Strasser, Josef: Erfahrung und Wissen in der Beratung. Thematische und empirische Analysen zum Entstehen professionellen Wissens in der Erziehungsberatung. Göttingen 2006, zugl. Univ. Diss. Regensburg 2005

Thiersch, Hans: Lebensweltorientierte Soziale Beratung. In: Nestmann, Frank/ Engel, Frank/ Sickendieck, Ursel (Hg.): Das Handbuch der Beratung. Bd. 1: Disziplinen und Zugänge. Tübingen 2004

Thole, Werner: Soziale Arbeit als Profession und Disziplin. Das sozialpädagogische Projekt in Praxis. Theorie, Forschung und Ausbildung – Versuch einer Standortbestimmung. In: ders. (Hg.): Grundriss Soziale Arbeit. Opladen 2002: 13-62

Uhlendorff, Uwe: Sozialpädagogische Diagnosen. Ein sozialpädagogisch-hermeneutisches Verfahren für die Hilfeplanung. Weinheim und München 1997

Wendt, Wolf Rainer: Beratung neu gewendet. In: Blätter der Wohlfahrtspflege 3/2007, Jg. 154: 83-85

Winkler, Michael: Friedrich Schleiermacher revisited: Gelegentliche Gedanken über Generationenverhältnisse in pädagogischer Hinsicht. In: Ecarius, Jutta (Hg.): Was will die jüngere mit der älteren Generation? Generationenbeziehungen in der Erziehungswissenschaft. Opladen 1998: 115-139

Winterhager-Schmid, Luise (Hg.): Erfahrungen mit Generationendifferenz. Weinheim 2000

Winterhager-Schmid, Luise: Einleitung. In: dies. (Hg.). 2000 S. 9-40

Witzel, Andreas: Auswertung problemzentrierter Interviews: Grundlagen und Erfahrungen. In: Strobl, Rainer/Böttger, Andreas (Hg.): Wahre Geschichten? Zu Theorie und Praxis qualitativer Interviews. Baden-Baden 1996: 49-76

Ziehe, Thomas: Zeitvergleiche. Weinheim/ München 1991

Gisela Zenz und Stefan Pohlmann

Welche Rechte braucht die alternde Gesellschaft?

ABSTRACT

Für hochaltrige versorgungsabhängige Menschen besteht ein vielfach unterschätztes Risiko, Opfer von Gewalt und Vernachlässigung zu werden. Vorhandene rechtliche Gewaltschutzmechanismen – im Sozialhilfe-, Betreuungs-, Pflegeversicherungs-, Polizei- und Strafrecht – reichen nicht aus, sondern bedürfen der Ergänzung durch hilfeorientierte Interventionsmöglichkeiten, die Anregungen aus dem Kinderschutzrecht aufnehmen könnten. Nationale und internationale Empfehlungen dazu liegen vor. Der Beitrag schlägt eine Brücke zwischen den rechtswissenschaftlichen Diskursen einerseits und gesellschafts- wie berufspolitischen Anforderungen an die Profession der Sozialen Arbeit andererseits.

1 Zum Stand der Diskussion

Menschenwürde und Persönlichkeitsrechte realisieren sich im Umgang von Menschen miteinander in guten menschlichen Beziehungen. Recht kann sie weder schaffen noch gestalten, aber es kann Rahmenbedingungen setzen, also Voraussetzungen schaffen, die die Achtung von Menschenwürde und Persönlichkeitsrechten ermöglichen und fördern und ihre Missachtung sanktionieren. In diesem Sinne sind die Grundrechte unserer Verfassung als Auftrag an den Staat zu verstehen. Nach Artikel 1 des Grundgesetzes (GG) ist die Würde des Menschen „unantastbar", nach Art. 2 GG hat jeder das Recht auf die „freie Entfaltung der Persönlichkeit" sowie auf „Leben und körperliche Unversehrtheit". „Jeder" – das heißt: Die Grundrechte haben Geltung für alle Menschen, für Männer und Frauen, für Kinder und alte Menschen. Und der Staat ist nach dem Rechts- und Sozialstaatsprinzip des Art. 20 GG verpflichtet, den Schutz von Menschenwürde und Persönlichkeitsrechten insbesondere für die „systematisch Schwächeren" in der Gesellschaft zu gewährleisten.

In den Jahrzehnten seit Inkrafttreten des Grundgesetzes im Jahr 1949 galten rechtspolitische Bemühungen explizit vor allem dem Grundrechtsschutz für Frauen und Kinder, für Menschen mit Behinderungen und für psychisch Kranke. Einschlägige Regelungen finden sich im Bereich des Familienrechts, des Kinder- und Jugendhilferechts und des Betreuungsrechts.

Gesetzliche Regelungen, die – implizit – dem Grundrechtsschutz alter Menschen gelten, finden sich insbesondere im Bereich des Gesundheits- und Sozialrechts. Dabei geht es um die ökonomische Absicherung im Alter, um medizinische Versorgung und Pflege. Renten- und Krankenversicherungsgesetze werden laufend im Blick auf demografische Veränderungen diskutiert und verändert. Eine Pflegeversicherung ist geschaffen worden, deren Ergänzung im Hinblick auf Menschenwürde und Lebensqualität pflegebedürftiger, insbesondere demenzkranker Menschen freilich weiterhin aussteht. Die Heimgesetzgebung ist partiell auf die Länder übertragen und von den Ländern bereits umgesetzt worden. Mit dem Betreuungsrecht wurde eine Interessenvertretung für Menschen mit körperlichen oder geistigen Einschränkungen ihrer Entscheidungs- und Handlungsfähigkeit geschaffen, die nicht nur, aber überwiegend von alten – demenzkranken – Menschen in Anspruch genommen wird. Eine andere, immer wieder intensiv geführte Diskussion gilt der Menschenwürde am Ende des Lebens, der Frage nach persönlicher Autonomie im Umgang mit Tod und Sterben. Stichworte dazu sind: Patientenverfügung, Sterbehilfe und – viel zu wenig noch – ein Recht auf Palliativmedizin. In all diesen Zusammenhängen geht es um grundlegende Voraussetzungen für die Sicherung von Menschenwürde und Persönlichkeitsrechten im Alter, und es wird immer deutlicher, wie viel hier noch zu tun ist. Immerhin: Insoweit ist eine anhaltende rechtspolitische Diskussion im Gange, die auch in der Öffentlichkeit zunehmend auf Resonanz stößt.

Viel weniger Beachtung finden dagegen bislang die Grundrechte alter Menschen im Bereich familialer und anderer persönlicher Beziehungen – im „sozialen Nahraum". Hier zeigt sich ein deutlicher Unterschied zur Familienrechtspolitik für Frauen und Kinder, der sich partiell daraus erklären mag, dass ein besonderer persönlicher Schutzbedarf typischerweise erst im sehr hohen Alter auftritt, das erst in jüngerer Zeit von einer großen und nun beständig wachsenden Zahl von Menschen erreicht wird. Diese haben zudem keine Lobby für kostenträchtige rechtspolitische Reformforderungen. Nicht zu verkennen ist aber auch, dass sich hier rechtstechnisch schwierige, ethisch anspruchsvolle und emotional belastende Probleme ergeben, die Verdrängung und Verleugnung nahelegen (Teising 2000: 8ff) und Anlass geben, die Tauglichkeit von Recht in diesem Zusammenhang generell in Frage zu stellen. Es ist daher zu fragen: Kann und soll das Recht zur Gewährleistung von Menschenwürde und Persönlichkeitsrechten auch in Fürsorge-, Pflege- und Betreuungsbeziehungen alter Menschen beitragen? Darum soll es im Folgenden gehen.

Die Ausführungen gliedern sich in vier Unterkapitel. In einem ersten Schritt soll eine erste, vorsichtige Einschätzung über die Verbreitung entsprechender Missstände vorgenommen werden. Darauf aufbauend erfolgt eine Darstellung der aktuellen rechtlichen Handlungsspielräume. Die Gegenüberstellung von alarmierenden Entwicklungen der Altenwohlgefährdung[1] auf der einen und ausgesprochen defizitärer rechtlicher Regelungen zum Schutz vulnerabler älterer Menschen auf der anderen Seite verdeutlicht den bereits heute nicht mehr zu leugnenden Handlungsbedarf. In einem dritten Schritt werden vor diesem Hintergrund Empfehlungen für eine stärkere Rechtsposition älterer Menschen diskutiert. Daran anknüpfend soll die Relevanz eines Altenhilfegesetzes zur Diskussion gestellt werden. Die derzeitige und künftige Rolle der Sozialen Arbeit wird bei all diesen Überlegungen systematisch einbezogen.

2 Daten, Fakten, Forschung

2.1 Versorgungsbedarf und Pflegebedürftigkeit

Eine immer größere Zahl von Menschen erreicht ein immer höheres Alter in guter Gesundheit und Selbstständigkeit. Zugleich steigt jedoch die Zahl insbesondere hochaltriger Menschen, die infolge von Kräfteverfall und Multimorbidität versorgungsabhängig oder pflegebedürftig werden. Ende 2011 waren nach Angaben des Statistischen Bundesamtes (www.bmg.bund.de/Pflege) rund 2,46 Millionen Menschen pflegebedürftig im Sinne des Pflegeversicherungsgesetzes (SGB XI). Bis 2030 wird mit einem Anstieg auf rund 3,4 Millionen gerechnet. Hinzukommen geschätzte drei Millionen Menschen, die in der Familie versorgt werden, ohne Leistungen aus der Pflegeversicherung zu beziehen.

Rund 30 Prozent der Pflegebedürftigen werden heute in Pflegeeinrichtungen versorgt, fast 70 Prozent von ihnen (= 1,7 Millionen) werden in der Familie gepflegt und von diesen wiederum zwei Drittel (also über eine Million) allein durch Angehörige - überwiegend Ehefrauen, Töchter und Schwiegertöchter, weitere 555.000 teils oder vollständig durch ambulante Pflegedienste. Aber auch der Anteil der pflegenden Männer ist gestiegen - von 17 Prozent in den 1990er Jahren auf 29 Prozent in 2010. Die häusliche Pflege entspricht den Wünschen der meisten Betroffenen und ist auch sozialpolitisch erwünscht – weil sie wesentlich kostengünstiger ist als institutionelle Pflege.

Ohne spezifische rechtliche Verpflichtung leisten also Angehörige die Pflege - oft über viele Jahre mit hohem persönlichen Einsatz. Darin zeigt sich eine Form von Familiensolidarität, die weit mehr gesellschaftliche Anerkennung verdient und weit mehr familienpolitischer Unterstützung bedarf, als sie bis heute bekommt.

---

[1]   Riedel und Stolz (2008) benutzen diesen Begriff in Analogie zur Kindeswohlgefährdung.

Auch in Pflegeeinrichtungen – wird Pflege mit hohem Einsatz von Pflegefachkräften, angelernten und ehrenamtlichen HelferInnen geleistet. Für sie wird seit langem schon mehr gesellschaftliche Anerkennung, bessere Bezahlung und vor allem personalpolitische Entlastung und Unterstützung gefordert. Und schließlich werden auch in Krankenhäusern Pflege- und – medizinische – Versorgungsleistungen für eine große und zunehmend steigende Anzahl alter Patienten erbracht. Erst in jüngerer Zeit wird auch hier auf den dringenden Bedarf an entsprechender Personalausstattung und spezifischer Qualifikation von Pflegekräften – und Ärzten – hingewiesen (Bretschneider 2012).

Akteure der Sozialen Arbeit werden in diesem Kontext fast durchgängig vernachlässigt. Das verwundert, denn die Vertreter eben dieser Profession bilden eine unerlässliche Ergänzung in dem professionellen Team aus Gesundheits- und Sozialwissenschaftlern, die für das Wohl älterer Menschen Sorge tragen sollen. Außerdem kommt gerade den Vertretern der Sozialen Arbeit ihre vergleichsweise solide rechtswissenschaftliche Ausbildung im Rahmen des Studiums der Sozialen Arbeit zugute. Kein anderer Studiengang bietet den angehenden Fachkräften derart viele einschlägige Module in den Rechtswissenschaften und kaum eine andere Disziplin ist mit der Beratung von Älteren und ihren Angehörigen vor, während und nach eintretenden Krisen und Problemlagen ähnlich intensiv betraut. Wenn es um die Durchsetzung bestehender und zukünftiger Rechtsansprüche alternder Personen geht, erscheint daher die Soziale Arbeit in besonderer Weise herausgefordert.

2.2 Misshandlung, Vernachlässigung – ein Ausnahmefall?

Wie für Kinder so besteht auch für pflegebedürftige alte Menschen als „systematisch Schwächere" in Familie und Institutionen ein spezifisches Risiko, Opfer von Gewalt in Form von Misshandlung, Vernachlässigung oder finanzieller Ausbeutung zu werden. Die Soziale Arbeit hat es sich von je her zur Aufgabe gemacht, für die Schwächeren in der Gesellschaft einzutreten. Ältere sollen entweder durch Empowermentansätze in die Lage versetzt werden, für ihre eigenen Belange einzutreten oder – wenn dies nicht mehr möglich ist – soll eine aktive Interessenvertretung im Sinne der Älteren sichergestellt werden. Da bislang präzise Daten zu Häufigkeiten, Formen und Folgen noch weitgehend fehlen, wird das Opfer-Risiko in Öffentlichkeit und Politik noch immer unterschätzt. Experten aus einschlägigen Berufsfeldern, Verbänden und privaten Notruf-Initiativen weisen jedoch seit langem übereinstimmend darauf hin, dass Gewalt in diesem Zusammenhang keine seltene Ausnahme ist (Hirsch/Kranich/Erkens 1999). Es wird übereinstimmend angenommen und in ersten Studien bestätigt, dass zu den bekannt werdenden Fällen eine erhebliche Anzahl im Dunkelfeld hinzuzurechnen ist (Deutsches Forum für Kriminalprävention 2005; Wetzels/Greve 1996), weil die Erhebung zuverlässiger Daten auf extreme Schwierigkeiten stößt. Die Kriminologen Rabold und Görgen erläutern dies folgendermaßen:

> „Misshandlung und Vernachlässigung älterer Pflegebedürftiger können weder über behördliche Statistiken (Polizeistatistiken[2]) noch über Viktimisierungsbefragungen adäquat abgebildet werden ... insbesondere die große Gruppe der demenziell Erkrankten wird hierdurch nicht erreicht. Pflegebedürftige müssen aber als eine im Hinblick auf Misshandlung und Vernachlässigung in hohem Maße vulnerable Gruppe betrachtet werden. Die Tatbegehungsmöglichkeiten gegenüber Personen, die sich allenfalls eingeschränkt ... zur Wehr setzen können, sind besonders groß, das Entdeckungs- und Verfolgungsrisiko für einen Täter gering und ebenso die Optionen des Opfers, Hilfe zu suchen und in Anspruch zu nehmen. Die skizzierte Problematik ist besonders ausgeprägt im Hinblick auf Demenzkranke und dort, wo Pflege im privaten Raum stattfindet und formelle wie informelle Sozialkontrolle entsprechend gering sind." (Rabold/Görgen 2007: 367)

Belastbare Daten über Misshandlung und Vernachlässigung in Pflegeeinrichtungen oder Krankenhäusern sind in Deutschland kaum verfügbar – Meldepflichten und Statistiken werden seit langem gefordert. Allerdings gibt es hier eben doch eine gewisse „Öffentlichkeit" durch Besucher, wechselndes Personal und – in Pflegeeinrichtungen – Besuche der Heimaufsicht. So kommt es nicht nur zu Presse-Berichten, sondern auch zu Hinweisen über Notruftelefone und Beratungsstellen aus Pflegeheimen, die insgesamt nicht den Schluss zulassen, dass „problematisches Verhalten" in institutioneller Pflege eine seltene Ausnahme sei. In den Prüfberichten tauchen immer wieder Hinweise auf eine so genannte „gefährliche Pflege" auf.

Der Gründer der Initiative „Handeln statt Misshandeln", Rolf Dieter Hirsch, der sich seit vielen Jahren gegen Gewalt im Alter engagiert, nimmt in dem 2012 erschienen Schwerpunktheft ProAlter des Kuratoriums Deutsche Altershilfe eine Ursachenzuschreibung vor (Hirsch 2012: 31). Gerade im stationären Bereich entstehen nach seinem Dafürhalten viele Formen der subtilen Gewaltanwendung aus einer „fürsorglichen Angst" heraus. Im häuslichen Bereich sei dagegen eine Ursachenzuschreibung durch eine oftmals seit Jahrzehnten andauernde Beziehung schwierig. Nach Hirschs Auffassung verschwimmen in diesem Bereich oftmals die Grenzen zwischen Täter und Opfer.

---

2   Zwar erfasst die polizeiliche Kriminalstatistik des Bundeskriminalamtes neben Delikten wie Körperverletzung und Betrug auch den Tatbestand der „Misshandlung Schutzbefohlener" (§ 225 StGB), doch findet die Bestimmung auf ältere Opfer nur selten Anwendung; ... zudem erlauben die Daten der PKS keine Differenzierung nach dem Alter der Betroffenen (Görgen 2004).

Erste exakte Studien zu dem besonders abgeschirmten Raum der häuslichen Pflege basieren auf der Befragung von Pflegenden (Angehörigen und professionellen Kräften ambulanter Dienste) nach eigenem „problematischem Verhalten" in den letzten zwölf Monaten. Danach wird über körperliche Misshandlungen von 8,5 Prozent der befragten Pflegekräfte, von 19,4 Prozent der pflegenden Angehörigen berichtet, über problematische mechanische oder medikamentöse Freiheitseinschränkungen in 13,4 bzw. sechs Prozent, über verbale Aggression oder psychische Misshandlung in 21,4 bzw. 47,6 Prozent! Insgesamt wurden problematische Verhaltensweisen in den letzten zwölf Monaten von 53,2 Prozent der befragten Angehörigen berichtet (Görgen 2009).

Abb. 1: Problematisches Verhalten der Pflegenden in Prozent

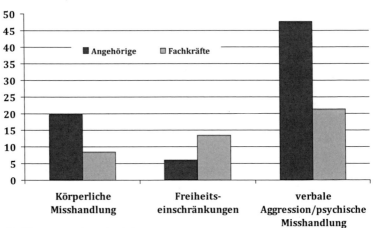

Quelle: Görgen 2009, eigene Darstellung

Die in der Abbildung veranschaulichten empirischen Daten erstaunen umso mehr, da die befragten Angehörigen an dieser Stelle freiwillig problematische und gesellschaftlich extrem tabuisierte Verhaltensweisen einräumen. Dieses Eingeständnis ist weder mit der in der Sozialpsychologie belegten Tendenz des *impression managements* noch mit der in der empirischen Sozialwissenschaft stark verbreiteten Verzerrung der *sozialen Erwünschtheit* kompatibel. Es muss an dieser Stelle daher eher von einer Unterschätzung des genannten Verhaltens ausgegangen werden. Amerikanische und kanadische Studien kommen zu durchaus vergleichbaren Ergebnissen (vergleiche dazu Gerolit Datenbank). Gewalt gegenüber älteren Menschen ist demnach ein ubiquitär auftretendes Phänomen mit erheblicher gesellschaftspolitischer Sprengkraft.

2.3 „Gewalt" – Formen, Folgen, Risikofaktoren

Was bei solchen Erhebungen unter „Gewalt" verstanden wird, ist unterschiedlich. Erfasst werden meist neben körperlicher Misshandlung die Vernachlässigung elementarer Bedürfnisse in Bezug auf Ernährung, medizinische Versorgung und Pflege sowie emotionale Zuwendung. Massive oder andauernde verbale Aggression und Missachtung gehört ebenso hierher wie verschiedene Formen der mechanischen oder medikamentösen Einschränkung der Bewegungsfreiheit (Einschließung, Fixierung, Bettgitter, Sedativa), soweit sie nicht medizinisch indiziert und rechtlich legitimiert sind. Die Folgen für die Opfer reichen von schwerwiegenden körperlichen Verletzungen über psychosomatische Beschwerden und posttraumatische Belastungsstörungen bis hin zu Depressionen und Suizidrisiken (Wetzels/Grewe 1996).

Als Risikofaktoren, die Gewalt in der Pflege begünstigen, gelten zum einen die „Überforderung" der Pflegenden, also übermäßige körperliche und psychische Belastungen, diese aber vor allem in Kombination mit problematischen Formen der Bewältigung etwa durch Alkohol und Drogen, zum anderen mit sozialer Isolation und hohem Aggressionspotenzial. Eine erhebliche Rolle spielen aber auch verbale oder auch kraftvoll aggressive Abwehr- oder Verweigerungshaltungen auf Seiten der Pflegebedürftigen. Diese kommen insbesondere bei psychischen Störungen oder kognitiven Beeinträchtigungen zum Tragen, die zu Persönlichkeitsveränderungen oder auch Wahrnehmungsverzerrungen auf Seiten der zu Pflegenden führen können.

Bei der Befragung von pflegenden Angehörigen berichteten 32,9 Prozent über verbal aggressives Verhalten und 17,1 Prozent über – teils häufige – kraftvolle körperliche Übergriffe seitens der Gepflegten (Görgen/Herbst/Rabold 2006). Hier sind oft biographisch bedingte Familienkonflikte von Bedeutung – wie überhaupt die Qualität der Beziehung vor der Pflege (Görgen 2009). Spätestens die Arbeiten von Lüscher (eine Übersicht findet sich bei Lüscher/Liegler 2003) haben uns deutlich vor Augen geführt, dass selbst harmonische familiäre Beziehungen grundsätzlich von Ambivalenzen geprägt sind. Es existieren insofern mitunter gleichzeitig deutlich unterschiedliche Gefühle gegenüber einem Angehörigen, die im Verlauf einer langen Beziehung ebenso durch positive wie durch negative Erfahrungen und Rollenmuster geprägt werden. Gerade pflegende Angehörige befinden sich in einem chaotisch anmutenden Gefühlswirrwarr zwischen Zu- und Abneigung, Pflichtgefühl und Freiheitssuche, Mitleid und Wut, Schuldgefühlen und Ärger, Ekel und Anziehung, Kränkung und Fürsorge. Vielfach drohen Angehörige an diesem Spannungsfeld der Affekte zu zerbrechen. **103**

Verhaltensänderungen eines dementen Menschen wie Antriebslosigkeit, mangelnde Kooperationsbereitschaft und abnehmende Kommunikationsfähigkeit werden dabei von den Pflegenden vielfach als belastender als körperliche Probleme empfunden und nur schwer über einen langen Zeitraum unbeschadet ohne fremde Hilfen bewältigt (Förstl 2001). Wenn pflegende Angehörige in eben diese Situation geraten, nimmt auch die Wahrscheinlichkeit für problematische Verhaltensweisen zu.

Abb. 2: Problematisches Verhalten durch zu Pflegende in Prozent

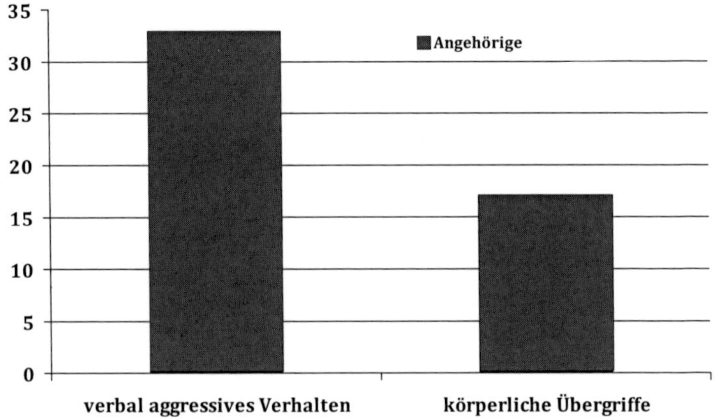

Quelle: Görgen/Herbst/Rabold 2006, eigene Darstellung

Aus Pflegeeinrichtungen wird ebenfalls darüber berichtet (Zeh/Schablon/ Wohlert/Richter/Nienhaus 2009) und darauf hingewiesen, dass schon der ständige Wechsel der Pflegepersonen im alltäglichen intimen Umgang gerade bei verwirrten Menschen häufig Widerstand erzeugt. Dies gilt erst recht, wenn Traumata aus der früheren Lebensgeschichte nicht bekannt sind und/oder nicht berücksichtigt werden – zum Beispiel durch den Einsatz ausschließlich weiblicher Pflegekräfte bei (den nicht wenigen) im Kriegszusammenhang vergewaltigten Frauen.

Gewalt gegenüber älteren Menschen tritt in der Regel nicht ohne Vorzeichen auf. Sie hat nicht immer – aber doch zumeist – eine längerfristige Dynamik mit sich aufschaukelnden Mechanismen. Aus diesem Grund haben Gewalt und Vernachlässigung gewöhnlich eine Geschichte mit prototypischen Vorzeichen und Warnsignalen. Diese im Vorfeld zu erkennen, um die Manifestationen von Gewalt zu verhindern, gehört zum Aufgabenkanon der Sozialen Arbeit. Bislang sind die Fachkräfte auf diese Aufgabe allerdings nicht hinreichend vorbereitet.

Bemerkenswert sind in diesem Zusammenhang die Arbeiten von Boss (2008) zum so genannten *uneindeutigen Verlust* (Ambiguous Loss). Dieses Konstrukt hat vor allem in Hinblick auf pflegende Angehörige von demenziell Erkrankten Gewicht. Grund dafür ist, dass sich eine ehemals vertraute Person durch die Erkrankung bis zur völligen Verfremdung verändern kann, ohne dass eine endgültige emotionale Lösung eintritt. Nach Boss ist die Folge ein immerwährendes Abschiednehmen, welches die Betroffenen gefühlsmäßig versteinern lässt. In ihren Überlegungen finden sich verschiedene Techniken und Interventionsansätze, mit deren Hilfe überforderte Angehörige lernen können, eine gesunde Einstellung zum Leben zurück zu finden und ihre Lebenssituation wieder aktiv zu gestalten. Wenngleich gerade im Bereich der Psychologie und Psychotherapie vielfältige Ansätze dieser Art bereits umgesetzt werden, haben derartige Erfahrungen bislang keinen nennenswerten Eingang in die Soziale Arbeit gefunden.

3 Rechtsschutz in der häuslichen Pflege – Gesetze und Gesetzeslücken

Wie eingangs erläutert: Grundrechte gelten für alle Menschen. Menschenwürde und das Recht auf körperliche Unversehrtheit und persönliche Freiheit stehen alten Menschen wie allen anderen zu. Der Staat ist in der Pflicht, das Erforderliche und Mögliche zu tun, um der Verletzung dieser Grundrechte in typischen Gefahrenlagen, wie sie hier erkennbar sind, vorzubeugen. Rechtliche Regelungen, die pflegebedürftigen alten Menschen Schutz vor Gewalt leisten können, gibt es auch durchaus, nämlich Hilfen, Kontrollen und Sanktionen im Bereich des Pflegeversicherungs- und Sozialhilferechts, des Betreuungsrechts, des Polizei- und Gewaltschutzrechts und des Strafrechts. Aber reichen sie aus? Wie effizient sind sie?

3.1 Unterstützung und Beratung

Die Pflegeversicherung (SGB XI) leistet – im Bedarfsfall mit Ergänzung durch die Sozialhilfe – einen Beitrag zur Finanzierung der Pflege in entsprechenden Einrichtungen und auch zur häuslichen Pflege durch Angehörige und/oder ambulante Dienste. Minimale Ergänzungen der Altersrente sind für pflegende Angehörige vorgesehen. Länger schon gibt es arbeitsrechtliche Regelungen zu „Auszeiten" für die Pflege von Angehörigen (allerdings ohne Lohnausgleich – im Unterschied zu Elternzeiten). Neuerdings gibt es Möglichkeiten zur bis zu zweijährigen Reduzierung von Arbeitszeit für die Pflege von Angehörigen, aber ohne Rechtsanspruch und verbunden mit erheblichen finanziellen Verzichten. Anspruch auf arbeitsrechtlichen Schutz vor unzumutbarer Überlastung haben Pflegekräfte in Einrichtungen wie alle Arbeitnehmer, jedoch fehlt es weitgehend an Durchsetzungsmöglichkeiten.

Beratungsansprüche wurden in Zusammenhang mit der Weiterentwicklung der Pflegeversicherung erweitert und gesetzlich verankert ("Pflegestützpunkte" gemäß §§ 7, 7a SGB XI, die es allerdings noch bei weitem nicht flächendeckend gibt), und auch im Sozialhilferecht (SGB XII) finden sich verschiedene Angebote der Beratung und Unterstützung zur Pflege. Für Pflegekräfte in den meisten Einrichtungen, aber auch in Krankenhäusern fehlt dagegen nicht zuletzt das Angebot einer – in der Sozialarbeit weitgehend selbstverständlichen – professionellen psychologischen Beratung bzw. Supervision zur Bewältigung der erheblichen psychischen Belastungen, die sich aus der täglichen Konfrontation mit Alter, Krankheit und Tod ergeben.

Alle diese gesetzlichen Leistungen sollen der Überforderung von Pflegenden vorbeugen, sie entlasten und unterstützen und auf diese Weise auch zur Vermeidung von Gewalt und Vernachlässigung beitragen. Allerdings sind sie bislang keineswegs in ausreichender Weise verfügbar und beanspruchbar – anders als die diversen Hilfen zur Erziehung von Kindern, die im jeweils erforderlichen Umfang zur Verfügung zu stellen sind, wenn das Kindeswohl es erfordert – Eltern haben darauf einen Rechtsanspruch (§§ 27 ff SGB VIII). Außerdem können Hilfen nur da wirksam werden, wo sie – freiwillig – in Anspruch genommen werden und schließen fortbestehende Gewalt nicht in jedem Fall aus, wie wir auch aus der Jugendhilfe wissen. Dennoch müssen hier zuallererst Verbesserungen eingefordert werden.

In einzelnen Kommunen existieren Anlaufstellen, um aktiv gegen Misshandlung vorzugehen. Hier werden durchaus positive Erfahrungen in der Aufarbeitung von problematischen Verhaltensweisen gemacht und Eskalationen vermieden (vgl. LH München 2011). Allerdings sind derartige Beschwerdestellen für ältere Opfer von Gewalt oder Missbrauch nicht flächendeckend vorhanden und zählen zu den freiwilligen sozialen Leistungen in einer Region.

Unumstritten ist daher der seit Jahren geforderte generelle Ausbau von psychosozialen Beratungsstellen (Hirsch 2012), die zur Vermeidung von Misshandlung und Vernachlässigung Älterer beitragen können oder die die Folgen derartig problematischer Verhaltensweisen bearbeiten. Es fehlt aber bislang nicht allein an einer ausreichenden Zahl entsprechender Anlaufstellen, sondern es mangelt auch an hinreichend qualifizierten Beratungskräften in diesem Feld. Aktuelle Studien (Pohlmann 2013) konnten zeigen, dass für die bislang in Deutschland sehr heterogen organisierte *Alter(n)sberatung* kaum eine geeignete Vorausbildung sichergestellt ist.

„Alter(n)sberatung bezieht sich auf alle Angebote, die mit unterschiedlichen Inhalten und in verschiedenen Handlungsfeldern Unterstützung für Ratsuchende zu den Themen Alter und Altern anbieten. Zur Zielgruppe der Alter(n)sberatung gehören neben den älteren Menschen ab 60 Jahren, die diese Hilfen aktuell für sich beanspruchen, die Angehörigen dieser Zielgruppe, die stellvertretend agieren, mitunter aber auch selbst dringend der Unterstützung bedürfen. Daneben sind Personen eingeschlossen, die lang- oder mittelfristig ihr eigenes Altern bewusst planen möchten. Alter(n)sberatung bezieht sich zudem auf generationengemischte Systeme, in denen das Alter auf die eine oder andere Weise eine Rolle spielt. Ferner bezieht sich Alter(n)sberatung auf Organisationen oder Fachkräfte, die ihrerseits vorrangig mit älteren Menschen arbeiten. Damit ist Alter(n)sberatung ausdrücklich nicht auf eine bestimmte Altersgruppe festgelegt." (Pohlmann/Heinecker/Leopold 2013: 46f)

Zukünftig sind insbesondere die Hochschulen gefordert, gerontologische Grundqualifikationen einerseits und Beratungskompetenzen andererseits zu vermitteln. Daneben stehen die Anstellungsträger in der Pflicht, ihren Mitarbeiten im Bedarfsfall derartige Nachqualifikationen zu ermöglichen. Kosten- und Leistungsträger sind aufgefordert, bestehende Angebote der Alter(n)sberatung zu verstetigen und auszubauen. Dazu zählt auch die ausreichende Rekrutierung und Entlohnung von qualifizierten Fachkräften zur bedarfsgerechten Umsetzung solcher Leistungen.

3.2 Kontrolle

Pflegeeinrichtungen sollen von der (inzwischen landesrechtlich geregelten) Heimaufsicht durch angekündigte und unangekündigte Besuche überwacht und bei Missständen beraten werden – erforderlichenfalls können auch Anweisungen ergehen oder Einrichtungen geschlossen werden. Allerdings ist die – landesrechtlich unterschiedlich organisierte – Heimaufsicht chronisch personell zu schwach besetzt und auch nicht überall hinreichend unabhängig (Kreuzer 2010).[3] Die für verschiedene Bundesländer intendierte Beratung der Einrichtungen durch die Heimaufsicht hat sich bislang nicht bewährt, da Beratungs- und Sanktionierungsauftrag nur bedingt passfähig erscheinen. Betreiber von Alten- und Pflegeheimen sind in der Regel wenig geneigt, Missstände freimütig einzuräumen, wenn sie mit einer unmittelbaren Bestrafung nach dieser Selbstauskunft rechnen müssen. Beratung braucht Vertrauen und eine Entkopplung von Kontrolle. Gerade im Umgang mit Überforderung und strukturellen Problemen sind daher zusätzliche Instanzen notwendig. Auch der Medizinische Dienst der Krankenkassen kann

---

3 Immerhin macht es aber z.B. das Hessische „Gesetz über Betreuungs- und Pflegeleistungen" seit dem 23. 3. 2012 den Einrichtungen ausdrücklich zur Pflicht, „für eine gewaltfreie und menschenwürdige Pflege" zu sorgen und „Vorkehrungen zum Schutz vor körperlichen oder seelischen Verletzungen und Bestrafungen sowie anderen entwürdigenden Maßnahmen zu treffen" (§ 8 HGBP).

dies nicht leisten, da er nach einer Überprüfung von Pflegeeinrichtungen Noten erteilt, die bei der Wahl einer Einrichtung einen wesentlichen Wettbewerbsfaktor darstellen. Die Noten gelten ausdrücklich der Pflege-Qualität, nicht der Aufdeckung von Misshandlungen, die eine besondere Schulung der MitarbeiterInnen erfordern würde. Außerdem stehen diese Kontrollen vorerst wegen ihrer ausschließlichen Konzentration auf die Pflege-Dokumentation stark in der (auch Selbst-)Kritik, und – nachdem die Noten für Pflegeeinrichtungen durchweg bei „sehr gut" gelandet sind, soll ihre Vorgehensweise neu strukturiert werden mit fokussiertem Blick auf die gepflegten Menschen selbst – so die Absichtserklärung!

Ein grundsätzliches Problem besteht darin, dass die zu kontrollierenden Leistungen zumindest in Teilen nur sehr schwer zu erfassen sind. Psychische Gewalt, Ausgrenzung oder Vernachlässigung lassen sich in Form einer Heimnachschau nur schwerlich dingfest machen, wenn bei den Kontrollen nicht das alltägliche Verhalten gezeigt wird. Hinzu kommt die mangelnde Bereitschaft der Heimaufsicht, schwer zu quantifizierende Verstöße auch tatsächlich zu beanstanden. Ursache dafür ist die Beweislast bei auftretenden Missständen. Bislang sind derartige Verfehlungen nicht gerichtsfest. Vorstöße im Freistaat Bayern in Richtung einer kundenorientierten und möglichst transparenten Dokumentation von Qualitätsberichten sind genau aus diesem Grund trotz wissenschaftlich durchaus ermutigender Begleitforschung bislang gescheitert (Pohlmann in Vorbereitung).

Eine Kontrolle der häuslichen Pflege(-Qualität) gibt es nach dem Pflegeversicherungsrecht. Mitglieder ambulanter Pflegedienste besuchen zweimal im Jahr Pflegebedürftige, die in häuslicher Pflege Geld-Leistungen der Pflegeversicherung beziehen und berichten der Pflegekasse. Die Berichte fallen bekanntlich aber durchweg positiv aus, weil anders die – marktabhängigen – ambulanten Dienste um ihren Ruf fürchten müssten. Eher schon bieten sie ihre Hilfe an und werden selbst in der überprüften Familie tätig. Und obwohl bei professioneller Pflege stichprobenartige Besuche der Gepflegten durch den Medizinischen Dienst der Krankenkassen stattfinden, kommt es auch durch diese selten zur Anzeige von Missständen. Dies wohl auch, weil die Anzeigen zu einer Reduzierung der Versicherungsleistungen führen können, die zur Verbesserung der Pflege-Situation kaum geeignet ist. Meist erfolgt freilich – soweit bekannt – keine solche, aber auch keine andere – etwa beratende - Reaktion. Die Weitergabe des „Falles" an andere Beratungsstellen stößt mangels spezifischer datenschutzrechtlicher Regelungen verständlicherweise auf Unsicherheit.

Speziell zum Schutz der Rechte handlungsunfähiger oder psychisch beeinträchtigter, etwa demenzkranker alter Menschen sind mit dem Betreuungsrecht persönliche Pflichten für gesetzliche Betreuer zur Gewährleistung des „Wohls der Betreuten" und gerichtliche Kontrollen der Betreuungstätigkeit geschaffen worden. Meist werden aber – aus guten Gründen – Angehörige selbst als Betreuer bestellt – in rund 60 Prozent der Fälle (Betreuungsgerichtstag 2011, www.bgt-ev.de), so dass der Schutzauftrag im erforderlichen Fall der Misshandlung oder Vernachlässigung durch pflegende Angehörige ins Leere läuft. Die Kontrolle der BetreuerInnen wiederum durch das Betreuungsgericht ist wenig effizient – aufgrund von fehlenden Ressourcen an Zeit und spezifischer Qualifikation bei BetreuungsrichterInnen und RechtspflegerInnen. Im Übrigen haben (und brauchen) bei weitem nicht alle körperlich Pflegebedürftigen auch eine rechtliche Betreuung, so dass dieser potenzielle Rechtsschutz nicht das gesamte Feld der Pflege erfasst.

3.3 Intervention und Sanktion

Polizeirechtliche Eingriffsmöglichkeiten zur „Gefahrenabwehr" gibt es nur in schwerwiegenden Verdachtsfällen und sie machen die Polizeibeamten, wenn sie überhaupt gerufen werden, durchweg hilflos. Häufig können oder wollen die „Opfer" die Anzeige eines Nachbarn nicht bestätigen und selbst wenn, kann hier selten hilfreich gehandelt werden, zumal es meist keine gute Vernetzung mit Hilfeleistungseinrichtungen gibt.

Die Maßnahmen nach dem seit 2001 geltenden zivilrechtlichen Gewaltschutzgesetz, das in erster Linie Frauen in Partnerschaften vor männlicher Gewalt schützen soll, können theoretisch auch für alte Menschen zur Anwendung kommen. Die möglichen Schutzmaßnahmen setzen freilich einen Antrag der verletzten oder bedrohten Person voraus und beschränken sich im Wesentlichen auf die Fernhaltung des Täters und greifen daher bei Gewalt in der Pflege ebenso wenig wie das allgemeine Polizeirecht.

Zur Strafverfolgung, etwa im Rahmen der – selbstverständlich auch hier geltenden – Straftatbestände der Körperverletzung (§ 223ff. StGB), Freiheitsberaubung oder speziell der Misshandlung von Schutzbefohlenen (§ 225 StGB), kommt es kaum. Die Opfer sind kaum jemals zur Anzeigeerstattung in der Lage, Außenstehende erfahren nicht davon oder scheuen sich vor der „Denunziation" – so insbesondere Ärzte, die sich (wie auch lange im Kinderschutz) zu Unrecht auf eine im Notfall nicht geltende Schweigepflicht berufen. Und selbst wenn Anzeige erstattet wird, stellt das Verfahren immer eine erhebliche zusätzliche Belastung für die Betroffenen dar, und sie werden die – bestenfalls, das heißt bei vollem Beweis der Beschuldigungen – zu erwartende Folge einer Bestrafung der Täter, das heißt der Angehörigen, von denen sie abhängig sind, kaum als hilfreich empfinden können, geschweige denn die „Wegweisung" der TäterInnen mit der Folge einer oft unerwünschten Übersiedlung ins Pflegeheim. Nur im äußersten

Fall einer schwerwiegenden Misshandlung erscheinen diese Maßnahmen gerechtfertigt. Freilich bleibt das Strafrecht dennoch wichtig zur Verdeutlichung einer klaren Wertorientierung von Recht und Gesellschaft (ausführlich dazu: Kreuzer 2010).

Rechtsgrundlagen für eine nicht straf-, sondern hilfeorientierte Intervention gegen den Willen pflegender Angehöriger mit entsprechenden Ermittlungs- und Maßnahme-kompetenzen, wie wir sie aus dem familienrechtlichen Kinderschutz kennen, fehlen völlig. Es wird daher immer wieder beklagt, dass alle – auch die besten – Beratungs- und Hilfe-Bemühungen scheitern müssen, wenn die Pflegenden sie definitiv ablehnen und den Zugang zu dem/der Pflegebedürftigen verweigern.

3.4 Reformbedarf und politische Initiativen

Festzuhalten bleibt, dass die vorhandenen Gewaltschutzregelungen nicht ausreichen, um pflegebedürftige alte Menschen vor Gewalt im Sinne von Misshandlung und Vernachlässigung zu schützen. Sie müssen ergänzt werden zum einen durch präventiv wirksame strukturelle Reformen in Pflegeeinrichtungen und zum anderen durch rechtliche Rahmenbedingungen für frühe Prävention und helfende Intervention in der familialen Pflege. Wenn es hier wie dort um das „Wohl des alten Menschen" gehen soll, könnten Anregungen aus dem Kinderschutzrecht hilfreich sein, wo das „Kindeswohl" seit langem im Zentrum aller Reformbemühungen steht – ob es um Kinderheime oder um die Pflege und Erziehung in der Familie geht.

Anregungen aus dem Kinderschutzrecht müssten freilich zugleich notwendige Differenzierungen im Auge behalten. Mündige erwachsene Menschen haben im Unterschied zu Kindern das Recht auf selbstbestimmtes Leben, das auch Gefährdungen einschließen kann. Beachtung verdient zum anderen die Tatsache, dass das Spektrum möglicher Hilfen für alte Menschen im Vergleich zu Kindern spezifische Begrenzungen aufweist – sei es aufgrund zunehmender körperlicher und psychischer Einschränkungen oder auch wegen der besonderen Bedeutung der Kontinuitätsbedürfnisse, die den Übergang eines alten Menschen in eine neue Pflegesituation schwieriger machen als etwa den eines Kindes in eine Pflegefamilie.

Unerlässlich im Sinne einer effizienten Prävention ist zudem die Sensibilisierung und Vernetzung der genannten Akteure und Institutionen (Ziller 1996), die Aufgaben im Rahmen des Gewaltschutzes haben oder übernehmen könnten, also Beratungsstellen privater und öffentlicher Träger einschließlich sozial- und gerontopsychiatrischer Zentren, Aufsichtsbehörden wie Heimaufsicht und medizinischer Dienst der Krankenversicherung, aber auch Betreuungsbehörden, Polizei und Staatsanwaltschaften sowie

Gerichte für Betreuungs-, Familien- und Strafsachen. Auch dazu können rechtliche Vorgaben helfen – wie die jüngste Entwicklung im Kinder- und Jugendhilferecht zeigt, wo etwa die Vernetzung von Schulen, Jugendämtern und Kinderärzten zur Abwehr von Kindeswohlgefährdungen durch Informationsrechte und -befugnisse sowie Beratungs- und Kooperationspflichten präzise geregelt wurde (BKiSchG v. 28.12.2011).

Präventions- und Interventionsmöglichkeiten sind freilich in Deutschland – anders als beispielsweise im europäischen Ausland, in Israel sowie in den USA (Wolf/Pillemer 1989; Stiegel 2006)[4] und in Japan[5] – erst in allerjüngster Zeit zum Thema wissenschaftlicher Untersuchungen[6] sowie öffentlich geförderter Berichterstattung[7] und Diskussion einschließlich diverser Modellprojekte geworden.

Der „Runde Tisch Pflege" verabschiedete 2005 die „Charta der Rechte hilfe- und pflegebedürftiger Menschen" (BMFSFJ/BMG 2010). Die darin enthaltenen Artikel orientieren sich stark an internationalen Vorgaben wie der Europäische Sozialcharta und der Charta der Grundrechte der Europäischen Union. In der Präambel des Papiers heißt es:

„Ziel dieser Charta ist es, die Rolle und die Rechtsstellung hilfe- und pflegebedürftiger Menschen zu stärken, indem grundlegende und selbstverständliche Rechte von Menschen, die der Unterstützung, Betreuung und Pflege bedürfen, zusammengefasst werden. [...] Menschen können in verschiedenen Lebensabschnitten hilfe- und pflegebedürftig sein. Die in der Charta beschriebenen Rechte gelten in ihrem Grundsatz daher für Menschen aller Altersgruppen. [...] Zugleich soll die Charta Leitlinie für die Menschen und Institutionen sein, die Verantwortung in Pflege, Betreuung und Behandlung übernehmen. Sie appelliert an Pflegende, Ärztinnen, Ärzte und alle Personen, die sich von Berufs wegen oder als sozial Engagierte für das Wohl pflege- und hilfebedürftiger Menschen einsetzen. Dazu gehören auch Betreiber von ambulanten Diensten, stationären und teilstationären Einrichtungen sowie Verantwortliche in Kommunen, Kranken- und Pflegekassen, privaten Versicherungsunternehmen, Wohlfahrtsverbänden und anderen Organisationen im Gesundheits- und Sozialwesen." (BMFSFJ/BMG 2010: 6)

Die Charta listet insgesamt acht Artikel auf, die zu einer besseren Position pflegebedürftiger und hier oftmals älterer Menschen beitragen sollen. Artikel 2 führt zwar nicht explizit den Begriff der Gewalt ein, verweist aber auf das

---

4   vgl. eine Übersicht in: Landespräventionsrat 2010.

5   Nach langjähriger Vorbereitung ist in Japan am 1.1.2006 - erstmals auf nationaler Ebene - ein „Elder Abuse and Caregiver Support Law" in Kraft getreten. (Nakanishi 2009)

6   Z.B MILCEA „Monitoring in Long Term Care" (Kimmel et al. 2012), PURFAM „Potentiale und Risiken in der familialen Pflege alter Menschen" (Bonillo et al.2013); Redufix Ambulant = Projekt zur Reduzierung körpernaher Fixierung in häuslicher Pflege" (Bredthauer /Klie 2009); SAFER CARE „Gewalt gegen Ältere erkennen und vermeiden" (Grundel et al. 2012); SiliA „Sicher leben im Alter" (Görgen 2012).

7   So die Alten- und Familienberichte des BMFSFJ.

Recht der körperlichen und seelischen Unversehrtheit, Freiheit und Sicherheit Die nachfolgende Tabelle gibt einen Überblick über sämtliche Artikel:

Tab. 1 Charta der Rechte hilfe- und pflegebedürftiger Menschen

Artikel der Charta	Erläuterung
Selbstbestimmung und Hilfe zur Selbsthilfe	Jeder hilfe- und pflegebedürftige Mensch hat das Recht auf Hilfe zur Selbsthilfe sowie auf Unterstützung, um ein möglichst selbstbestimmtes und selbstständiges Leben führen zu können.
Körperliche und seelische Unversehrtheit, Freiheit und Sicherheit	Jeder hilfe- und pflegebedürftige Mensch hat das Recht, vor Gefahren für Leib und Seele geschützt zu werden.
Privatheit	Jeder hilfe- und pflegebedürftige Mensch hat das Recht auf Wahrung und Schutz seiner Privat- und Intimsphäre.
Pflege, Betreuung und Behandlung	Jeder hilfe- und pflegebedürftige Mensch hat das Recht auf eine an seinem persönlichen Bedarf ausgerichtete, gesundheitsfördernde und qualifizierte Pflege, Betreuung und Behandlung.
Information, Beratung und Aufklärung	Jeder hilfe- und pflegebedürftige Mensch hat das Recht auf umfassende Informationen über Möglichkeiten und Angebote der Beratung, der Hilfe, der Pflege sowie der Behandlung.
Kommunikation, Wertschätzung und Teilhabe an der Gesellschaft	Jeder hilfe- und pflegebedürftige Mensch hat das Recht auf Wertschätzung, Austausch mit anderen Menschen und Teilhabe am gesellschaftlichen Leben.
Religion, Kultur und Weltanschauung	Jeder hilfe- und pflegebedürftige Mensch hat das Recht, seiner Kultur und Weltanschauung entsprechend zu leben und seine Religion auszuüben.
Palliative Begleitung, Sterben und Tod	Jeder hilfe- und pflegebedürftige Mensch hat das Recht, in Würde zu sterben.

Konkrete Maßnahmen zur Umsetzung der benannten Ziele stehen allerdings nach wie vor aus. Zudem bleibt Gewalt gegenüber älteren Menschen ohne einen anerkannten Pflegebedarf unberücksichtigt. Abgesehen von gelegentlichen Initiativen meidet die (Partei-)Politik das heikle Thema bis heute, und der Gesetzgeber, der den Schutz der Kinder vor Misshandlung und Vernachlässigung seit langem kontinuierlich entwickelt hat – und inzwischen auch evaluiert –, der Gesetzgeber schweigt. Dies, obwohl seit langem aus Wissenschaft und Praxis auf die entsprechende Problematik im hohen Alter hingewiesen und politischer Handlungsbedarf angemahnt wurde (Dieck 1987; Hirsch/Brendebach 1999; Fussek/Loerzer 2005; Riedel/ Stolz 2008; Zenz 2008; Kreuzer 2010). Entsprechend kommen Fussek und Schober (2013) nach dem förmlich verzweifelten Versuch der eigenen Formulierung von Grundrechten für alte Menschen zu dem Schluss:

„Wir sind empört darüber, dass wir 2013 für alte und pflegebedürftige Menschen 20 Grundrechte definieren müssen. Rechte, die beim näheren Hinsehen nur Selbstverständlichkeit sind. Jahrelang haben wir in unzähligen Berichten, Dokumentationen, Diskussionen, Interviews und in Talkshows auf gravierende Menschenrechtsverletzungen in der Altenhilfe hingewiesen. Trotzdem ist es Politik und Pflegefunktionären nicht gelungen, Mindeststandards verpflichtend einzuführen". (Fussek/ Schober 2013: 183)

Gleichwohl scheint sich ein gewisser, durch die Arbeit von regionalen Gremien[8], Landespräventionsräten (insbesondere in NRW und Hessen)[9], Berufs- und Seniorenverbänden erzeugter politischer Druck seit Ende der 1990er Jahre aufzubauen (Deutscher Familiengerichtstag 2005; BAGSO 2012). Inzwischen häufen sich freilich auch Forderungen internationaler Gremien und Verbände wie etwa die Empfehlungen und dringlichen Appelle der Weltgesundheitsorganisation (WHO 2002) und der Europäischen Union (Europäischer Wirtschafts- und Sozialausschuss (EWSA 2007) an die Gesetzgebung der Mitgliedstaaten. Eine Arbeitsgruppe der Vereinten Nationen bereitet derzeit eine Menschenrechtskonvention vor zum Schutz älterer Menschen vor Gewalt, nachdem bereits das „Übereinkommen zum Schutz von Menschen mit Behinderungen" 2008 für eine Diskussion über Zwangsmaßnahmen gegenüber demenzkranken Menschen – auch im Rahmen des Betreuungsrechts – gesorgt hat. Vielleicht kann man also hoffen, dass endlich gesetzliche Regelungen mindestens für den Bereich auf den Weg gebracht werden, wo bislang der Rechtsschutz am wenigsten greift – nämlich bei Misshandlung und Vernachlässigung in der häuslichen Pflege. Immerhin sind dazu bereits erste konkrete rechtspolitische Vorschläge entwickelt worden, die im Folgenden zur Diskussion gestellt werden sollen.

4 Rechtspolitische Empfehlungen zum Gewaltschutz in der häuslichen Pflege

Empfehlungen an Gesetzgebung und Verwaltung speziell zum Problem der Gewalt gegenüber alten Menschen in häuslicher Pflege sind erstmals 2005 vom Deutschen Familiengerichtstag erarbeitet und veröffentlicht worden (DFGT/Zenz 2005). Der Landespräventionsrat Hessen hat diese Empfehlun-

---

8 Z.B. vom Bayerischen Landespflegeausschuss herausgegeben: ein Leitfaden „Verantwortungsvoller Umgang mit freiheitsentziehenden Maßnahmen in der Pflege" (2006), der primär für Pflegeeinrichtungen gedacht ist, aber durchaus auch richtungsweisend für Krankenhäuser sein könnte.

9 Z.B. vom LPRR NRW herausgegeben: ein Leitfaden „Gefahren für alte Menschen in der Pflege – Basisinformationen und Verhaltenshinweise für Professionelle im Hilfesystem, Angehörige und Betroffene", die Pflegeschäden aus Unkenntnis und Hilflosigkeit verhindern sollen (Graß/ Walentich 2006).

gen aufgegriffen, weiterentwickelt und an die hessischen Ministerien für Justiz und für Soziales sowie in das BMJ übermittelt. Die Empfehlungen zielen auf Möglichkeiten der Gewalt-Prävention ebenso wie auf solche der Intervention. Ihre wesentlichen Punkte sind die folgenden:

4.1 Frühe Prävention

Neben der notwendigen Erweiterung von Beratungs- und Unterstützungsleistungen für pflegende Angehörige sollten speziell Ärzte als Vertrauenspersonen der Familien mit Einwilligung der Betroffenen den Kontakt zu einer Beratungsstelle bzw. einem Pflegestützpunkt vermitteln (ähnlich schon §§ 7,7a SGB XI, aber leider ohne „Verpflichtung" – und ohne Abrechnungsziffer für Ärzte). Von dort sollte dann in aufsuchender Beratung über zu erwartende Belastungen und Entlastungsmöglichkeiten aufgeklärt und beraten bzw. auf Wunsch auch Hilfe vermittelt werden. Damit soll unerwarteter Überforderung vorgebeugt werden.

Insgesamt führen unklare Zuständigkeiten auf Seiten der Kosten- und Leistungsträger zu sehr unterschiedlichen Regelungen von Präventionsangeboten im Alter. Die ausgesprochen heterogene Organisation einschlägiger Unterstützungsangebote verhindert bei den potenziellen Kunden eine Marktübersicht über Leistungsangebote und Leistungsunterschiede.

In der Sozialen Arbeit wird Prävention im Alter noch viel zu selten als Auftrag identifiziert und umgesetzt. Es fehlen ein klarer gesetzlicher Auftrag und ein damit verbundenes Mandat. So ist es auch nicht weiter erstaunlich, dass die Profession kaum bei der Vorbeugung von Altenwohlgefährdungen in Erscheinung tritt. Insgesamt lassen sich zwar einzelne Angebote ausmachen, doch sind diese bislang nur punktuell verankert. Der Wunsch nach einem Ausbau präventiver Interventionen zeigt sich sowohl bei den Kunden als auch bei den professionellen Akteuren (Pohlmann 2011). Wichtige und besonders vulnerable Zielgruppen werden nicht oder nur mit gravierendem Zeitverzug erreicht. Dort wo erfolgreiche Modelle entwickelt werden konnten, ist es nicht gelungen, diese zu verstetigen und überregional auszuweiten. Es braucht vor diesem Hintergrund vermehrt Ansätze, die drohende Gefahren unter Berücksichtigung ihrer psychosozialen Dimensionen betrachten und dazu beitragen, Potenziale des Alterns verstärkt nutzbar zu machen und Krisen effizienter zu bewältigen. Damit wird ein wesentlicher Bestandteil zum Erhalt und Verbesserung der Lebensqualität (LQ) im Alter vernachlässigt.

4.2 Helfende Intervention

Für die helfende – nicht straforientierte – Intervention bei einer Gefährdung des Wohls des/der Pflegebedürftigen bedarf es der Schaffung von materiell-rechtlichen, verfahrensrechtlichen und institutionellen Rahmenbedingungen – vergleichbar den Rechten und Pflichten von Jugendämtern und Familiengerichten bei Kindeswohlgefährdung.

Wenn sich Anhaltspunkte dafür ergeben, dass eine pflegebedürftige Person zum Opfer von Gewalt wird und Hilfeangebote erfolglos sind, sollen Beratungsstellen – ähnlich wie heute Jugendämter in entsprechenden Fällen von „Kindeswohlgefährdung" – verpflichtet sein, das Familiengericht (oder das Betreuungsgericht) anzurufen. Das Gericht hätte dann die Einleitung eines Verfahrens zu prüfen und Ermittlungen zur Einschätzung der Gefährdungssituation anzustellen. Im Bedarfsfall hätte es Hilfen, Beratung oder Mediation zu vermitteln oder sonstige Maßnahmen zu ergreifen, um die Gefährdung abzuwenden, wie zum Beispiel die Verpflichtung zu regelmäßigen ärztlichen Untersuchungen oder auch ein Hausverbot für einen gewalttätigen Angehörigen. Auch die Übersiedlung in eine Pflegeeinrichtung oder eine Gastfamilie kann eine durchaus erwünschte und sinnvolle Hilfe sein. Gute Erfahrungen mit „Gastfamilien", für pflegebedürftige alte Menschen, gibt es seit langem in den Niederlanden und inzwischen auch in Deutschland – unter anderem in Hildesheim, Minden-Lübbecke, in der Ortenau und in Ravensburg.

4.3 Balance von Autonomie und Schutzbedarf

Allerdings: Alte Menschen sind keine Kinder. Sie haben das Recht, selbst über ihr Leben zu bestimmen und dabei auch Gefährdungen in Kauf zu nehmen. Gegen den entschiedenen Willen des betroffenen alten Menschen dürften daher helfende Interventionen nur in eng definierten Ausnahmefällen in Betracht kommen – vor allem dann, wenn aufgrund krankheitsbedingter Einschränkungen der Einsichts- oder Entscheidungsfähigkeit auch die Einrichtung einer rechtlichen Betreuung angezeigt ist und der Betreuer an seiner Stelle – und in seinem Interesse, zu seinem "Wohl" entscheidet.

4.4 Einsetzung einer Expertenkommission

Der Landespräventionsrat Hessen hat schließlich die Einsetzung einer Gesetzgebungskommission gefordert, um die vielfältigen klärungsbedürftigen Rechtsfragen systematisch zu bearbeiten (Landespräventionsrat Hessen: 37).

In der Tat: mit der Ausarbeitung von Gesetzgebungsvorschlägen, die die schwierige Balance zwischen Autonomie und Schutzbedarf versorgungsabhängiger Menschen wahren sollen und alte mit neuen Regelungen und Institutionen zu einem effizient vernetzten Gewaltschutzsystem verknüpfen müssen, sollte eine aus Praxis, Wissenschaft und Politik kompetent besetzte Expertenkommission beauftragt werden, die durch einschlägige Begleitforschung unterstützt wird.

5   Ein Altenhilfegesetz als Lösung?

Die obigen Ausführungen verdeutlichen den Bedarf für einen einklagbaren Rechtsanspruch älterer Menschen auf ein möglichst selbstständiges und selbstbestimmtes Leben, das ihnen soweit wie irgend möglich eine autonome Lebensführung einräumt und zum Schutz vor Gewalt, Beeinträchtigung der persönlichen Freiheit und Vernachlässigung beiträgt. Gerade im Umgang mit älteren Menschen führen nicht nur bewusste und beabsichtigte Gewaltakte zu Menschrechtsverletzungen, sondern auch jegliche Formen von Misshandlung, die ohne eine entsprechende Intention oder sogar aus einem falschen Verständnis von Fürsorge heraus entstehen. Nach Einschätzung von Mahler (2013: 32f) gehören zu Fehlverhalten dieser Art zum Beispiel Medikamenteneingaben ohne Einwilligung der Betroffenen oder die unzureichende Versorgung mit Nahrung und Flüssigkeit sowie eine mangelnde hygienische oder medizinisch-pflegerische Versorgung. Fehlverhaltensweisen dieser Art verstoßen aus ihrer Sicht eindeutig gegen verschiedene Völkerrechtskonventionen. Dazu gehören das Recht auf physische und psychische Integrität und der Schutz vor unmenschlicher und erniedrigender Behandlung, der in Artikel 7 des UN-Zivilpaktes, in Artikel 1 der UN-Anti-Folterkonvention und in den Artikeln 15 (Freiheit von Folter oder grausamer, unmenschlicher oder erniedrigender Behandlung), 16 (Freiheit von Ausbeutung, Gewalt und Missbrauch) und 17 (Schutz der Unversehrtheit) der Behindertenrechtskonvention der Vereinten Nationen sowie auf regionaler Ebene in Artikel 3 der Europäischen Menschenrechtskonvention festgeschrieben sind.

Zu freiheitsbeschränkenden oder freiheitsentziehenden Maßnahmen zählen unter anderem Fixierungen an Bett und Rollstuhl, der Einsatz von sedierenden Medikamenten oder das Verschließen von Räumen, Wohnungen oder Stationen. Der Schutz vor nicht indizierten Akten des Freiheitsentzugs sind in Artikel 9 des Zivilpakts und Artikel 5 der Europäischen Menschenrechtskonvention festgeschrieben. Mahler kommt zu dem Schluss, dass derartige Vorgaben bislang aber kaum wahrgenommen werden. Sie plädiert daher für ein neues Regelwerk, das speziell auf ältere Menschen zugeschnitten ist und die Bewusstseinsbildung in Deutschland vorantreibt. Es stellt sich die Frage, ob eine solche Entsprechung zur Vermeidung von Übergriffen gegen ältere Menschen durch ein Altenhilfegesetz zu gewährleisten wäre.

Schon seit rund 20 Jahren wird ein solcher Rechtsanspruch im Rahmen eines eigenständigen Altenhilfegesetzes analog zu den bestehenden Vorgaben des Kinder- und Jugendhilfegesetzes (SGB VIII; KJHG) in Erwägung gezogen. Über Referentenentwürfe hinaus ist es allerdings bislang noch nie zu einem ernsthaften Gesetzesentwurf gekommen, der den zuständigen politischen Gremien im Rahmen des Gesetzgebungsverfahrens zur Abstimmung hätte vorgelegt werden können. In keinem der drei Verfassungsorgane, das heißt, weder innerhalb der Bundesregierung, noch im Bundesrat oder im Deutschen Bundestag wurde ein solcher Vorstoß gemacht oder ein Altenhilfegesetz überhaupt offiziell diskutiert. Von informellen Gesprächen in den jeweiligen Oppositionsparteien oder im Rahmen von inoffiziellen politischen Gesprächen zwischen Vertretern des Bundes und der Länder ist bezogen auf ein Altenhilfegesetz bisher nichts bekannt. Entsprechende Überlegungen zur Ausgestaltung eines solchen Gesetzes sind daher allenfalls auf ministerieller Arbeitsebene in einzelnen Fachabteilungen zur Sprache gekommen.

Zuletzt regte das federführende Bundesministerium für Familien, Senioren, Frauen und Jugend (BMFSFJ 2004) eine Fachdiskussion über die „Altenhilfestrukturen der Zukunft" an. Hierbei ging es zum einen – wie bereits im vierten Altenbericht gefordert (BMFSFJ 2002) – um den Ausbau von Altenhilfestrukturen, die zu einer möglichst lang andauernden selbstständigen Lebensführung beitragen sollten. Zum anderen war intendiert, die „Möglichkeiten und Grenzen selbständiger Lebensführung in stationären Einrichtungen" – so der Titel eines vom selben Bundesministerium in Auftrag gegebenen Forschungsprojektes – wissenschaftsbasiert auszuloten (Schneekloth/Wahl 2007). Ausgangspunkt für dieses Forschungsprojekt waren die Vernetzungsprobleme der Altenhilfe, die auch vom zuständigen Bundesministerium konstatiert worden waren. In einem Praxistest sollte für ein zu schaffendes „Altenhilfestrukturgesetz" eine Gesetzesfolgenabschätzung vorgenommen werden. Gemessen an der Forderung nach einem „Altenhilfegesetz" als Sozialleistungsgesetz war das Gesetzesvorhaben „Altenhilfe*struktur*gesetz" zwar nur eine „kleine Lösung", gleichwohl konnte es als Schritt in die richtige Richtung interpretiert werden. Seither ist regierungsseitig auch von dieser Gesetzesvariante allerdings keine Rede mehr. Die Probleme indes, auf die das Gesetz reagieren wollte, bestehen fort. Grund genug, auf die Notwendigkeit eines solchen Gesetzes weiterhin zu verweisen (vgl. Hammerschmidt 2010: 31).

Auch die wissenschaftlichen Fachdiskurse jenseits politischer Manöver halten sich zu diesem Thema in engen Grenzen. Entsprechende Forderungen nach einer rechtlichen Regelung, mit deren Hilfe die Unterstützung älterer Menschen und ihre dauerhafte Integration in die Gesellschaft durch allgemeine Förderungsangebote und Leistungen in unterschiedlichen Lebenssituationen zu regeln wären, bleiben daher bis zum heutigen Tag vage oder sogar gänzlich diffus. Die Sozialrechtler Baron von Maydell und Bernd Schulte zählen zu den wenigen Ausnahmen derjenigen, die in der Wissenschaftsgemeinschaft offensiv für ein Altenhilfegesetz eingetreten sind. Sie schreiben:

> *„Eine gesetzliche Regelung ‚Altenhilfegesetz' böte – ganz im Sinne der Aufgabe, die dem Sozialgesetzbuch überhaupt obliegt – eine Orientierung über das im Sozialrecht i.e.S. diesbezüglich bereits Vorhandene sowie einen Bezugspunkt für künftiges politisches Handeln in diesem Bereich. Ein derartiges Gesetz könnte auch einen ‚Paradigmenwechsel' in der Altenpolitik deutlich machen, weg von einer Politik der Versorgung und der bloßen ‚Defizitbeseitigung' hin zu einer Politik der Verhütung und Beseitigung von Benachteiligungen sowie zur Förderung der aktiven Teilnahme und Teilhabe der älteren Menschen. Eine derartige Regelung wäre schließlich geeignet, den Bereich ‚Altenhilfe' in seiner Eigenständigkeit und Eigengewichtigkeit gegenüber anderen Bereichen – etwa demjenigen der Kranken- und Pflegeversicherung zu betonen." (v. Maydell/Schulte 2001: 262)*

Ob ein Schutz im Sinne der Wahrung des Altenwohls durch bereits geltende Sozialgesetze ausreichend besteht, darf angesichts der aktuell unbefriedigenden Situation bezweifelt werden. Bislang wird gegen ein Altenhilfegesetz eingewendet, dass ältere Menschen keine Sondergruppe unter den Erwachsenen darstellen dürften und lediglich die Lebenslage, wie etwa Pflegebedürftigkeit, chronische Krankheit oder Behinderung, eine Unterscheidung im Sinne eines Rechtsanspruchs erforderlich mache. Darüber hinaus wurde die Befürchtung laut, durch entsprechende Gesetzestexte eine Stigmatisierung Älterer zu befördern. Dagegen ließe sich einwenden, dass eine Ausgrenzung ebenso Folge einer bislang unzureichend geregelten Altenhilfepolitik sein könnte (Schulte 2004).

6 Fazit

Gelingendes Alter(n) ist in dem vorliegenden Beitrag vor allem im Hinblick auf die Voraussetzungen und Bedingungen für ein solches Lebensziel hinterfragt worden. In diesem Kapitel standen demgegenüber die Hürden und Barrieren, die ein gelingendes Alter(n) zu verhindern drohen, im Vordergrund. Beide Seiten zusammenzuführen – das Wissen um die Stärkung und das Wissen um die Schwächung der Entfaltungsmöglichkeiten eines Menschen – bilden die zentralen Säulen für ein nachhaltig funktionierendes

Sozialwesen und eine überzeugende Sozialpolitik. Die Kenntnis über die Möglichkeiten zur Wahrung und zum Schutz des Altenwohls reicht jedoch nicht aus. Vielmehr ist die Ableitung von Handlungskonsequenzen für eine alternde Gesellschaft von elementarer Bedeutung.

Die Wahrscheinlichkeit, dass SozialpädagogInnen und SozialarbeiterInnen im Verlauf ihrer professionellen Erwerbsbiografie regelmäßig mit älteren Menschen in Kontakt treten oder stellvertretend mit ihren Angehörigen oder gesetzlichen BetreuerInnen kooperieren, ist angesichts des demografischen Wandels, aber auch aufgrund der erhöhten Vulnerabilität in dieser Gruppe sicher größer als für jede andere Generation. Diese Berufsgruppe kann insofern gezielt zum gelingenden Alter(n) beitragen.

Dennoch hat die Soziale Arbeit – von wenigen Ausnahmen abgesehen – nur in sehr begrenztem Umfang eigenständige Forschungsbeiträge in diesem Feld geleistet. Auch aus berufspolitischer Sicht hat die Soziale Arbeit im Wettbewerb mit anderen Disziplinen eine Profilierung in diesem Sektor versäumt. Wenn es darum geht, proaktiv auf virulente Praxisbedarfe zu reagieren und sich übergreifend und über einzelne Zuständigkeitsbereiche hinweg mit dem Altern der Gesellschaft auseinander zu setzen, muss man dem Berufsstand ein schlechtes Zeugnis ausstellen. Nur halbherzig hat man die Diskurse aus anderen Sozial- und Gesundheitsdisziplinen bislang einbezogen. Befunde, Konzepte und Modelle der sozialen Gerontologie wurden in weiten Teilen ignoriert.

Allerdings gab es seit Bestehen der Sozialen Arbeit immer wieder beeindruckende Leistungen einzelner Einrichtungen oder Träger, die dem persönlichen Einsatz und dem Weitblick einzelner Fachkräfte zu verdanken sind. Eine systematische Nutzung und Verstetigung dieser Erfolgsmodelle steht aber nach wie vor aus. Umso wichtiger erscheint die explizite Diskussion des gelingenden Alter(n)s vor dem Hintergrund der Interventionsmöglichkeiten der Sozialen Arbeit auch bezogen auf die Handlungsspielräume, die unsere bestehenden Sozialgesetze zulassen.

Ebenso wie im Kinder und Jugendbereich die Etablierung von Jugendämtern und Familiengerichten keine generelle Skepsis gegenüber der Qualität von Erziehungsleistungen der Eltern ausdrückt, so sind die oben dargestellten Maßnahmen zum Altenwohl nicht mit einem Generalverdacht gegenüber Angehörigen, Fachkräften oder Institutionen zu verwechseln. Dieses Kapitel soll keinesfalls den Eindruck erwecken, dass die genannten Missstände ein Massenphänomen darstellen. Und doch sind die wenigen verfügbaren Zahlen und die sich dahinter verbergenden Einzelschicksale Grund genug, für einen verbesserten Schutz der Älteren einzutreten und klare rechtliche Vorgaben einzufordern. Auch wenn sich im Alter kein Automatismus in Richtung Gewalt oder Gleichgültigkeit einstellt, sind gerade bei bestimmten Gruppen vulnerabler älterer Menschen erhöhte Gefahren in dieser Richtung nicht zu leugnen. Die vorangestellten Abschnitte dürften hinreichend deutlich gemacht haben, dass das Risiko älterer Menschen, Opfer von Gewalt und Vernachlässigung zu werden, letztlich auch Ausdruck unzureichender Hilfen ist. Will die Soziale Arbeit gegen eine solche Bilanz vorgehen, so muss sie in Zukunft weit offensiver für den Schutz älterer Mitglieder unserer Gesellschaft eintreten und berufsständisch für eine hinreichende Qualifikation ihrer Fachkräfte Sorge tragen. Zudem kann die Soziale Arbeit dazu beitragen, die noch desolate Datenlage in diesem Feld durch systematische empirische Datenerhebungen zu beseitigen. Zuletzt bedarf es eines Bündnisses aller beteiligten Disziplinen und Akteure, um eine verstärkte Überzeugungsarbeit für die Rechte älterer Menschen leisten zu können.

Literatur

BAGSO – Bundesarbeitsgemeinschaft der Seniorenverbände: Presseerklärung zum "Internationalen Tag der älteren Menschen". Bonn am 1.10.2012.

Bayerischer Landespflegeausschuss (Hg.): Leitfaden „Verantwortungsvoller Umgang mit freiheitsentziehenden Maßnahmen in der Pflege". München 2006

BMFSFJ – Bundesministerium für Familien, Senioren, Frauen und Jugend (Hg.): Vierter Bericht zur Lage der älteren Generation in der Bundesrepublik Deutschland: Risiken, Lebensqualität und Versorgung Hochaltriger – unter besonderer Berucksichtigung demenzieller Erkrankungen und Stellungnahme der Bundesregierung (BT-Drs. 14/8822). Berlin 2002

BMFSFJ – Bundesministerium für Familie, Senioren, Frauen und Jugend: Vierter Bericht zur Lage der älteren Generation in der Bundesrepublik Deutschland. Berlin 2003

BMFSFJ – Bundesministerium für Familien, Senioren, Frauen und Jugend: Altenhilfestrukturen der Zukunft. Abschlusstagung am 6. und 7. Mai in Berlin. Bonn 2004

BMFSFJ / BMG – Bundesministerium für Familie, Senioren, Frauen und Jugend/ Bundesministerium für Gesundheit (Hg.): Charta der Rechte hilfe- und pflegebedürftiger Menschen. 2010

Bonillo, Marion / Heidenblut, Sonja / Philipp-Metzen, Elisabeth / Saxl, Susanna / Schacke, Claudia / Steinhusen, Constanze / Wilhelm, Inka / Zank, Susanne: Gewalt in der familialen Pflege. Stuttgart 2013

Boss, Pauline: Verlust, Trauma und Resilienz – Die therapeutische Arbeit mit dem „uneindeutigen Verlust". Stuttgart 2008

Bredthauer, Doris / Klie, Thomas / Viol, Martin: Entscheidungsfindung zwischen –Sicherheit und Mobilitätsförderung. In: BtPrax H.1 2009: 18-23

Bretschneider, Wiebke: Fixierungsmaßnahmen in Krankenhäusern – ein wunder Punkt. In: Gesundheitswesen H.74, 2012: 812–817

Bundesgesetzblatt: Übereinkommen über die Rechte von Menschen mit Behinderungen In: BGBl. 2008 II: S. 1420

Deutsches Forum für Kriminalprävention: Länder-Umfrage zu Initiativen „Gewalt in der Pflege". Bonn 2005

DFGT – Deutscher Familiengerichtstag e.V. / Zenz, Gisela: Arbeitskreis 15 „Familiale Gewalt im Alter", Ergebnisse. In: Deutscher Familiengerichtstag (Hg.): Sechzehnter Deutscher Familiengerichtstag vom 14. bis 17. September 2005 in Brühl; Brühler Schriften zum Familienrecht Bd. 14. Bielefeld 2006:155 ff.

Dieck, Margret: Gewalt gegen ältere Menschen im familialen Kontext - Ein Thema der Forschung. Praxis und der öffentlichen Information. In: Zeitschrift für Gerontologie Heft 20, 1987: 305–313

Europäischer Wirtschafts- und Sozialausschuss (EWSA) SOC/279 – CESE 1465/2007 (DE) „Misshandlung alter Menschen": www.eesc.europa.eu

Förstl, Hans (Hg.): Demenzen in Theorie und Praxis. Berlin 2001

Fussek, Claus / Loerzer, Sven: Alt und abgeschoben. Der Pflegenotstand und die Würde des Menschen. Freiburg 2005

Fussek, Claus / Schober, Gottlob: Es ist genug! Auch alte Menschen haben Rechte. München 2013

Görgen, Thomas: Sicher leben im Alter: Prävention von Mißhandlung und Vernachlässigung älterer Pflegebedürftiger im familialen Umfeld. In: Polizei und Wissenschaft, H.4, 2012: 50-59

Görgen, Thomas / Herbst, Sandra / Rabold, Susann: Kriminalitäts- und Gewaltgefährdungen im höheren Lebensalter und in der häuslichen Pflege. Zwischenergebnisse der Studie „Kriminalität und Gewalt im Leben alter Menschen". KFN-Forschungsbericht Nr. 99. 2006

Görgen, Thomas / Kreuzer, Arthur / Nägele, Barbara / Krause, Sabine: Gewalt gegen Ältere im persönlichen Nahraum. Wissenschaftliche Begleitung und Evaluation eines Modellprojekts. Stuttgart, Berlin, Köln 2002

Görgen, Thomas: Ältere Menschen als Opfer polizeilich registrierter Straftaten. KFN-Forschungsbericht Nr. 93. Bonn 2004

Görgen, Thomas: Kriminalitäts- und Gewalterfahrungen im Leben älterer Menschen. Berlin 2009

Graß, Hildegard / Walentich, Gabriele (LPrR NRW): Leitfaden „Gefahren für alte Menschen in der Pflege und Verhaltenshinweise für Professionelle im Hilfesystem, Angehörige und Betroffene". Köln 2006

Hammerschmidt, Peter: Soziale Altenhilfe als Teil kommunaler Sozial(hilfe)politik. In: Aner, Kirsten/ Karl, Ute (Hg.): Handbuch: Soziale Arbeit und Alter". Wiesbaden 2010: 19—31

Hirsch, Rolf D. / Brendebach, Christina: Gewalt gegen alte Menschen in der Familie: Untersuchungsergebnisse der Bonner HsM-Studie. In: Zeitschrift für Gerontologie und Geriatrie 32, 1999: 449—455

Hirsch, Rolf D. / Kranich, Mariana / Erkens, Fred: Menschen in Not: Gewalt. Auswertung von Protokollen des Notrufs und der Krisenberatungsstelle. In: BtPrax 1999: 89—95

Hirsch, Rolf D.: Ich fordere schon seit 20 Jahren Beratungsstellen, die sich speziell um alte Menschen kümmern. In: ProAlter, 2012; 01; 31—33

Hirsch, Rolf D.: Prävention und Intervention gegen Gewalt bei alten Menschen in Einrichtungen. Bonn 2001

Kimmel, Andrea / Schempp, Nadine / Brucker, Uwe: Prävention von Gewalt gegen ältere und pflegebedürftige Menschen in Europa; Ergebnisse des Milcea-Projekts. Essen 2012

Kreuzer, Arthur: Prävention von Gewalt gegen Senioren. Bemerkungen zu rechtlichen und organisatorischen Rahmenbedingungen, In: Bewährungshilfe – Soziales – Strafrecht – Kriminalpolitik. 2010: 88—105

LH München – Landeshauptstadt München (Hg.): Beschwerdestelle für Probleme in der Altenpflege - Bericht über die Tätigkeit in den Jahren 2009 und 2010. München 2011.

Landespräventionsrat Hessen (Hg.): 9. Bericht. Wiesbaden 2010

Landespräventionsrat NRW (Hg.): Gewalt und Vernachlässigung gegenüber alten Menschen. Entstehungsbedingungen und Wege wirksamer Prävention. Dokumentation internationaler Tagungen im Mai und September 2006 in Köln

Lüscher, Kurt / Liegle, Ludwig: Generationsbeziehungen in Familie und Gesellschaft. Konstanz 2003

Mahler, Claudia: Menschenrechte: Keine Frage des Alters? Berlin 2013

Maydell, Bernd von / Schulte, Bernd: Generationenbeziehungen und sozialstaatliche Entwicklungen. In: Pohlmann, Stefan. (Hg.): Das Alter der Gesellschaft als globale Herausforderung. Stuttgart 2001: 225—300

Nakanishi, Miharu / Hoshishiba, Yumiko / Iwama, Nobuyuki / Okada, Tomoko / Kato Etsuko / Takahashi, Hiroshi: Impact of the elder abuse prevention and caregiver support law on system development among municipal governments in Japan. In: Health Policy May 2009: 254ff.

Pohlmann, Stefan (Hg.): Gut beraten – Forschungsbeiträge für eine alternde Gesellschaft. Wiesbaden 2013

Pohlmann, Stefan / Heinecker, Paula / Leopold, Christian: Untersuchung der Alter(n)sberatung. In: Pohlmann, Stefan (Hg.). Gut beraten – Forschungsbeiträge für eine alternde Gesellschaft. Wiesbaden 2013: 39—65

Pohlmann, Stefan: Altershilfe – Impulse und Innovationen. Neu Ulm in Vorbereitung

Rabold, Susann / Görgen, Thomas: Misshandlung und Vernachlässigung älterer Menschen durch ambulante Pflegekräfte. In: Zeitschrift für Gerontologie und Geriatrie 5, 2007: 366f

121

Riedel, Annette / Stolz, Konrad: „Altenwohlgefährdung". Pflegewissenschaftliche und betreuungsrechtliche Überlegungen zu Gefährdungen in der häuslichen Pflege. In: BtPrax 6 / 2008: 233–239

Runder Tisch Pflege: „Charta der Rechte hilfe- und pflegebedürftiger Menschen". Berlin 2005

Schneekloth, Ulrich / Wahl, Hans Werner: Möglichkeiten und Grenzen selbständiger Lebensführung in stationären Einrichtungen (MUG IV). Integrierter Abschlussbericht. Forschungsprojekt i. A. BMFSFJ. München 2007

Schulte, Bernd: Rechtliche, institutionelle und infrastrukturelle Bedingungen für die Weiterentwicklung der Altenhilfestrukturen in international vergleichender Sicht. In: Bundesministerium für Familien, Senioren, Frauen und Jugend (Hrsg.): Altenhilfestrukturen der Zukunft. Abschlusstagung am 6. und 7. Mai 2004 in Berlin. Berlin: 2004: 224–252

Stiegel, Löri A.: ABA Commission working group on Elder Abuse. Washington, D.C. 2006

Teising, Martin: Die Angst vor dem Pflegefall. Psychodynamische Betrachtungen. Wien 2000

Walter , Michael/ LPrR NRW (Hg.): Alter – ein Risiko? Ältere Menschen als Opfer von häuslicher und institutioneller Gewalt. Münster 2005

Wetzels, Peter / Greve, Werner: Alte Menschen als Opfer innerfamiliärer Gewalt – Ergebnisse einer kriminologischen Dunkelfeldstudie. In: Zeitschrift für Gerontologie und Geriatrie, 29 (3), 1 1996: 91–200

WHO – World Health Organisation: World Report on Violence and Health. New York 2002

Wolf, Rosalie S. / Pillemer, Karl A.: Helping Elderly victims. The Reality of Elder Abuse. 1989

Zeh, Annett / Schablon, Anja / Wohlert, Claudia / Richter, Dirk/ Nienhaus, Albert: Gewalt und Aggression in Pflege- und Betreuungsberufen – Ein Literaturüberblick. In: Gesundheitswesen 2009 ; 71: 449–459

Zenz, Gisela: Gewaltschutz in der Familie – auch für alte Menschen? In: Schwenzer, Ingeborg / Büchler, Andrea (Hg.): Vierte Schweizer Familientage. FAMPRA.ch 2008: 19–32

Ziller, Hannes: Ansätze zur Koordinierung und Vernetzung von Hilfen, Diensten und Einrichtungen der Altenhilfe in Hessen. In: Rupflin; Theresia (Hg.): Leben mit der Pflegeversicherung. Perspektiven der Altenhilfe. Frankfurt a.M., 1996: 63 ff.

Rudolf Tippelt und Carmen Legni

Bildung im Alter – Bildung für das Altern

ABSTRACT

Von Bildungsaktivitäten älterer Menschen profitieren sowohl die Individuen als auch die Gesellschaft. Für das Individuum geht es darum, Lebensentwürfe zu realisieren und eine selbstverantwortliche Lebensführung bis ins hohe Alter zu gewährleisten, die Gesellschaft sorgt durch Bildung für soziale Integration, Innovation sowie auch für kulturelle und politische Partizipation. Um Bildung zu planen, braucht man ein adäquates Verständnis der Bildungsprozesse über die Lebensspanne. Dabei sind insbesondere expansive und differenzierende Entwicklungen der Bildung Älterer zu berücksichtigen. Eine besondere zu beachtende soziale Gruppe sind die älteren MigrantInnen. Eine gelingende Bildung im Alter muss an die Interessen und die Kompetenzentwicklung älterer Menschen anschließen und dies bei der Organisation der verschiedenen Lernorte berücksichtigen.

1   Lebenslanges Recht auf Bildung

Bildung ist als Menschenrecht im Artikel 26 der Allgemeinen Erklärung der Menschenrechte der Vereinten Nationen vom 18.12.1948 rechtlich verankert. Dort wird festgehalten, dass jeder Mensch das Recht auf Bildung hat. Dabei muss Bildung auf die volle Entfaltung der menschlichen Persönlichkeit und auf die Stärkung der Achtung vor den Menschenrechten und Freiheiten gerichtet sein. Bildung muss ein Verständnis, muss Toleranz und Freundschaft zwischen allen Nationen, allen ethnischen und religiösen Gruppen gewährleisten und ist letztlich friedensfördernd. Das Recht auf Bildung ist in Artikel 2 des Grundgesetzes in Deutschland unter dem Aspekt der freien Entfaltung der Persönlichkeit ebenfalls legitimiert. In unserem Zusammenhang ist es wichtig, darauf hinzuweisen, dass das Recht auf Bildung selbstverständlich auch alle Altersgruppen einschließt.

Es gibt aber nicht nur ein Recht auf Bildung, sondern die Gesellschaft und das Individuum profitieren erheblich durch Bildungsaktivitäten. Die Gesellschaft fördert auf diese Art und Weise die Innovationsfähigkeit, die soziale Integration sowie die kulturelle und politische Partizipation aller gesellschaftlichen Mitglieder. Für das Individuum ist Bildung eine Möglichkeit, Lebensentwürfe zu realisieren, eine selbstverantwortliche und selbstständige Lebensführung bis ins hohe Alter zu gewährleisten, soziale Kontakte zu fördern und zu stärken sowie die materielle Unabhängigkeit möglichst lange zu erhalten. Überall dort, wo im Bereich der Erwachsenenbildung besondere Bildungshürden oder Vermittlungsbarrieren auftreten, sind sozialpädagogische Flankierungen gefordert. Die Soziale Arbeit stellt damit eine wichtige Säule in einem interdisziplinären Verbund von Bildungsangeboten der Geragogik dar.

Insgesamt kann Bildung im Alter vor dem Hintergrund sehr unterschiedlicher gesellschaftlicher Entwürfe betrachtet werden:

- In der Wissensgesellschaft geht es vor allem darum, die Problemlösekompetenz, die fluide und kristalline Intelligenz und die Kreativität im Alter möglichst lange zu erhalten.
- Aus Sicht der Risikogesellschaft geht es darum, die aktive Entwicklung von Biographien und die Identitätsentfaltung bis in das hohe Alter zu gewährleisten.
- Aus Sicht der Arbeitsgesellschaft sind Ältere ebenfalls in den Prozess der Höherqualifizierung eingebunden und sie haben ein Recht und auch eine individuelle Pflicht zur Weiterbildung. Die Maßnahmen der Weiterbildung dienen aber sozusagen auf der Schattenseite der Arbeitsgesellschaft auch dazu, Ältere – und dies ist besonders schwierig – aus der Arbeitslosigkeit in Beschäftigung zurückzuführen.
- In einer Zivilgesellschaft geht es darum, Älteren die politische Partizipation durch Bildung zu ermöglichen, Solidarität und soziale Netzwerke zu stärken.
- In der Einwanderungsgesellschaft sollten die religiösen Grundverständnisse und die interkulturellen Kompetenzen aller gesellschaftlichen Mitglieder gefördert werden. Es gilt insbesondere die Traditionen der jeweils anderen zu verstehen. Dies ist eine besondere Herausforderung, nicht nur für jüngere Generationen, sondern auch für die älteren Mitglieder in unserer Gesellschaft.
- Die Erlebnisgesellschaft weist darauf hin, dass mit Bildung auch Lebensstile verbunden sind und dass sich Bildung als Distinktion und habituelle Ausformung Geltung verschafft. Jede Ansprache von potenziellen Teilnehmern und Teilnehmerinnen zur Bildung und Erwachsenenbildung muss diese habituellen Voraussetzungen, die Lebensstile und die sozialen Milieus in besonderer Weise berücksichtigen.
- In der Gesellschaft des langen Lebens schließlich müssen wir durch Bildung den demographischen Wandel in unsere Überlegungen einbeziehen und es geht hier vor allem darum, intergenerative Kompetenzen zu sichern. Dabei ist hervorzuheben, dass Deutschland wie andere euro-

päische Länder, in denen eine relativ niedrige Geburtenquote seit etwa 30 Jahren vorherrschend ist, einen besonderen Altersaufbau zeigt. Die stärksten Alterskohorten sind zur Zeit Ende 40, weil die Babyboomer der späten 1960er Jahre in dieses mittlere Lebensalter gekommen sind, die stärksten Alterskohorten werden erst ab dem Jahr 2035 in die nachberufliche Phase einmünden, was aber nicht erst dann eine besondere Herausforderung für demokratische Gesellschaften darstellt.

Abb. 1. Altersaufbau 2013 und 2041: Deutschland

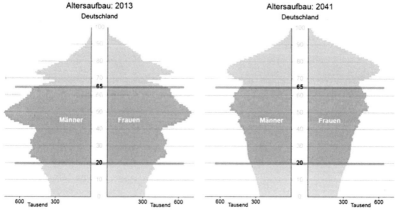

(Quelle: Statistisches Bundesamt 2009)

Zu den Grundlagen eines Verständnisses der Bildung im Alter gehört ein Verständnis der Bildungsprozesse über die Lebensspanne: Grob formuliert lässt sich sagen, dass im Kindesalter durch die formale Bildung in Kindergärten und Schulen, aber vor allem durch die Bildung im Elternhaus, Lernmotivation aufgebaut wird, dass Lernfähigkeit aber in diesem Alter unter bestimmten sozialen Bedingungen auch nicht gefördert wird. Im nachfolgenden Jugendalter werden Grundkenntnisse und Grundkompetenzen weiterentwickelt, es gibt eine Pflicht des Lernens und das Lernen ist sowohl fremd- als auch selbstorganisiert. Daran anschließend werden im jungen Erwachsenenalter sowohl durch die berufliche Erstausbildung als auch durch die Hochschulbildung Kenntnisse, Wissen, Erfahrungen spezifiziert und die Eigenverantwortung sowie die Selbststeuerung des Lernens nehmen noch erheblich zu. Ältere Erwachsene geben dann ihr Wissen und ihre Erfahrungen sowohl im beruflichen als auch im öffentlichen und privaten Kontext weiter, sind aber auch auf Grund des technischen Wandels, der Veränderungen von Produktinnovationen und sozialen Lebensumständen auf Umlernen und Neulernen angewiesen. Bildung endet nicht mit der beruflichen Lebensphase, sondern auch in der nachberuflichen Phase kommt der

125

Bildung bei der Erhaltung von Kompetenzen größte Bedeutung zu. Diese Bildungsprozesse über die Lebensspanne, dieses lebenslange Lernen wurde in der alternspädagogischen und gerontologischen Literatur dadurch sichtbar, dass in empirischen Studien herausgearbeitet werden konnte, dass sich Kompetenz und Leistungsfähigkeit lange erhalten und gegenüber der ersten Ausbildung noch erheblich steigern lassen. Seit langem wissen wir auch, dass nachlassende fluide Intelligenz durch kristalline Intelligenz teilweise kompensiert werden kann und dass Ältere ihr umfangreiches Vorwissen auch in eigene Bildungsziele umformulieren. Daneben wurde früh deutlich, dass Bildung Älterer immer auch bedeutet, sich neues Wissen anzueignen, aber auch soziale Kontakte zu fördern (vgl. Tietgens 1992: 11ff.).

2 Teilnahme an Weiterbildung und Altersbilder

Die Weiterbildungsbeteiligung hat sich zwischen 1997 und 2010 in Deutschland nicht wesentlich verändert, allerdings ist seit 2010 – also in den letzten 2 bis 3 Jahren – eine erhebliche Steigerung der Weiterbildungsbeteiligung statistisch nachweisbar (AES – BMBF 2013). Dabei zeigen die Daten des *Adult Education Survey*, dass es vor allem die Älteren sind, die über 55-Jährigen, die stärker als früher an Weiterbildung teilnehmen. Es ist eine Zunahme der Weiterbildungsteilnahme um 9 Prozent bei den über 60-Jährigen in diesen letzten Jahren zu verzeichnen.

Abb. 2: Weiterbildungsverhalten nach Altersgruppen[1] unter Erwerbstätigen

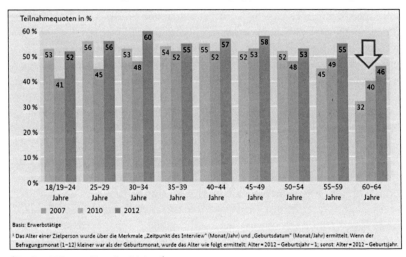

Basis: Erwerbstätige

[1] Das Alter einer Zielperson wurde über die Merkmale „Zeitpunkt des Interview" (Monat/Jahr) und „Geburtsdatum" (Monat/Jahr) ermittelt. Wenn der Befragungsmonat (1–12) kleiner war als der Geburtsmonat, wurde das Alter wie folgt ermittelt: Alter = 2012 – Geburtsjahr – 1; sonst: Alter = 2012 – Geburtsjahr.

(Quelle: AES 2012 Trendbericht: 36)

Dabei ist nach wie vor sichtbar, dass sich bildungsstatistisch zwei Einfluss-bereiche wesentlich auf die Weiterbildungsbereitschaft und das tatsächliche Weiterbildungsverhalten auswirken:

Die Erwerbstätigkeit hat einen großen Einfluss auf das Weiterbildungs-verhalten und ist der stärkste Einflussfaktor, während der erworbene Schul-abschluss der zweite, sehr stark wirkende Faktor ist, der die Weiterbildung von Menschen beeinflusst. Dagegen sind andere Variablen, die die Weiterbil-dung ebenfalls beeinflussen nicht von der gleichen Intensität, zum Beispiel wissen wir, dass die Weiterbildungsteilnahme von Personen mit Migrations-hintergrund sich in den letzten Jahren zwar verbessert hat, aber es ist nach wie vor eine defizitäre Entwicklung zu konstatieren. In Querschnittsstudien lässt sich aufzeigen, dass ein generativer Wandel in der Wahrnehmung und im Interesse an Weiterbildung gegeben ist. Haben beispielsweise die 65- bis 80-Jährigen noch zu 47 Prozent an keinerlei Weiterbildung in ihrem Leben teilgenommen, so sind dies bei den 45- bis 55-Jährigen lediglich 24 Prozent.

2.1 Bildungsbarrieren und Bildungsinteressen

Wenn man berücksichtigt, dass die oben genannte jüngere Altersgruppe noch viele Jahrzehnte Zeit hat an Weiterbildung teilzunehmen, ist defini-tiv von einem starken generativen Wandel bei den Weiterbildungsinteres-sen und dem Weiterbildungsverhalten auszugehen (vgl. Tippelt u.a. 2009). Worauf ist dies zurückzuführen? Die wichtigsten Gründe dürften darin bestehen, dass

- eine steigende Erwerbstätigkeit von Frauen gegeben ist,
- eine steigende Erwerbstätigkeit und deutlich höhere Erwerbsquoten der Älteren über 50-Jährigen seit etwa zehn Jahren beschäftigungsstatis-tisch sichtbar werden,
- dass die schulische Bildungsexpansion und die Steigerung der Hoch-schulabsolventenquoten auch eine stärkere Nachfrage in der Weiterbil-dung zur Folge haben,
- dass sich subjektive Altersbilder (langsam) verändern und dass das Alter heute durchaus mit Bildungsaktivitäten vereinbar ist.

Mit Spannung können wir die empirischen Ergebnisse der PIAAC-Studie erwarten, die näheren Aufschluss darüber geben werden, wie sich mit zuneh-mendem Alter, aber auch mit Bildung und Beschäftigung oder auch regional und unter dem Aspekt der ethnischen Herkunft die Rechenkompetenzen, die sprachlichen Kompetenzen und die Problemlösekompetenzen verändern.

Traditionell gibt es bei älteren Arbeitnehmern deutliche Barrieren, die darin zu sehen sind, dass Ältere sich häufig zu alt für Weiterbildung sehen, dass sie einen geringeren beruflichen und persönlichen Nutzen von Weiterbildung erwarten als dies Jüngere artikulieren und dass immerhin ein Fünftel aller Älteren Angst hat, den Anforderungen in der Weiterbildung nicht gerecht zu werden.

Wenn man sich allerdings auf die älteren erwerbstätigen Weiterbildungsteilnehmer konzentriert, sind heute die Weiterbildungsmotive keinesfalls homogen (vgl. Schmidt-Hertha 2010). So gibt es

- aufstiegsorientierte Ältere über 45-jährige Erwerbstätige, die sich in der beruflichen Hierarchie verbessern wollen,
- Verwertungszentrierte, die im Wesentlichen Weiterbildung als Mittel sehen, ihren Arbeitsplatz zu behalten,
- organisationsintern Aktive, die den Überblick über die betrieblichen Entwicklungen durch Fort- und Weiterbildung, primär innerbetriebliche Weiterbildung, sichern wollen,
- Flexible, die sich fortbilden, um eine eigene Existenzgründung oder auch noch einen Wechsel der Arbeit oder des Betriebes vorzubereiten,
- ganzheitlich Orientierte – primär Frauen –, die allgemeine Bildung und Weiterbildung zur Weiterentwicklung ihrer persönlichen Kompetenz anstreben.

Abb. 3: Typen älterer erwerbstätiger WeiterbildungsteilnehmerInnen (n=977; 45- bis 65-Jährige)

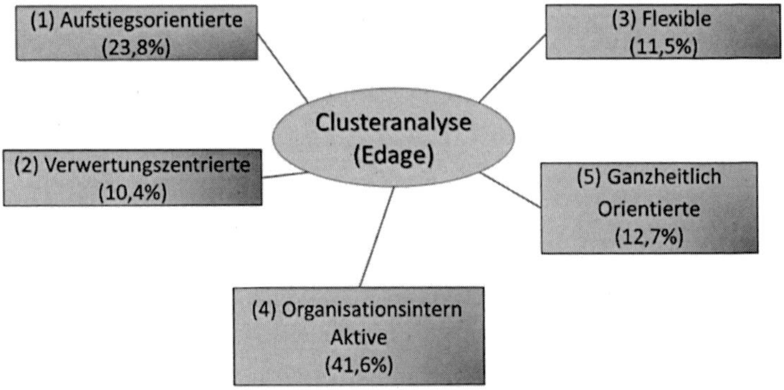

(Quelle: Schmidt 2009)

Bedeutsam ist es, hervorzuheben, dass sich auch Altersbilder und Bildung eng und wechselseitig bedingen. Es gibt bei den Altersbildern eine individuelle Dimension, die abhängig vom Altersbild die Lerninteressen, die Motivation und die Lernbeteiligung stark beeinflussen, es gibt aber auch eine institutionelle Dimension, die abhängig von den Alternsbildern den Zugang zu Bildungsmaßnahmen sichern, die Ältere als wichtige Zielgruppe erkennen und die dann in der Folge zielgruppenspezifische makro- und mikrodidaktische Planungen beeinflussen.

In der an der LMU durchgeführten EdAge-Studie haben wir Altersbilder dichotomisiert und sprechen von positiven Altersbildern, wenn ein hohes Maß an Gelassenheit und Selbstvertrauen, der Wunsch nach Selbstverwirklichung und Selbstgestaltung, eine starke Unternehmungslust, hohe Lebenszufriedenheit und generell eine positive Gewinn-/Verlustbilanz gegeben sind.

Ein negatives Altersbild ist dagegen durch Gefühle der Einsamkeit und Entfremdung charakterisiert, die Lebensfreude sinkt, man sieht sich hoch belastet, teilweise nutzlos und durch die unmittelbare Umwelt wenig respektiert, Langeweile, ein schlechter Gesundheitszustand und hohe Unzufriedenheit prägen die Lebensumstände.

Fragt man danach, wie Altersbilder mit dem Kontakt zu jüngeren Generationen korrelieren, so stellt man fest, dass, je höher diese Kontaktintensität ist und je häufiger man sich mit dieser jüngeren Generation trifft, sowohl innerhalb als auch außerhalb der Familie, desto höher auch das positive Altersbild einzuschätzen ist. Bei geringerem Kontakt mit der jüngeren Generation allerdings sinkt das positive Altersbild und es herrschen dann sogar eher negative Altersbilder vor.

Abb. 4: **Altersbild und Kontakt zur jüngeren Generation (n=4909; 45- bis 80-Jährige)**

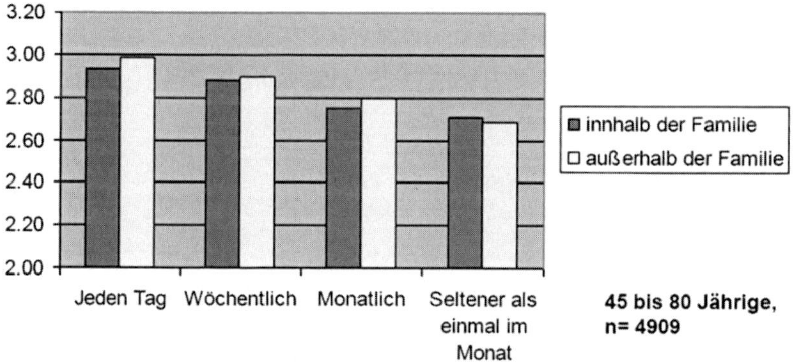

(Quelle: Tippelt/Schmidt u.a. 2009)

Altersbilder wiederum haben einen engen Zusammenhang zur Lebensführung, denn positive Altersbilder korrelieren signifikant mit einer aktiven Freizeitgestaltung, mit einer hohen Ausprägung ehrenamtlicher Betätigung, mit der Mitgliedschaft in Vereinen und Verbänden und insbesondere mit der kulturellen Teilhabe.

Noch gibt es zu wenige Studien, die die Altersbilder Jugendlicher thematisieren, aber in einer Sekundärauswertung der SHELL-Jugendstudie (vgl. Schmidt u.a. 2008) zeigt sich, dass die 12- bis 25-Jährigen die Älteren als sehr pflichtbewusst sehen, allerdings als weniger tolerant als die eigene Genera-

Abb. 5: Altersbild und Lebensführung (n=4909; 45- bis 80-Jährige)

		Altersbild
Aktive Freizeitgestaltung	Korrelation nach Pearson	,271
	Signifikanz (2-seitig)	,000
Ehrenamtliche Betätigung	Korrelation nach Pearson	,100
	Signifikanz (2-seitig)	,000
Mitgliedschaften in Vereinen etc.	Korrelation nach Pearson	,177
	Signifikanz (2-seitig)	,000
Kulturelle Teilhabe	Korrelation nach Pearson	,350
	Signifikanz (2-seitig)	,000

(Quelle: Schmidt/Theisen 2009)

tion. Ältere gelten als wenig konsumorientiert, dafür als sozial sehr engagiert, fleißig, ehrgeizig und auch einflussreich. Ältere sind, aus Sicht der Jüngeren, deutlich weniger auf persönliche Vorteile bedacht, sind klar familienorientierter, dafür sieht man sich selbst als jüngere Generation als kreativer an.

Abb. 6: Altersbilder Jugendlicher (n=2532; 12- bis 25-Jährige)

Eigenschaftszuschreibungen für junge und alte Menschen

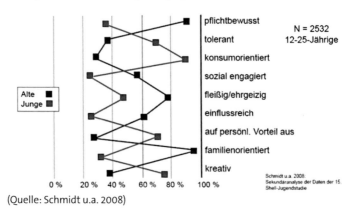

(Quelle: Schmidt u.a. 2008)

2.2 Lern- und Bildungstypen

In empirischen Studien ist die große Heterogenität der Lern- und Bildungsmotive ein klarer und auffallender Befund: Empirisch konnte beispielsweise für die 65- bis 80-Jährigen aufgezeigt werden, dass es Lernende mit Barrieren gibt, die große Probleme haben, im Alter Weiterbildung aufzugreifen, dass eine größere Gruppe (17 Prozent) zu den Selbstlernenden gehört, die sich durchaus autonom etwas aneignen, aber ungern in Kurse gehen, dass es 12 Prozent zeitintensiv Lernende gibt, die jede Form des Lernens informell und formell versuchen wahrzunehmen, dass es die große Gruppe der beiläufig Lernenden (30 Prozent) gibt, die eher das informelle Lernen bevorzugen und dass es 14 Prozent aktive, vielseitige Lernende gibt, die beim Lernen auch einen aktiven Part übernehmen wollen und sich keinesfalls nur als Objekt des Lernens, sondern als Subjekt des Lernens begreifen.

Neben diesen quantitativ erfassten Lernertypen lassen sich in qualitativen Tiefeninterviews auch andere Bildungs- und Lerntypen älterer Menschen herausarbeiten (vgl. Tippelt u.a. 2009):

- der sozial-emotionale Typ bevorzugt Lernen deswegen, weil er in den Lern- und Bildungseinrichtungen andere Menschen trifft und soziale Kontakte aufbauen kann,
- der gemeinwohl-orientierte solidarische Typ sieht Lernen als einen Zweck, aber nicht nur für sich selbst, sondern er versucht durch Lernen zivilgesellschaftliche Ziele besser und mit höherer Qualität zu realisieren,
- der utilitaristische Typ lernt, um sich einen ganz spezifischen Wissens- und Informationskontext zu erschließen, ist aber keineswegs permanent in die Bildungseinrichtungen integriert,
- der selbstabsorbierende und kontemplative Typ sieht Bildung als Eigenwert und sieht insbesondere die eigenen Lerninteressen als relevant an, allerdings äußert er keinerlei Interesse, das neu Gelernte an andere weiter zu vermitteln oder es im Dienste der Allgemeinheit zu nutzen.

Interessant ist, dass sich der stark hervortretende gemeinwohl-orientierte solidarische Typ auch in quantitativen Analysen des *Freiwilligensurveys* wiederfindet, denn gerade für die Gruppen der 60- bis 69-Jährigen und für die Gruppe der über 70-Jährigen sind in den letzten zehn Jahren stark wachsende Trends zu verzeichnen (vgl. BMFSFJ 2010).

Das freiwillige Engagement im Lebenslauf lässt sich in spezifische Präferenzen und in Lebenszeitabschnitte differenzieren. Nach der Berufseinmündung und während der Phase der Familiengründung gehen das freiwillige Engagement und damit auch das Weiterbildungsinteresse in diesem Bereich zurück, das freiwillige Engagement steigt dann während der Familienzeit an, um dann nach dem Familiengipfel in der Phase des *empty nests* wiederum deutlich zurückzugehen. Während der Zeit des Vorruhestands ist das freiwillige Engagement nicht sehr stark ausgeprägt, während es noch kurz vor dem eigentlichen Ruhestand einen „Ruhestandsgipfel" zu geben scheint, der das freiwillige Engagement deutlich heraushebt, um dann in den späteren Jahren, deutlich über 70, auf der Basis eines Gefälles der Fitness deutlich zurückzugehen.

Abb. 7: Bildungsinteressen und -verständnis Älterer (n=60 Tiefeninterviews)

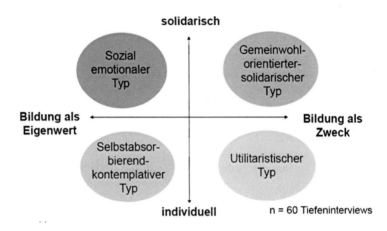

Quelle: Tippelt/Schmidt u.a.

Abb. 8: Freiwillig Engagierte nach Altersgruppen 1999/2004/2009

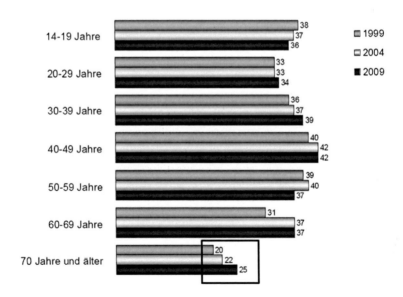

Quelle: BMFSFJ 2010: 156

3   Alter und Migration

Im Zuge des gesellschaftlichen und demografischen Wandels sind Altern als Lebensverlauf und Alter als Lebensphase vielfältiger geworden, die Pluralität und Heterogenität in der älteren Bevölkerung nimmt zu. Dies gilt neben einer Vielfalt von Lebensstilen auch für die wachsende ethnische Vielfalt, welche nicht zuletzt auf die unterschiedlichen Migrationsbewegungen der letzten Jahrzehnte zurückzuführen ist (vgl. Eppe 2012: 67ff.; Schimany/Rühl/Kohls 2012). Zwar ist die Altersstruktur der Migrantenbevölkerung insgesamt noch deutlich jünger im Vergleich zur Gesamtbevölkerung Deutschlands, doch ist auch bei dieser ein Alterungsprozess erkennbar, der sich in den nächsten Jahren Prognosen zufolge verstärkt fortsetzen wird. Betrug der Anteil der 65-Jährigen und Älteren in der Migrantenbevölkerung im Jahr 2007 8,4 Prozent, wird er sich aktuellen Modellrechnungen zufolge bis zum Jahr 2032 auf 15,1 Prozent erhöhen. Die absolute Zahl der 65-Jährigen mit Migrationshintergrund wird von circa 1,4 Millionen im Jahr 2007 auf circa 3,6 Millionen im Jahr 2032 ansteigen, wodurch ältere zugewanderte Menschen zu den am schnellsten wachsenden Bevölkerungsgruppen in Deutschland zählen (vgl. Olbermann 2013: 369ff.). Dabei stammen aktuell mehr als die Hälfte der Älteren in der ausländischen Bevölkerung (65+) aus den ehemaligen Anwerbeländern, wobei die Älteren mit türkischer Staatsangehörigkeit (65+) die zahlenmäßig größte, die Älteren mit italienischer Staatsangehörigkeit (65+) die zweitgrößte Gruppe darstellen (vgl. Statistisches Bundesamt 2012).

Seit dem ersten Abkommen zur Anwerbung ausländischer Arbeitskräfte, welches im Dezember 1955 in Rom unterzeichnet wurde, ist mehr als ein halbes Jahrhundert vergangen und jene der damaligen Einwanderer, welche sich für einen Verbleib in Deutschland entschieden haben, befinden sich mittlerweile vorwiegend im Rentenalter. Während die zweite und inzwischen dritte Einwanderergeneration vielfach im Fokus der Migrations-, Integrations- und Bildungsforschung steht, finden ältere MigrantInnen in der Forschung vor dem Hintergrund des demografischen Wandels zwar zunehmend mehr Beachtung, doch kann das Forschungsfeld, welches im Schnittpunkt von Alter(n)s- und Migrationsforschung anzusiedeln ist, weder in Deutschland noch in anderen europäischen Ländern mit ähnlicher demografischer Entwicklung als etabliert gelten. Die vorliegende Forschung ist zum Großteil explorativ und deskriptiv angelegt, während konzeptionelle und erklärende Ansätze weitgehend fehlen. So wirft das Thema Altern in der Migration neue Fragen auf, wie beispielsweise hinsichtlich noch kaum untersuchter Sozialisationsprozesse im Alter. Auch die empirische Befundlage zu älteren MigrantInnen ist vielfach aufgrund des Mangels an repräsentativen Daten schmal (vgl. Baykara-Krumme/Motel-Klingen-biel/Schimany 2012: 11ff; Dietzel-Papakyriakou 2012: 436ff.).

Die bisherigen Forschungsarbeiten zu Alter und Migration konzentrie-ren sich in erster Linie auf die spezifische Lebenslage älterer MigrantInnen. Dabei wird in der Literatur in Bezug auf die Lebenslagen älterer Migrant-Innen vielfach darauf aufmerksam gemacht, dass diese durch das paral-lele Vorhandensein von alterstypischen und migrationsspezifischen Belas-tungsfaktoren gekennzeichnet sind (vgl. Naegele/Olbermann 1997: 71ff.). So zeigen sich beispielsweise Unterschiede in Bezug auf materielle Ressour-cen, gesundheitliche Risiken wie auch soziokulturelle Aspekte im Vergleich zur deutschen Bevölkerung, welche bei einem Großteil von älteren Arbeits-migrantInnen Barrieren für eine positive Lebensgestaltung darstellen. Die oftmals einseitige Betrachtung älterer MigrantInnen als „Problemgruppe" bezeichnet Olbermann (2013: 375) allerdings als unangemessen und weist darauf hin, dass infolgedessen vorhandene Potenziale häufig sowohl von der Gesellschaft wie von den MigrantInnen selbst verkannt werden. Dabei gewinnen Potenziale Älterer im Zuge des demografischen Wandels mit einem aktiven Altern zunehmend an Bedeutung und Gewicht. So wird mit aktivem Altern als Prozess die Optimierung der Gesundheit, der sozialen Integration sowie der Partizipation von Individuen und Gruppen ange-strebt. Neben körperlichen und geistigen Aktivitäten steht die aktive Teil-nahme von Älteren am sozialen, kulturellen, wirtschaftlichen und zivilen Leben im Fokus (Kaiser/Lehr 2012: 14ff.; Tesch-Römer 2012: 3ff.).

Vor diesem Hintergrund gewinnen Fragen an Gewicht, welche – sozia-len – Handlungsspielräume älteren MigrantInnen im Alter zur Verfügung stehen, welche Vorstellungen älterer MigrantInnen mit dem Alter verbun-den sind, inwieweit die soziale Integration sowie die gesellschaftliche, aktive Partizipation gefördert werden kann und wie sich insgesamt die Lebens-phase Alter für MigrantInnen gestaltet.

Im Rahmen einer explorativ angelegten qualitativen Untersuchung – Teil einer Masterarbeit an der LMU –, welche zum Ziel hatte, Potenziale und Bar-rieren für ein aktives Altern in der Migration zu eruieren, wurden Interviews mit italienischen MigrantInnen der ersten Generation sowie mit Experten aus den Bereichen Soziale Arbeit und Erwachsenenbildung geführt. Dabei war der Fokus zunächst auf Aktivitäten, gesellschaftliche Partizipationsfor-men und Ausgangsbedingungen wie beispielsweise die Migrationsbiografie gerichtet. Weiter wurden Einflussbereiche untersucht, welche ein aktives Altern der befragten italienischen MigrantInnen erster Generation prägen.

3.1   Zentrale Ergebnisse der Untersuchung

Im Allgemeinen kann für die MigrantInnen der ersten Generation festgehalten werden, dass diese im Vergleich zur gleichaltrigen deutschen Bevölkerung über niedrigere schulische und berufliche Qualifikationen verfügen. Dies kann in erster Linie auf die Anwerbepolitik zurückgeführt werden, welche darin bestand, zum Großteil an- oder ungelernte Arbeitskräfte anzuwerben (vgl. Frick u.a. 2009). Die in der hier vorgestellten Untersuchung befragten älteren italienischen MigrantInnen unterscheiden sich jedoch im Hinblick auf ihre Bildungs- und Erwerbsbiografie sowie Migrationsmotive und Herkunftsregionen, wodurch ein Teil der Untersuchungsteilnehmer nicht zu den ArbeitsmigrantInnen im Zuge der Gastarbeiterbewegung gezählt werden kann.

Zusammenfassend kann festgehalten werden, dass die befragten älteren MigrantInnen unterschiedliche Aktivitätsniveaus und Aktivitätsformen aufweisen. Dabei konnten geschlechtsspezifische Unterschiede in Bezug auf die Alltagsgestaltung festgestellt werden. Diesbezüglich wurde von allen weiblichen Migrantinnen hauptsächlich die Verrichtung verschiedener Tätigkeiten im Haushalt beschrieben. Zudem machten die weiblichen Migrantinnen auf eine Abhängigkeit der individuellen Freizeitgestaltung von familienbezogenen Tätigkeiten und Verpflichtungen aufmerksam. Im Bereich der individuellen Freizeitgestaltung fällt auf, dass die befragten älteren italienischen MigrantInnen bezüglich körperlicher Aktivität kaum auf sportliche Betätigung verwiesen, zudem konnten sie sich zum Thema Hobbys nur unklar äußern. Die Mediennutzung betreffend ist das Lesen von Tageszeitungen bei einem Großteil der Befragten verbreitet, dahingegen wurde das Lesen von Büchern ausschließlich von den Befragten mit höherer Schulbildung erwähnt. Der regelmäßige Fernsehkonsum wurde von allen älteren italienischen MigrantInnen angegeben, die Nutzung neuer Technologien wie Computer und Internet kam nur vereinzelt vor. Zudem konnte aufgezeigt werden, dass die befragten älteren MigrantInnen fast ausschließlich die Möglichkeit nutzen, ein bis mehrmals im Jahr verschieden lange Zeiträume in ihrem Herkunftsland zu verbringen, wobei die MigrantInnen mit höherer Schulbildung von zusätzlichen Reisen zu anderen Orten berichteten.

Im Bereich der formal-organisierten Weiterbildung konnte bei den älteren MigrantInnen bis auf eine Ausnahme keine Beteiligung festgestellt werden. Ein Teil der Befragten verwies auf informelle Lernaktivitäten, wobei diesbezüglich Zusammenhänge zur Bildungsbiografie und zu vorangegangen Bildungserfahrungen festgestellt werden konnten. So wiesen jene MigrantInnen im Alter Aktivitäten informellen Lernens auf, welche bereits während ihrer Erwerbstätigkeit an beruflicher Weiterbildung teilgenommen hatten bzw.

informelle Lernformen und ebenso Sprachkurse bzw. die bewusste Unterstützung des Erwerbs der deutschen Sprache durch informelle Lernaktivitäten erwähnt hatten. Darin spiegelt sich die Feststellung, dass Bildungsinteressen, Bildungsverhalten und Lernformen im Alter stark durch die Biografie und vorangegangene Bildungserfahrungen beeinflusst bzw. geprägt sind (vgl. Kruse 2011: 827ff.; Tippelt u.a. 2009). Die Ergebnisse im Bereich der kulturellen Teilhabe verweisen auf eine wenig bis kaum vorhandene Aktivität der befragten älteren MigrantInnen. Zudem deuten die Aussagen eines Großteils der Befragten auf ein geringes Interesse an kulturellen Veranstaltungen hin.

Im Hinblick auf weitere Aktivität und gesellschaftliche Partizipation konnten bei den befragten älteren italienischen MigrantInnen unterschiedliche Formen sozialer Teilhabe untersucht werden. So ist die Mehrheit der Befragten freiwillig engagiert, zudem sind mehr als die Hälfte Mitglieder in Vereinen oder in einer Migrantenselbstorganisation. In der Analyse der Formen freiwilligen Engagements konnten geschlechtsspezifische Unterschiede ausgemacht werden. Während bei den weiblichen Migrantinnen Unterstützungsleistungen im familiären Bereich überwiegen, sind die männlichen Befragten im Bereich der Netzwerkhilfe bzw. im kirchlichen oder religiösen Bereich freiwillig engagiert oder üben ehrenamtliche Tätigkeiten im Rahmen der Vereinsmitgliedschaft aus. In Bezug auf die Mitgliedschaften konnten bei den Befragten, welche in deutschen und/oder deutsch-italienischen Vereinen vertreten sind, Hinweise für eine erfolgte Sozialintegration in der Aufnahmegesellschaft gesammelt werden.

Beim Vergleich der Ergebnisse bezugnehmend auf die Bildungsbiografie der befragten MigrantInnen werden bei MigrantInnen mit höherer Schulbildung beispielsweise Unterschiede in der Komplexität gesellschaftlicher Partizipation erkennbar. Zudem weisen die Befragten mit höherer Schulbildung zwar ein relativ hohes Aktivitätsniveau in der hier vorgestellten Untersuchung auf, jedoch fallen auch MigrantInnen, welche über keinen bzw. einen einfachen Schulabschluss verfügen, durch ihre Aktivität in verschiedenen Bereichen auf. Die Ergebnisse der vorliegenden Untersuchung deuten somit auf den Einfluss eines Zusammenspiels verschiedener Faktoren auf die Aktivität und gesellschaftliche Teilhabe bei den befragten älteren MigrantInnen hin.

Mit den aktuellen Deutschkenntnissen der befragten älteren italienischen MigrantInnen wurde ein Aspekt untersucht, der in engem Zusammenhang mit der Sozialintegration in die Aufnahmegesellschaft steht (vgl. Esser 2001). Aus Expertensicht stellen mangelnde Sprachkenntnisse älterer MigrantInnen eine Barriere für die soziale Integration insbesondere auch im Alter dar. Bei den befragten älteren MigrantInnen lässt sich in Bezug auf die Sprachkenntnisse, welche diese als zufriedenstellend bis gut einschätzten, höchstens eine schwache Tendenz einer vermehrten Zugehörigkeit zur Aufnahme- oder Herkunftsgesellschaft aufzeigen. Diese Zugehörigkeit spiegelt sich zum Teil in den Bekanntschaften und Freundschaften der befragten MigrantInnen wider. Insgesamt kommt der Familie und dem sozialen Netzwerk eine wichtige Bedeutung im Rahmen der sozialen Teilhabe und Aktivität zu. Neben Ehepartner, Familie und Freunden stellen insbesondere für die alleinstehenden befragten älteren MigrantInnen außerfamiliäre Netzwerke wichtige Ressourcen für eine aktive soziale Teilhabe dar. So scheint beispielsweise ein im Alter fehlender Freundeskreis eine Barriere für eine geringe soziale Teilhabe darzustellen. Eine zudem vorhandene starke Rückkehrorientierung kann dabei als ein weiteres Hindernis für die Aufnahme von Bemühungen gedeutet werden, um der mittlerweile im Alter eingetretenen Einsamkeit entgegen zu wirken. Neben gesundheitlichen Problemen als Barriere der Ausübung früherer Aktivitäten fiel auf, dass die Befragten mehrmals auf ihr eigenes Älterwerden bzw. auf das Älterwerden im Allgemeinen im Zusammenhang mit der Nichtausübung von Aktivitäten verwiesen. Zudem deuten die Ergebnisse bei einem Teil der befragten älteren MigrantInnen auf ein stärker positiv geprägtes Bild des Alters in Verbindung mit Aktivität und Gestaltungsmöglichkeiten und bei einem Teil auf ein stärker negativ geprägtes Bild des Alters hin. Dabei konnte bei den MigrantInnen mit der Vorstellung eines aktiven Älterwerdens ein Zusammenhang zur tatsächlichen Aktivität erkennbar werden, wonach die Vermutung naheliegt, dass ein stärker negatives Altersbild eine Barriere für ein aktives Altern darstellt.

Aus einer potenzialorientierten Sichtweise kann im Hinblick auf ältere MigrantInnen auf Kompetenzen aufmerksam gemacht werden, welche diese in Auseinandersetzung mit den besonderen Herausforderungen der Migrationserfahrung entwickelt haben (vgl. Olbermann 2013). Aus Expertensicht zeichnen sich jene MigrantInnen auch im Alter durch Aktivität aus, welche aus ihrer Migrationssituation heraus eine Zielorientiertheit in Bezug auf die Lebensplanung im Aufnahmeland entwickelt haben. Zudem wird das Pendeln älterer MigrantInnen zwischen Herkunfts- und Aufnahmeland in der Migrationsforschung im Zusammenhang mit dem neu diskutierten Phänomen der Transmigration beschrieben. Dabei wird auf die Mobilitätspotenziale älterer MigrantInnen aufmerksam gemacht, welche zu einer aktiven Gestaltung des Alters beitragen können (vgl. Dietzel-Papakyriakou 2005: 396ff.).

Ein weiteres Potenzial aktiven Alterns kann bei den befragten älteren italienischen MigrantInnen im freiwilligen Engagement derselben gesehen werden. So gewinnen innerfamiliäre Hilfepotenziale in Form von Enkelbetreuung und Pflege des Ehepartners aber auch außerfamiliäre Unterstützungsleistungen und ehrenamtliche Tätigkeiten auch bei älteren MigrantInnen an Bedeutung.

In der Übernahme von Aufgaben und Verantwortung können wiederum Potenziale für Sinnfindung im Alter liegen. Vielfach findet sich ein Engagement älterer MigrantInnen dabei in ethnischen und kulturellen Bezügen (vgl. Halm/Sauer 2007). Auch bei den hier befragten älteren italienischen MigrantInnen konnten Formen des freiwilligen Engagements beispielsweise innerhalb der Italienischen Katholischen Mission oder in innerethnischen Netzwerken beobachtet werden. In der Fachdiskussion werden in Bezug auf innerethnische Netzwerke kontroverse Positionen vertreten, unter dem Blickwinkel eines aktiven Alterns kann jedoch das Potenzial derselben hervorgehoben werden.

3.2 Konsequenzen für die Praxis

Das Alter(n) der MigrantInnen erster Generation wirft auch in der pädagogischen Praxis viele offene Fragen auf. So werden in der Erwachsenenbildung insbesondere die kulturellen Unterschiede in der Bildungsarbeit mit Älteren, unzureichende Kompetenzen des pädagogischen Personals im Umgang mit diesen sowie mangelndes Wissen beispielsweise in Bezug auf Altersbilder in unterschiedlichen Kulturen als besondere Herausforderung wahrgenommen. In diesem Zusammenhang könnten Untersuchungen im Rahmen der Weiterbildungsforschung zu spezifischen Bedürfnislagen, Lerninteressen oder Lernformen der älteren MigrantInnen als Hinweise für die Gestaltung zielgruppenorientierter Angebote dienlich sein. Eine zentrale Aufgabe besteht insbesondere darin, Formen zu finden, die älteren MigrantInnen zu erreichen, wobei das Zurückgreifen auf bereits bestehende Netzwerke älterer MigrantInnen eine mögliche Form des Zugangs darstellt. In einer verstärkten Kooperation von pädagogischen Einrichtungen der offenen Seniorenarbeit und Migrantenselbstorganisationen kann demnach eine Chance gesehen werden, ältere MigrantInnen zu erreichen und dadurch interkulturelle Kommunikation zu fördern. Eine verstärkte Vernetzung zwischen Verbänden, Selbstorganisationen und Kommunen kann als Aufgabe der interkulturellen Öffnung angestrebt werden. Zudem wird in der Förderung eines aktiven Alterns älterer MigrantInnen vor dem Hintergrund einer in der bisherigen Forschung noch verbreiteten defizitären Sichtweise mit Ansätzen zu begegnen sein, welche den Blick vermehrt auf Potenziale und Ressourcen der älteren MigrantInnen richten und diese im Sinne eines Empowerments zu stärken und auszubauen versuchen. Im Sinne des aktiven Alterns gilt es in der Arbeit mit älteren MigrantInnen ferner, den Kontakt und die Kommunikation zwischen den Generationen zu fördern. Im Rahmen einer professionellen Integrationsarbeit sind interkulturelle Kompetenzen des Personals unumgänglich. Dementsprechend zeichnet sich ein Professionalisierungsbedarf ab, der mit einer verstärkten Auseinandersetzung mit dem Thema Alter und Migration durch die beruflichen Rollenträger in den pädagogischen Praxisfeldern einhergeht. In diesem Zusammenhang kann auch unter dem Blickwinkel einer besseren Erreichbarkeit der älteren MigrantInnen im verstärkten Einsatz von Mitarbeitern mit eigenem Migrationshintergrund in der (Bildungs-)Arbeit bzw. der (sozial-)pädagogischen Arbeit mit älteren MigrantInnen und somit durch die Bildung interkultureller Teams ein Ansatz liegen, den genannten Herausforderungen zu begegnen. Für die Planung und Organisation von Bildungsprozessen der differenzierten sozialen Gruppen Älterer ist die Gestaltung der Lernorte von besonderer Bedeutung.

4 Lernorte

Grundsätzlich lässt sich institutionell organisiertes, selbstorganisiertes und intermediales Lernen unterscheiden. Das institutionell organisierte Lernen findet vorwiegend in Volkhochschulen, in der kirchlichen Bildung, aber auch in der betrieblichen Weiterbildung für die unter 65-Jährigen statt. Die wissenschaftliche Weiterbildung hat dem gegenüber noch einen eher geringen Stellenwert. Implizite Lernorte, in denen das Lernen informell und selbst organisiert wird, sind insbesondere der Arbeitsplatz, implizites Lernen findet aber auch bei der Auseinandersetzung mit den Medien, in den Gesprächen mit den peers und im Familienkreis statt, aber auch die Besuche von Theatern und Museen sowie von Bibliotheken gehören zu den impliziten und eher informellen Formen des Lernens. Zu den intermedialen Lernorten, in denen einerseits eine hohe aktive Teilnahmebereitschaft gefordert ist, in denen andererseits aber auch Lernen in vielfältiger Weise herausgefordert wird, zählen die Vereine, die Verbände und das bürgerschaftliche Engagement.

Insbesondere im institutionellen Bereich der Bildung und der Weiterbildung ist es äußerst bedeutsam, eine nachfrageorientierte Bildungsgestaltung anzustreben und von einer rein angebotsorientierten Form der Bildungsgestaltung Abstand zu nehmen. Es sollte gelingen an das Vorwissen von sich Bildenden, das milieu- und altersorientiert ist, adäquat anzuknüpfen, denn Weiterbildung ist immer Anschlusslernen. Dabei sind die Erwartungen an eine Weiterbildung vor allem durch den Wunsch geprägt sind, einen verständnisvollen Dozenten zu haben. Der Dozent muss inhaltsfokussiert und von hoher Kompetenz im Bereich der Wissensdomänen sein. Zu einem überraschend hohen Anteil will man sich mit Jüngeren in den Veranstaltungen der eigenen Weiterbildung austauschen, bedeutungsvoll ist aber auch ein angemessenes Lerntempo, während Kriterien wie zum Beispiel ein schöner, moderner Kursraum nur eine geringere Bedeutung haben. Mit **139** zunehmendem Alter werden kaum noch Erwartungen an ein Abschluss-zeugnis oder an ein Zertifikat an eine Weiterbildung gerichtet – ganz anders als es die noch Erwerbstätigen unter 65 Jahren für sich definieren.

Neben dem formellen Lernen, in dem sich diese Erwartungen nachweisen lassen, wird auch durch den Besuch von Museen, Galerien oder durch Reisen sowie die ehrenamtliche Tätigkeit oder die tägliche Zeitschriften- oder Buchlektüre im Alter sehr viel gelernt. Das Internet spielt bei den jüngeren Älteren bereits eine große Rolle, während nur 10 Prozent der 65- bis 80-Jährigen regelmäßig im privaten Bereich das Internet nutzen.

5   CILL – Competences in Later Life

Wenn man sich aktuell über das Lernen im Alter verständigt, ist darauf hinzuweisen, dass sich derzeit zwei interessante quantitative Studien in der Auswertung befinden: Die PIAAC-Studie (16- bis 65-Jährige) und die CILL-Studie (66- bis 80-Jährige) thematisieren jeweils die Lese- und Rechenkompetenzen sowie die informationstechnologisch basierten Problemlösekompetenzen einer repräsentativen Gruppe von Menschen in den jeweiligen Altersgruppen. Die Studien wollen intensivere und genauere Informationen zum Bildungsverhalten und insbesondere zum Kompetenzerwerb auch im höheren Alter herausarbeiten.

Abb. 9:   **Ziele der CILL-Studie**

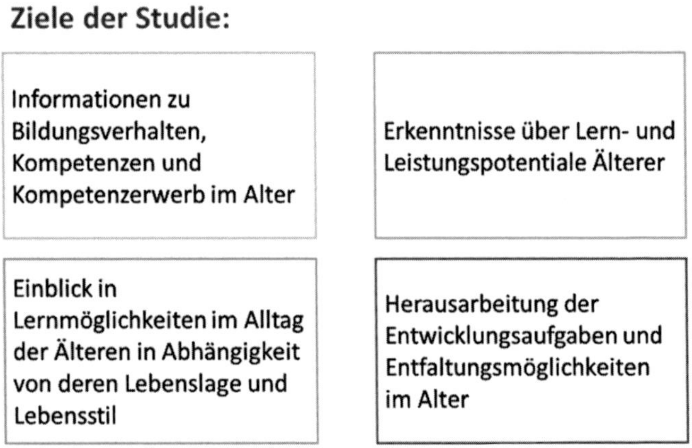

Ziele der Studie:

Informationen zu Bildungsverhalten, Kompetenzen und Kompetenzerwerb im Alter	Erkenntnisse über Lern- und Leistungspotentiale Älterer
Einblick in Lernmöglichkeiten im Alltag der Älteren in Abhängigkeit von deren Lebenslage und Lebensstil	Herausarbeitung der Entwicklungsaufgaben und Entfaltungsmöglichkeiten im Alter

Dabei wird davon ausgegangen, dass die Lebenslage und der Lebensstil einen erheblichen Einfluss auch auf die Leistungspotenziale und den Kompetenzerwerb im Alter haben. Grundsätzlich bestehen die Vorannahmen, dass Entfaltungsmöglichkeiten im Alter bestehen und dass auch im Bereich konkreter Kompetenzen erhebliche Entwicklungsmöglichkeiten auch im höheren Alter gegeben sind. Es ist allerdings darauf hinzuweisen, dass – wie auch in den PISA-Studien – in den PIAAC- und CILL-Studien die Kompetenzmessung und der basale Sprach- und Rechenkompetenzerwerb nicht mit „Bildung" gleichzusetzen ist: Bildung reguliert die „Begegnung mit der Welt" und basiert auf der komplexen Auseinandersetzung mit Wissensbereichen: die Probleme konstitutiver Rationalität, wie sie zum Beispiel in der Religion und Philosophie erkennbar werden, die ästhetisch-expressive Begegnung und Gestaltung der Umwelt, die durch Sprache, Literatur, Musik, Kunst und auch physische Expression zum Ausdruck gebracht werden kann, die kognitiv-instrumentelle Modulierung der Welt durch mathematische und naturwissenschaftliche Kenntnisse sowie auch die normativ-evaluativen Formen der Auseinandersetzung mit Wirtschaft und Gesellschaft, wie sie beispielsweise in den Domänen der Geschichte, der Ökonomie, der Politik, der Gesellschaftslehre und des Rechts gegeben sind. Diese Bereiche der Weltbegegnung sind Basis für ein kanonisches Orientierungswissen, das auch im Alter von allergrößter Bedeutung ist: Dennoch sind die basalen Sprach-, Rechen- und Selbstregulationskompetenzen in unserem Kulturkreis sicher die Voraussetzungen dafür, sich mit diesen Formen der Bildung und Bildungsinhalte verstehend auseinander zu setzen.

6 Fazit

Es kann hervorgehoben werden, dass es zwar bedeutungsvoll ist, wie die bildungsökonomische Perspektive uns derzeit lehrt, dass die Erträge von Bildungsinvestitionen umso höher sind, je früher diese im Lebenslauf einsetzen, dass aber auch, und darauf gilt es vor allem in der Alternspädagogik und der Gerontologie immer wieder hinzuweisen, darauf ankommt, durch die Erhöhung der Bildungsinvestitionen in der Weiterbildung im Alter Möglichkeiten der Prävention und der Partizipation zu erschließen. Diese Bildungsinvestitionen im Alter können hohe Erträge bringen, wenngleich es derzeit sehr bedeutsam wäre, entsprechende empirische Beweise durch Längsschnittstudien noch deutlicher zum Ausdruck zu bringen. In englischen Studien von Bynner, Schuller und Feinstein (vgl. 2003: 341ff.) konnte immerhin aufgezeigt werden, dass Bildungsprozesse über die Lebensspanne einer Lernentwöhnung vorbeugen, dass ein gesundheitsbewusstes Verhalten gefördert wird, dass sich durch Bildung das Wohlbefinden in späteren Jahren generell erhöht, dass sich die politische Partizipation und das bürgerschaftliche Engagement steigern und intensivieren und dass generell **141** die individuelle Unabhängigkeit und Selbstständigkeit im Lebensverlauf durch Bildung lange erhalten bleiben. Andere Autoren gehen auch davon aus, dass Bildung und Weiterbildung nicht nur die Gesundheit fördern, sondern auch das Mortalitätsrisiko im Alter senken können (vgl. Amaducci u.a. 1998: 484ff.). Es lässt sich also sagen, dass Bildung und Lernen insofern ein konstruktives Altern unterstützen.

Bildung und Weiterbildung wirken sich günstig auf den sozialen Status aus und beeinflussen auch ein individuelles und gesellschaftliches Altersbild positiv. Lernen und Bildung stärken also Kompetenzen, die Selbstorganisationsfähigkeiten des Individuums und haben eine sehr hohe Bedeutung bei der Verarbeitung kritischer Lebensereignisse (vgl. Becker 1998: 133ff.; Lehr u.a. 1994; Baltes 1996: 29ff.).

Literatur

Amaducci, Luigi / Maggi, Stefania / Langlois, Jean / Minicuci, Nadia / Baldereschi, Marzia / Di Carlo, Antonio / Grigoletto, Francesco: Education and the Risk of Physical Disability and Mortality Among Men and Women Aged 65 to 84: The Italian Longitudinal Study on Aging. In: Journal of Gerontology, (1998) 53A(6); M484-M490.

Baltes, Paul B.: Über die Zukunft des Alterns: Hoffnung mit Trauerflor. In: Baltes, Margaret M./ Montada, Leo (Hg.): Produktives Leben im Alter. Frankfurt/Main 1996: 29-68

Baykara-Krumme, Helen / Motel-Klingenbiel, Andreas / Schimany, Peter: Viele Welten des Alterns? In: Baykara-Krumme, Helen / Motel-Klingenbiel, Andreas / Schimany, Peter (Hg.): Viele Welten des Alterns. Ältere Migranten im alternden Deutschland. Wiesbaden 2012: 11-42

Becker, Ralf: Bildung und Lebenserwartung in Deutschland. Eine empirische Längsschnittuntersuchung aus der Lebenslaufperspektive. In: Zeitschrift für Soziologie, 27(2), 1998: 133-150.

Bundesministerium für Bildung und Forschung (BMBF) (Hg.): Weiterbildungsverhalten in Deutschland. AES 2012 Trendbericht. Bielefeld 2013 http://www.bmbf.de/pub/trendbericht_weiterbildungsverhalten_2012.pdf [23.08.2013]

Bundesministerium für Familie, Senioren Frauen und Jugend (BMFSFJ) (Hg.): Hauptbericht des Freiwilligensurveys 2009. Zivilgesellschaft, soziales Kapital und freiwilliges Engagement in Deutschland 1999 – 2004 – 2009. Berlin 2010 http://www.bmfsfj.de/RedaktionBMFSFJ/Broschuerenstelle/Pdf-Anlagen/3._20Freiwilligensurvey-Hauptbericht,property=pdf,bereich=bmfsfj,sprache=de,rwb=true.pdf [23.08.2013].

Bynner, John / Schuller, Thomas / Feinstein, Leon: Wider benefits of education: skills, higher education and civic engagement. In: Zeitschrift für Pädagogik, 49(3), 2003: 341-361.

Dietzel-Papakyriakou, Maria: Potentiale älterer Migranten und Migrantinnen. In: Zeitschrift für Gerontologie und Geriatrie, 38(6), 2005: 396-406.

Dietzel-Papakyriakou, Maria: Ein Blick zurück nach vorn: Zwei Jahrzehnte Forschung zu älteren Migrantinnen und Migranten. In: Baykara-Krumme, Helen / Motel-Klingenbiel, Andreas / Schimany, Peter (Hg.): Viele Welten des Alterns. Ältere Migranten im alternden Deutschland. Wiesbaden 2012: 437–447

Eppe, Claus: Aktives Altern älterer Menschen mit Zuwanderungsgeschichte – Das Projekt "Active Ageing of Migrant Elders Across Europe" (AAMEE). In: Heinrich-Böll-Stiftung (Hg.): Altern in der Migrationsgesellschaft. DOSSIER. Berlin 2012: 67–72; http://www.migration-boell.de/downloads/integration/DOSSIER_Altern_in_der_Migrationsgesellschaft.pdf [25.08.2013]

Esser, Hartmut: Integration und ethnische Schichtung (Arbeitspapier 40). Mannheim 2001

Frick, Joachim R. / Grabka, Markus M. / Groh-Samberg, Olaf / Hertel, Florian R. / Tucci, Ingrid: Alterssicherung von Personen mit Migrationshintergrund. Forschungsstudie. Berlin 2009; http://www.bmas.de/SharedDocs/Downloads/DE/PDF-Publikationen/forschungsbericht-f398.pdf?__blob=publicationFile [25.8.2013].

Halm, Dirk / Sauer, Martina: Bürgerschaftliches Engagement von Türkinnen und Türken in Deutschland. Wiesbaden 2007

Kaiser, Claudia / Lehr, Ursula: Aktives Altern und Solidarität zwischen den Generationen – eine Einführung. Informationsdienst Altersfragen, 39(1), 2012: 14-20.

Kruse, Andreas: Bildung im Alter. In: Tippelt, Rudolf / v. Hippel, Aiga (Hg.): Handbuch Erwachsenenbildung/Weiterbildung (5. Aufl.). Wiesbaden 2011, S. 827-840

Legni, Carmen (2013). Alter und Migration: Barrieren und Potenziale für ein aktives Altern am Beispiel italienischer Migranten der ersten Generation. Unveröffentlichte Masterarbeit. LMU München.

Lehr, Ursula/ Repgen, Konrad & Becher, Berthold: Älterwerden. Chance für Mensch und Gesellschaft. München 1994

Naegele, Gerhard / Olbermann, Elke: Ältere Ausländer – Ihre Lebensbedingungen und Zukunftsperspektiven im Prozess des demographischen Wandels. In: Eckart, Karl/ Grundmann, Siegfried (Hg.): Demographischer Wandel in der europäischen Dimension und Perspektive. Berlin 1997: 71–81

Olbermann, Elke: Aktiv Altern unter Migrationsbedingungen: Restriktionen und Chancen. In: Bäcker, Gerhard / Heinze, Rolf G. (Hg.): Soziale Gerontologie in gesellschaftlicher Verantwortung. Wiesbaden 2013: 369–380

Schimany, Peter / Rühl, Stefan / Kohls, Martin: Ältere Migrantinnen und Migranten. Entwicklungen, Lebenslagen, Perspektiven. Nürnberg 2012 http://www.bamf.de/SharedDocs/Anlagen/DE/Publikationen/Forschungsberichte/fb18-aelteremigranten.pdf?__blob=publicationFile [25.8.2013]

Schmidt, Bernhard: Weiterbildung und informelles Lernen älterer Arbeitnehmer: Bildungsverhalten. Bildungsinteressen. Bildungsmotive. Wiesbaden 2009

Schmidt, Bernhard: Bildungsverhalten und Motive älterer Erwerbstätiger als Regulative der Weiterbildungsbeteiligung. In: Hof, Christiane / Ludwig, Joachim / Schäffer, Burkhard (Hg.): Erwachsenenbildung im demographischen und sozialen Wandel. Baltmannsweiler 2010: 134–143

Schmidt, Berhard / Schramm, Simone / Schnurr, Simone (2008). Sekundäranalyse der Daten der 15. Shell-Jugendstudie. München.

Schmidt, Bernhard / Theisen, Catarina: Lebensbedingungen, Lebensstile und Altersbilder älterer Erwachsener. Unveröffentlichte Expertise zum sechsten Altenbericht der Bundesregierung. München 2009

Statistisches Bundesamt: 12. koordinierte Bevölkerungsvorausberechnung. Wiesbaden 2009, https://www.destatis.de/bevoelkerungspyramide/ [21.08.2013].

Statistisches Bundesamt (Hg.): Bevölkerung und Erwerbstätigkeit. Ausländische Bevölkerung. Ergebnisse des Ausländerzentralregisters. Wiesbaden 2012; https://www.destatis.de/DE/Publikationen/Thematisch/Bevoelkerung/MigrationIntegration/AuslaendBevoelkerung2010200117004.pdf?__blob=publicationFile [25.8.2013].

Tesch-Römer, Clemens: Aktives Altern und Lebensqualität im Alter. Informationsdienst Altersfragen, 39 (1), 2012: 3-11.

Tietgens, Hans: Zum Vermittlungsprozess zwischen Alternsforschung und Erwachsenenbildung. In: Saup, Winfried / Tietgens, Hans (Hg.) u.a.: Bildung für ein konstruktives Altern. Frankfurt am Main 1992: 11–36

Tippelt, Rudolf / Schmidt, Bernhard / Schnurr, Simone / Sinner, Simone / Theisen, Catharina: Bildung Älterer. Chancen im demografischen Wandel. EdAge-Studie. Bielefeld 2009

Martina Wegner

Produktives Altern
Ältere Menschen als Reserve des neoliberalen Sozialstaats

ABSTRACT

Vor dem Hintergrund des demografischen Wandels und der Zunahme der Anzahl älterer Menschen wird auf verschiedenen politischen Ebenen zum einen versucht, ältere Menschen zu einem Engagement für die Gesellschaft zu motivieren. Zum anderen sollen Menschen aller Altersstufen aktiviert werden, um soziale Leistungen für die Gesellschaft – und besonders auch für ältere Menschen - zu erbringen. Der Artikel geht auf einzelne Fördermaßnahmen ein und diskutiert ihre Wirkung, gleichzeitig werden die Problematik einer starken Institutionalisierung des bürgerschaftlichen Engagements und die mangelnde Aushandlung einer geteilten Verantwortung thematisiert.

1 Der demografische Wandel und die Rolle der Zivilgesellschaft

1.1 Die Lebensbedingungen älterer Menschen als globales Thema

Der demografische Wandel findet weltweit statt und wurde bereits 1999 als große Herausforderung dieses Jahrtausends bezeichnet (HelpAge International 1999: 2):

> *„The rapid growth in the numbers of older people worldwide is creating an unprecedented global demographic revolution. [...] the proportion of the world's population over 60 years is increasing more rapidly than in any previous era. In 1950 there were about 200 million people over 60 throughout the world. By the year 2000, there will be about 550 million, and by 2025, the number of over-60s is expected to reach 1.2 billion.“*

Auch wenn die entwickelten Industriestaaten zurzeit bereits stärker von der Alterung der Gesellschaft betroffen sind, zeigen sich erste Anzeichen auch in Südamerika und Afrika. Mark Gorman geht davon aus (Gorman 2002: 782), dass trotz sehr unterschiedlicher Ausgangssituationen sich einige Erkenntnisse in entwickelten und Entwicklungsländern ähneln. Dazu gehört zum Beispiel die Einsicht, dass die Daseinsvorsorge für ältere Menschen nicht

145

vom Staat allein geleistet werden kann, sondern auch die Zivilgesellschaft auf den Plan ruft. Weltweit scheint auch der Paradigmenwechsel Konsens zu sein, der auch in Deutschland stattgefunden hat: Der ältere Mensch wird nicht mehr primär als bedürftig gesehen, sondern auch als Gestalter seines Umfeldes, für den gesellschaftliche Teilhabe ein wichtiger Baustein seiner Lebensqualität darstellt (vgl. zum Beispiel Zeman 2010). Der Einbezug oder die Stärkung der Zivilgesellschaft erscheint damit grundsätzlich als wichtiger Lösungsansatz.

Durch die breite globale Diskussion des demografischen Wandels ist das Thema „ältere Menschen" auch in die politischen Strategien eingegangen. So haben die Vereinten Nationen 1991 die Resolution 46/91 verabschiedet, in der gefordert wird, dass ältere Menschen Zugang zu Arbeit haben und selbst entscheiden können sollten, wann sie aus dem Erwerbsleben ausscheiden. Aber auch Partizipation ist ein fester Bestandteil dieser Grundsätze. Neben der politische Beteiligung an Entscheidungen, die ältere Menschen direkt betreffen, wird unter Punkt 8 gefordert: „Ältere Menschen sollen Möglichkeiten einer gemeinnützigen Tätigkeit erkunden und nutzen können und ehrenamtlich in Positionen tätig sein können, die ihren Interessen und Fähigkeiten entsprechen" (VN, Resolution 46/91). Die Mitgliedsstaaten wurden aufgefordert, diese Punkte in ihren nationalen Strategien entsprechend zu berücksichtigen.

Der genannte Paradigmenwechsel ist dabei Auslöser für ein Nachdenken über die Wahrnehmung von Alter in der Gesellschaft. Wenn ältere Menschen zu aktiven Mitgestaltern werden sollen, muss die Gesellschaft ihnen auch die Möglichkeit dazu geben. Dass sich dahinter in erster Linie eine kulturelle Fragestellung verbirgt, zeigt die Definition von Alter der *World Health Organization* (WHO), die Mark Gorman im *The Ageing and Development Report* zitiert:

> *„The ageing process is of course a biological reality which has its own dynamic, largely beyond human control. However, it is also subject to the constructions by which each society makes sense of old age. In the developed world, chronological time plays a paramount role. The age of 60 or 65, roughly equivalent to retirement ages in most developed countries is said to be the beginning of old age. In many parts of the developing world, chronological time has little or no importance in the meaning of old age. Other socially constructed meanings of age are more significant such as the roles assigned to older people; in some cases it is the loss of roles accompanying physical decline which is significant in defining old age. Thus, in contrast to the chronological milestones which mark life stages in the developed world, old age in many developing countries is seen to begin at the point when active contribution is no longer possible" (WHO, Definition of an older or elderly person).*

Ähnliche Betrachtungen stellt zum Beispiel auch die von Andreas Kruse für die Robert-Bosch-Stiftung erstellte Studie „Altersbilder in anderen Kulturen" an. Es scheint, dass sich auch in den entwickelten Ländern zunehmend die Frage nach der Möglichkeit eines Beitrags Älterer zur Gesellschaft stellt – jenseits des Erwerbslebens.

1.2 Politische Initiativen und zivilgesellschaftliche Reaktion in Deutschland

Vor diesem Hintergrund finden auch in Deutschland auf politischer Ebene, aber auch in der Zivilgesellschaft Überlegungen statt, wie ältere Menschen aktiviert werden können, um den Herausforderungen des demografischen Wandels besser begegnen zu können. Eine Verbindung zwischen dem möglichen Beitrag älterer Menschen zur Gesellschaft und dem Altersbild wurde gesehen. In diesem Zusammenhang entstand auch der Sechste Altenbericht der Bundesregierung, der sich intensiv mit dem Thema „Altersbilder" auseinander gesetzt hat (vgl. BMFSFJ 2010). Entsprechende Programme zur Aktivierung älterer Menschen wurden seitens der Regierung aufgelegt. So sieht die Initiative des BMFSFJ „Alter schafft Neues", die auch für ein „neues Bild des Alters" (vgl. BMFSFJ 2008, S. 6) wirbt, ihre Aufgabe wie folgt:

> *„Ein neues Denken ist gefragt, das das Alter als Chance begreift und das Alter in seiner Vielfalt wahrnimmt. Egal ob in der Gesellschaft, in der Politik, in der Wirtschaft oder in der Arbeitswelt: Nur mit einem realistischen Altersbild kann es gelingen, ältere Menschen aktiv einzubeziehen, ihre Potenziale zu nutzen und ihnen die Wertschätzung für ihre Kompetenzen und Erfahrung zu geben, die sie verdienen. Aufgabe der Politik ist es, die Rahmenbedingungen für diesen Bewusstseinswandel hin zu einem realistischen und zeitgemäßen Altersbild zu gestalten".*

Aber auch Stiftungen als zivilgesellschaftliche Organisationen nehmen sich in den letzten Jahren in Deutschlands des Themas „Ältere Menschen" an und arbeiten dabei intensiv mit der Bundesregierung zusammen. Beispiel sind der Generali Zukunftsfonds, der sich explizit des Themas annimmt und einerseits Forschung in Kooperation durchführt (verschiedene Ausgaben eines Monitors zu Altersthemen und die Generali Altersstudie); die Robert-Bosch-Stiftung, die neben der Vergabe von Studien und der Finanzierung auch den Deutschen Alterspreis verleiht; und die Körber-Stiftung, die neben anderen Aktivitäten in Hamburg-Bergedorf das Haus im Park mit innovativen Ideen für ältere Menschen unterhält.

In all diesen Aktivitäten zeigt sich, dass die Teilhabe älterer Menschen und deren Aktivierung wichtige Faktoren darstellen und angemessene Altersbilder erfordern. Mit einem neuen Altersbild eng verbunden ist auch der Beitrag der älteren Menschen für die Gesellschaft. In diesem Zusammenhang stellt die Förderung des bürgerschaftlichen Engagements einen wichtigen Bereich dar. Im folgenden Text soll untersucht werden, mit welchen Maßnahmen der Staat versucht, das Potenzial älterer Menschen zu heben und welche Folgen sich daraus ergeben könnten.

Die auf die Zivilgesellschaft bezogenen Programme der Initiative „Alter schafft Neues" „will eine breite soziale Bewegung für eine aktive Rolle des Alters in der Gesellschaft mobilisieren und die Lebensqualität der Menschen deutlich und nachhaltig verbessern" (BMFSFJ 2008: 10f.). Einige dieser Programme sollen als Beispiele herangezogen werden. Dabei geht es um die „Freiwilligendienste aller Generationen" und „Aktiv im Alter". Aus Gründen der Aktualität wurde auch der Bundesfreiwilligendienst hinzugezogen, der eine Ergänzung der Freiwilligendienste aller Generationen darstellen soll. Auch auf das Vorläuferprojekt „Erfahrungswissen durch Initiativen" wird hingewiesen. Das Thema „Wirtschaftsfaktor Alter" soll hier aufgrund seines geringeren Bezugs zur Zivilgesellschaft unberücksichtigt bleiben. Daran anschließend werden kurz am Beispiel Bayern die Maßnahmen auf regionaler Ebene dargestellt. Von den staatlichen Maßnahmen soll dann die Brücke zurück zur Lebenssituation älterer Menschen geschlagen werden. Mit einem Blick auf Großbritannien wird abschließend ein erstes Fazit zu neoliberalen Ansätzen gezogen. Zunächst soll jedoch dargestellt werden, in wie weit ältere Menschen bereit sind, sich für die Gesellschaft zu engagieren.

2 Daten zum Engagement älterer Menschen in Deutschland

Die Bundesregierung lässt seit 1999 alle fünf Jahre erheben, wie viele Menschen sich in Deutschland bürgerschaftlich engagieren (vgl. dazu und zu den im Folgenden zitierten Zahlen Gensicke 2010). Es zeigt sich, dass die Engagementquote insgesamt, das heißt über alle Altersstufen und Engagementbereiche hinweg, stabil bleibt, und rund ein Drittel aller Deutschen freiwillig und unentgeltlich für die Gemeinschaft tätig wird. Mit Blick auf ältere Menschen ist nun besonders bemerkenswert, dass in der Dekade zwischen 1999 und 2009 ein großer Anstieg bei den bürgerschaftliche Engagierten in allen Altersklassen über 60 zu verzeichnen ist: Die Engagementquote der Personen zwischen 60 und 64 Jahren stieg von 32 auf 36 Prozent; in der Altersgruppe zwischen 65 und 69 Jahren von 29 auf 37 Prozent – damit der höchste Anstieg –, bei den 70- bis 74-Jährigen stieg die Engagementquote von 24 auf 30 Prozent; und bei den über 75-Jährigen war immerhin noch ein Anstieg von 17 auf 20 Prozent zu beobachten. Betrachtet man die Engagementquote älterer Menschen nach Geschlecht, so zeigt sich, dass die Beteiligung im Engagement von Frauen weniger stark ist als bei den Männern, was aber auch bei der Engagementquote über alle Altersgruppen hinweg der Fall ist. Bei den Engagementbereichen zeigt sich, dass bürgerschaftlich Engagierte über 65 im sozialen Bereich überproportional vertreten sind. Diese Zahlen bestätigt auch der ZiviZ-Survey von 2012, der in seinen Ergebnissen darstellt, dass ältere Menschen zu 32 Prozent in „Sozialen Diensten" engagiert sind (vgl. Krimmer/Priemer 2013: 37). Mit einem Abstand folgen die Engagementbereiche „Lokales Bürgerengagement", „Gesundheitsbereich" und „Umwelt- und Tierschutz". Stark unterrepräsentiert sind die freiwillig Tätigen über 65 zum Beispiel bei Engagementbereichen, die sich auf junge Menschen beziehen, das heißt in der „Jugendarbeit/Bildung" und „Schule/Kindergarten". Dieses Muster des „Peer-Engagements" spiegelt sich jedoch auch bei jungen Menschen, die sich in erster Linie für Jüngere engagieren. Erst ab 46 Jahren steigt die Zahl derer, die sich für Ältere engagieren. Grundsätzlich lässt sich hier konstatieren, dass die generationenübergreifende Unterstützung noch nicht stark ausgeprägt ist und die Altersgruppen dazu neigen eher unter sich zu bleiben.

In der Politik, in der Wirtschaft und seitens vieler sozialer Organisationen versucht man junge Menschen für ein Engagement zu werben, indem man ihnen bessere Chancen auf eine Lehrstelle oder einen Studienplatz in Aussicht stellt, wenn sie ein soziales Engagement nachweisen können. Das gründet auf der Annahme, dass man sich in einer freiwilligen Tätigkeit einerseits fachliche Kompetenzen aneignen kann, andererseits aber in jedem Fall soziale Kompetenzen erwirbt. Vor diesem Hintergrund wird diese Art des informalen Lernens in Deutschland auch unter „Service Learning" gefördert (vgl. zum Beispiel Seifert et al. 2012). Wenn man nun im Falle älterer Menschen Qualifizierung als ein Motiv, um ehrenamtlich tätig zu werden, untersucht, zeigt sich, dass dieses Motiv zwar nicht so ausgeprägt ist wie bei jungen Menschen, aber dennoch von Bedeutung ist. In der Altersgruppe zwischen 55 und 64 Jahren stimmen 21 Prozent der Aussage voll und ganz zu, dass sie sich im Engagement Qualifikationen erwerben wollen, bei den über 65-Jährigen sind es immerhin noch 14 Prozent. Teilweise ist dies in der erstgenannten Altersgruppe bei 38 Prozent der Fall und bei den über 65-Jährigen noch bei 29 Prozent. Qualifikation spielt also eine Rolle – und damit die Frage der Weiterbildung im und für das Ehrenamt. Das spiegelt sich auch bei den Wünschen, die die Freiwilligen gegenüber den Organisationen haben, um ihr Engagement noch besser auszuüben zu können. Die über 65-Jährigen sprechen sich überdurchschnittlich oft für bessere Weiterbildungsmöglichkeiten und bessere fachliche Unterstützung aus.

Eine äußerst wichtige Zahl ergibt sich bei der Frage des Freiwilligensurvey nach der Bereitschaft, ein Engagement aufzunehmen. Damit soll neben der Engagementquote, also der Anzahl der tatsächlich ehrenamtlich Tätigen, erhoben werden, wie viele Menschen zusätzlich für ein Engagement geworben werden könnten, also potenziell bereit wären, sich zu engagieren. Im Falle der älteren Menschen ist – wie bei den anderen Altersgruppen auch – diese Zahl in der Dekade zwischen 1999 und 2009 stark angestiegen.

Die Engagementdaten zu älteren Menschen zeigen also, dass es eine wachsende Zahl gibt, die sich engagiert. Sie tun das überproportional häufig im sozialen Bereich und für ältere Menschen und sind bereit sich weiterbilden zu lassen, fordern dies sogar ein. Darüber hinaus zeigt sich, dass über die bestehenden bürgerschaftlich Engagierten hinaus, noch weitere Menschen bereit wären sich zu engagieren.

3 Initiativen des Bundes zur Aktivierung älterer Menschen

Nach der Enquête-Kommission „Bürgerschaftliches Engagement", die 2002 ihren Bericht und die entsprechenden Empfehlungen vorlegte und in Erwartung der Abschaffung der Wehrpflicht, durch die auch der Zivildienst wegfallen würde, entfaltete die Bundesregierung ihre Engagementpolitik. Durch sie sollte zum einen das Potenzial von Menschen gehoben werden, die bereit wären, sich zu engagieren, und gleichsam auch eine stärkere Verpflichtung der Freiwilligen durch ein Engagement mit Dienstcharakter erreicht werden. So flackerte als die Abschaffung der Wehrpflicht unmittelbar bevorstand, im Sommer 2010 durch Politiker der CDU nochmals die bereits 2001 begonnene Diskussion um einen sozialen Pflichtdienst für junge Menschen wieder auf. Überlegungen zur Verpflichtung von Menschen im Vorruhestand lagen nicht fern. Die nachfolgenden Programme, die im Rahmen der Engagementpolitik entwickelt wurden, richten sich zum Teil gezielt an ältere Menschen.

3.1 Erfahrungswissen für Initiativen (EFI)

Das Bundesprogramm "Erfahrungswissen für Initiativen" (EFI) wurde im Zeitraum zwischen 1999 und 2006 vom Bundesfamilienministerium gefördert. Mit dem so genannten EFI-Programm wollte man vor allem älteren Menschen sinnvolle Betätigungsmöglichkeiten eröffnen. Dieses Programm war daher spezifisch auf Seniorinnen und Senioren zugeschnitten, die zu Seniortrainern und Seniortrainerinnen ausgebildet wurden und mit ihren Erfahrungswissen und den neu erworbenen Fähigkeiten in Kommunen Projekte entwickeln oder entsprechende Gremien oder Netzwerke aufbauen sollten (zu den nachfolgenden Informationen vgl. die Evaluation des Instituts für sozialwissenschaftliche Analysen und Beratung GmbH [ISAB Institut]: Engels et al. 2007). Die Seniortrainerinnen und -trainer waren aufgefordert, sich diese

Projekte in den Kommunen selbst zu suchen und bürgerschaftliches Engagement zu fördern, indem sie freiwillige Mitstreiterinnen und Mitstreiter für ihre Projekte gewinnen. Im genannten Zeitraum von sieben Jahren wurden in Deutschland 942 Seniorinnen und Senioren zu SeniortrainerInnen qualifiziert. Sie sind in dieser neuen Rolle aktiv geworden und motiviert, Verantwortung in der und für die Gesellschaft zu übernehmen.

Ziele des Programms waren, die Wertigkeit des vielfältigen Erfahrungswissens älterer Menschen ins Bewusstsein zu rufen und damit die gesellschaftliche Anerkennung der Älteren zu erhöhen, dabei zugleich positive Generationenbeziehungen zu fördern und weitere Kompetenzen für das bürgerschaftliche Engagement zu erschließen. Schon damals war mit dieser Zielsetzung eng verbunden, dass sich auch das Bild vom Alter und vom älteren Menschen mit dieser neuen Form des Engagements verändern sollte.

Mit der „neuen Verantwortungsrolle" älterer Menschen, die das Programm anstrebt, ist also etwas anderes gemeint, als ein „traditionelles" Ehrenamt innerhalb eines Vereins oder Verbandes, welches über längere Zeit in einer bestimmten Rolle und mit vorgegebenen Aufgabenstellungen übernommen wird. Weil es darum ging, das eigene Erfahrungswissen fruchtbar zu machen, sollten die Freiwilligen ihr jeweiliges Engagement nach eigenen Vorstellungen konzipieren und umsetzen.

In den so genannten „neuen" Formen des Ehrenamts versuchen die Freiwilligen verstärkt, eine Orientierung am Gemeinwohl mit Möglichkeiten der Selbstentfaltung und Persönlichkeitsentwicklung zu verbinden. Das Engagement soll auch einen Platz in den eigenen „Lebensentwürfen" haben und mit biografischen Erfahrungen verbunden werden können. Es ging bei diesem Programm darum, das passende Tätigkeitsfeld zu finden und in Initiativen umzusetzen. Für die damalige Zeit war dieser kommunale Ansatz gut gedacht, da er versuchte, die Bedarfe in der Gesellschaft mit einer Selbstverwirklichung im Alter zusammen zu denken. Die Evaluation zeigt jedoch, dass diese Herausforderung für die Seniortrainerinnen und -trainer sehr hoch und teilweise auch zu groß war: Die Kommunen waren mit dem Begriff und dem Konzept eines neuen bürgerschaftlichen Engagements noch nicht vertraut, und so war die Aufgabe der Seniortrainerinnen und -trainer oft herausfordernd, da sie nicht nur neue Freiwillige für ihre Projekte finden, sondern auch noch die Kommunen und alle anderen Akteure von ihren Projekten überzeugen mussten. Bis heute ist dieser Anschluss an die Kommunen eine Herausforderung geblieben. Das Ziel für dieses kleine Programm, das in zehn Bundesländern und dort in 35 Kommunen durchgeführt wurde und mit sechs Millionen Euro gefördert wurde, war sehr weit gesteckt.

3.2 Die Generationsübergreifenden Freiwilligendienste / Freiwilligendienst aller Generationen

In einer dreijährigen Modellphase von 2005-2008 sollten die Jugendfreiwilligendienste Freiwilliges Soziales Jahr (FSJ) und Freiwilliges Ökologisches Jahr (FÖJ) durch einen Freiwilligendienst ergänzt werden, der sich an alle Altersgruppen in allen Lebensphasen wendet (vgl. dazu Wegner 2012: 154 ff.). In der ersten Programmphase handelt es sich um die „Generationsübergreifenden Freiwilligendienste", die nach 2008 als „Freiwilligendienst aller Generationen" weitergeführt wurde. Die Konzeption des Dienstes sah zunächst vor, dass die Zielgruppe „Ältere Menschen" besondere Beachtung finden sollte und bestimmte Aufgabenfelder wie Kinderbetreuung, Migration, Pflege, Betreuung von Menschen mit Behinderung etc. im Vordergrund standen. In erster Linie also Soziale Dienstleistungen, in denen ältere Menschen vorrangig tätig sind und in solchen Kommunen, deren finanzielle Ressourcen immer knapper werden bzw. der Bedarf immer weiter ansteigt.

Der Dienstcharakter wurde dadurch unterstrichen, dass gerade in der ersten Programmphase 20 Stunden pro Woche für eine Dauer von drei bis 24 Monaten geleistet werden sollten. Ein Novum war, dass entgegen der normalerweise postulierten Unentgeltlichkeit des Bürgerschaftlichen Engagements in Anlehnung an den Zivildienst und die Jugendfreiwilligendieste eine Vergütung für diesen Dienst von bis zu 350 Euro pro Monat gezahlt werden konnte, die das BMFSFJ finanzierte. Es zeigte sich, dass das bis dahin gepflegte Freiwilligenmanagement in den jeweiligen Organisationen durch diese Dienstform neuen Herausforderungen gegenüberstand. Die hohe Stundenzahl und die zeitintensive Vermittlung erforderte organisatorische und kulturelle Veränderungen, während die Monetarisierung zu strukturellen Problemen führte (vgl. Wegner 2008).

Die Evaluation zeigt, dass das Programm „Generationsübergreifende Freiwilligendienste" ältere Menschen erreichte: 23 Prozent der Teilnehmenden waren Rentnerinnen und Rentner. Bezogen auf das Alter der Freiwilligen hieß das, dass 20 Prozent zwischen 56 und 65 Jahren, zwölf Prozent zwischen 66 und 75 Jahren und zwei Prozent über 75 Jahre alt waren. Allerdings war die vorgegebene Dienstform nicht der Lebensrealität der älteren Menschen angepasst. Auch wenn die älteren Menschen ihre Freude am Freiwilligendienst zum Ausdruck brachten und das Ziel, andere Menschen zu treffen und Kompetenzen einzubringen zu können, erfüllt wurde, leisteten die Freiwilligen doch lieber einen kürzeren Dienst. Die große Mehrheit (59 Prozent) wollte sich nur bis zu zehn Stunden pro Woche engagieren, um auch für andere Dinge Zeit zu haben (vgl. ebd.).

Zudem fanden sie in den Einrichtungen nicht immer die Anerkennung, die sie sich erwarteten: Ältere Menschen wurden weniger in die Entscheidung der Träger einbezogen als andere Alterskohorten oder Zielgruppen. Auch die Stärken und Schwächen der Seniorinnen und Senioren wurden widersprüchlich wahrgenommen, nicht immer war das Engagement der Älteren willkommen und damit unterschied sich die Wertschätzung des Engagements älterer Menschen von dem jüngerer (vgl. ebd.). Das mag daran liegen, dass den älteren Menschen Tätigkeiten zugeordnet wurden, die ihrer Lebenserfahrung oder ihrer Persönlichkeit nicht entsprechen und vermutlich auch zu wenig Gestaltungsspielraum ließen (Wegner 2008). Die finanzielle Entschädigung war zum damaligen Zeitpunkt für die „jüngeren Älteren" weniger wichtig: 31 Prozent der 56- bis 65-Jährigen und 22 Prozent der 66- bis 75-Jährigen erhielten eine finanzielle Entschädigung, wobei auch die Höhe der Vergütung mit dem Alter der Freiwilligen abnahm. Entscheidend ist auch das Urteil aus Trägersicht: Während 42 Prozent der Einrichtungen verstärkt versuchen wollten, ältere Menschen für einen Dienst zu gewinnen, lehnen 27 Prozent das klar ab, da diese offensichtlich nicht die erforderlichen Fähigkeiten mitbringen. In den Begründungen für die Ablehnung zeigt sich (vgl. Wegner 2008), dass hier starke Leistungskriterien eine Rolle spielen: Die Arbeit (sic!) sei zu stressig, das Tempo in der Einrichtung sei zu hoch, der Output (sic!) sei geringer als bei den Jüngeren, die Kenntnisse und die Bereitschaft zur Fortbildung reichen nicht aus. Hier zeigt sich eine Bewertung, wie man sie bei Arbeitnehmerinnen und Arbeitnehmern anlegen würde und gleichzeitig die Problematik, die in dieser Form der Rekrutierung von älteren Freiwilligen für einen Dienst mit vorgegebenen inhaltlichen und organisatorischen Strukturen liegen kann.

Bei dem Nachfolgedienst wurde hinsichtlich der zeitlichen Verbindlichkeit nachgebessert. Grundsätzlich wurde auch die Qualifizierung als wichtiger Aspekt des Dienstes vom Bundesfamilienministerium weiter gefördert. Die Anzahl der im Freiwilligendienst aller Generationen tätigen Seniorinnen und Senioren hat sich seither weiter erhöht (vgl. Zentrum für zivilgesellschaftliche Entwicklung 2012).

3.3 „Aktiv im Alter" – Beteiligung als Engagementförderung

Während der Freiwilligendienst aller Generationen noch auf Bundesebene lief, wurde im BMFSFJ ein neues Programm erarbeitet, das seinen Fokus auf die kommunale Ebene richtete und damit in gewisser Weise einen Relaunch oder eine Weiterentwicklung des EFI-Programms darstellte. Das Programm zeichnete aus, dass zunächst unter Federführung der Bundesarbeitsgemeinschaft der Senioren-Organisationen (BAGSO) ein Memorandum mit dem **153**

Titel „Mitgestalten und Mitentscheiden - Ältere Menschen in Kommunen" erarbeitet wurde. Dieses sollte „Grundsätze und Leitlinien für die gemeinsame Arbeit enthalten und die Länder, Kommunen und Verbände dazu aufrufen, sich begleitend, unterstützend und mit eigenen Vorhaben in den Prozess der Politik für ein aktives Alter einzubringen" (http://www.bmfsfj.de/BMFSFJ/aeltere-menschen,did=103700.html, Zugriff 10.11.2013). Das Konzept des Programms „Aktiv im Alter" sah vor (vgl. ebd.), dass die Kommunen, die sich für das Programm beworben haben, EUR 10.000 erhalten, um vor Ort seniorenpolitische Maßnahmen umzusetzen. Die Kommunen waren in der Gestaltung ihrer Projekte frei, allerdings war Bedingung, dass der Bürgermeister den Projektantrag, der auch von Bürgerinnen und Bürgern bzw. Einrichtungen gestellt werden konnte, unterschreiben sollte, um eine verbindliche Unterstützung seitens der Kommune zu gewährleisten.

Darüber hinaus sollten mit dem Projekt partizipative Prozesse angeregt werden: So sollten am Anfang des Projekts eine Bedarfsermittlung durchgeführt werden, um vor Ort zu erkennen, was ältere Menschen benötigen. Dies konnte entweder durch eine Befragung, eine Begehung oder die zur Verfügung gestellte Wünschebox geschehen. Danach sollten Bürgerforen abgehalten werden, die die Bürgerinnen und Bürger versammeln, um auf der Basis der Bedarfe Projekte zu entwickeln. Im Zeitraum 2008 bis 2010 wurden 150 Kommunen vom Bundesfamilienministerium gefördert, weitere 25 erhielten eine Förderung des Generali Zukunftsfonds im Rahmen des Projekts „Aktiv im Alter".

Es scheint, dass mit diesem Konzept versucht wurde, das Problem der Anbindung der Seniorentrainerinnen und -trainer zu heilen und die Kommune durch das Programm stärker zugänglich zu machen und zu beteiligen. Und auch der Zugang zu potenziellen Engagierten sollte durch die Bürgerforen erleichtert werden. Die Evaluation des Projekts zeigt, dass dieser Plan aufging und vor Ort neue Strukturen und Netzwerke entstanden sind (vgl. Marzluff/Klie 2010). Die einzelnen Projekte erwiesen sich immer dann als besonders wirksam, wenn die älteren Menschen schon in der Planungsphase in die Projekt einzogen waren (BMFSFJ 2011: 6ff.).

3.4 Der Bundesfreiwilligendienst (BFD) als Nachfolger des Zivildienstes

Nach der Abschaffung der Wehrpflicht wurde am 1.7.2011 der Bundesfreiwilligendienst eingeführt, der potenziellen Freiwilligen Engagementbereiche und -möglichkeiten eröffnen soll. Der Bundesfreiwilligendienst bringt damit die Strukturen des Zivildienstes mit, soll sich aber an die Logik von FSJ/FÖJ anlehnen, in denen zum Beispiel pädagogische Elemente fest verankert sind. Der Dienst umfasst sechs bis 24 Monate und umfasst mindestens

20 Wochenstunden; ein Taschengeld kann bezahlt werden. Die Strukturen entsprechen damit stark der Ausgangssituation des Generationsübergreifenden Freiwilligendienstes. Dass sich in der Umwidmung des Zivildienstes zu einem Freiwilligendienst Schwierigkeiten ergeben müssen, ist klar, wenn man bedenkt, dass zum großen Teil die Stellen der früheren Zivildienstleistenden jetzt die Engagementplätze darstellen (vgl. CSI 2012). Der Bundesfreiwilligendienst und die Jugendfreiwilligendienste werden jetzt gemeinsam als wichtige Bausteine der Engagementförderung des Bundes geführt und auch gemeinsam evaluiert. Eine entsprechende Studie ist für Mitte November 2013 angekündigt (www.bundes-freiwilligendienst.de).

Die ersten Ergebnisse der Evaluation sind mit Blick auf ältere Menschen nicht leicht zu deuten, da die Ergebnisse teilweise nur Zahlen für Personen unter bzw. über 27 Jahren ausweisen oder aber die Alterskategorien „unter 18", „18-26", „27-65" und „über 65 Jahre". Über 65 sind nur zwei Prozent derer, die einen Bundesfreiwilligendienst leisten (CSI 2012: 7). Bei der geografischen Verteilung zeigt sich deutlich, dass die Freiwilligen des BFD in Ostdeutschland wesentlich häufiger in die Kategorie der über 27-Jährigen fallen. Die Studie macht dafür einerseits intensive Kommunikation, aber auch die Arbeitsmarktlage in den ostdeutschen Bundesländern verantwortlich. Hinsichtlich der Zielgruppen wird in der Evaluation angemerkt, dass der BFD nur für bestimmte Zielgruppen geeignet ist. Dazu würden mit Blick auf ältere Menschen diejenigen gehören, die zum einen „ihren Lebensunterhalt durch Rentenbezüge oder Pensionsansprüche gesichert haben" und zum anderen diejenigen, „die durch den Dienst eine Statusverbesserung erreichen, beispielsweise als anrechnungsfreies Taschengeld zu Hartz IV-Bezügen oder als Aufstockung zu geringen Rentenbezügen" (CSI 2012: 12).

Die BAGSO kritisiert in einer Pressemitteilung vom 5.7.2011 (vgl. BBE, Bundesfreiwilligendienste), dass die Rahmenbedingungen des Bundesfreiwilligendienstes nicht an die Bedarfe älterer Menschen angepasst sein. Die geforderten 20 Stunden in der Woche seien nicht immer auf ältere Menschen zugeschnitten und die Eignung der Zivildienststellen für ältere Menschen müsse überprüft werden. Auch sei unklar, wie es mit der Fortbildung und Begleitung der Tätigkeiten für ältere Menschen bestellt sei. Es scheint in der Tat, dass man die Ergebnisse der Evaluation des Generationsübergreifenden Freiwilligendienstes nicht berücksichtigt hat.

3.5 Bayern als Beispiel der Förderung von Engagement von und für Senioren auf regionaler Ebene

Auch auf der regionalen Ebene wird das bürgerschaftliche Engagement von älteren Menschen aktiv in Programme und Leitfäden übernommen. So **155** sind in Bayern die Kommunen aufgerufen, ein seniorenpolitisches Gesamt-konzept zu erstellen, die Politik für Ältere als Querschnittsaufgabe zu ver-ankern, um die Lebensbedingungen für ältere Menschen zu verbessern. Es wurden dabei elf Handlungsfelder ausgewiesen, zu denen Wohnen zu Hause, die Unterstützung pflegender Angehöriger, Hospiz- und Palliativver-sorgung, aber auch das Bürgerschaftliche Engagement von und für Senio-ren und Seniorinnen gehören. Der Leitfaden verweist auf die Notwendigkeit der strukturellen Verankerung des Engagements und eines professionellen Freiwilligenmanagements: Die Koordination und Betreuung der Freiwilli-gen durch Hauptamtliche und die Pflege des Engagements durch Schulun-gen und Anerkennung (StMAS 2010:59).

Das unter 3.1 vorgestellte Bundesprogramm der Seniorentrainerinnen und -trainer erfährt auch auf Landesebene eine Fortsetzung: „Erfahrungs-wissen für Initiativen" (EFI) wird nach Auslaufen des Programms auf Bun-desebene in sieben Städten (StMAS 2010) Bayerns angeboten und schult ältere Menschen für ein Engagement in der Kommune.

Im Bereich Pflege sind in Bayern zudem „Niedrigschwellige Betreuungs-angebote" entstanden, die bürgerschaftlich Engagierte ansprechen sollen. Die niedrigschwelligen Betreuungsangebote sollen pflegenden Angehö-rigen zugute kommen, die stundenweise Entlastung benötigen, um zum Beispiel zum Arzt zu gehen oder um ein paar Stunden für sich zu haben. Im Rahmen der von der Pflegeversicherung vergüteten niedrigschwelligen Betreuungsangeboten besteht die Möglichkeit, dass geschulte Ehrenamt-liche unter pflegefachlicher Anleitung stundenweise die Betreuung über-nehmen. „Die Angebote heißen ‚niedrigschwellig‘, weil sie

- von Ehrenamtlichen begleitet oder durchgeführt werden (Laien),
- leicht in Anspruch zu nehmen sind (Absprachen anstatt Verträge),
- kostengünstig sind." (vgl. www. niedrigschwellig-betreuung-bayern.de)

Es zeigt sich, dass der Staat hier Versorgung gewährleistet, indem er „kosten-günstig" ehrenamtliche Angebote für die Pflege nutzt. Allerdings besteht keine Transparenz über die Höhe der Vergütung, die die Ehrenamtlichen bzw. die Träger erhalten.

4 Problematik der Förderung des Engagements von Seniorinnen und Senioren in Deutschland

4.1 Fazit aus den dargestellten Programmen zur Engagementförderung

Die dargestellten Programme zeigen, dass der Staat - zumindest auf nationaler und regionaler Ebene - versucht, die Zivilgesellschaft zu organisieren. In politischer Hinsicht merkt Rupert Graf Strachwitz dazu an (vgl. Strachwitz 2012), dass die Sektoren Staat und Markt versagt haben, dass die Bürgerinnen und Bürger sich organisieren, um ein Gegengewicht darzustellen. Er beschreibt, dass die Menschen an den Rändern der Gesellschaft sich immer wieder neu aufmachen, um sich zu positionieren, um Neues in der Gesellschaft zu bewirken. Auf diesem Weg zur Mitte werden sie jedoch immer stärker zum Mainstream mit den gleichen etablierten Hierarchien und der gleichen Fehleranfälligkeit mit Blick auf Beteiligung. Hartnuß ist hier kritischer und beklagt eine Engagementpolitik, die in erster Linie ein gesellschaftliches Institutionensystem förderte, „bei dem Markt und Staat den Ton angeben und die Bürgergesellschaft willkommen ist, wo diese nicht hinreichen" (Hartnuß et al. 2010: 11).

Die staatliche Engagementförderung, die wir im Moment erleben, will auch diese erfrischende Bewegung vom Rand zur Mitte steuern. Was an Begeisterung für den anderen da ist, was an Energie frei wird, um zu helfen, soll sich einordnen in die bestehenden Hierarchien der staatlichen Daseinsvorsorge. Der Staat braucht die Zivilgesellschaft, aber er bittet sie nicht offen um Hilfe. Mit versteckten Anreizen wird die Engagementbereitschaft nicht für Innovation, sondern für den Erhalt des Bestehenden genutzt. Besonders gut kann man sich das bei älteren Menschen vorstellen, die in diesem System groß geworden sind und bereit sind, sich dafür einzusetzen es zu retten. Der Mechanismus betätigt dabei verschiedene Schalter: (1) Zum einen werden Engagementplätze angeboten. Das bedeutet, dass der Freiwillige nur unter dem wählt, was angeboten wird. Natürlich bedeutet die Tätigkeit im Engagement eine Hilfe und Unterstützung für die Empfänger und es ist verständlich, dass die Überlegung, ob das Engagement sozialpolitisch sinnvoll ist, hinter dem Schicksal des Einzelnen verschwindet Partizipation, sei sie politisch oder in den betreffenden Organisationen, tritt dabei leicht in den Hintergrund. Der Kontakt mit anderen Menschen und deren Hilfsbedürftigkeit lassen das praktische Helfen wichtiger erscheinen als die Diskussion langfristiger Lösungen. Gleichzeitig besteht dabei die Gefahr, dass der Dienst eher zur Aufgabe passt, die geleistet werden muss. Dass das für ältere Menschen schwierig sein kann, zeigt sich in der Auswertung der Freiwilligendienste aller Generationen und beim Bundesfreiwilligendienst. (2) Zum anderen wird ein Teilhabeversprechen gegeben, das für Menschen, die aus dem Berufsleben ausscheiden oder die Familienphase durchschritten haben von Bedeutung ist. Die Notwendigkeit „noch etwas zu tun", die moralische Verpflichtung, aber auch der Nutzen, aktiv und gesund zu bleiben, mit anderen in Kontakt zu sein, wird zur wichtigen Überlegung in der Lebensplanung. Die Weitergabe von Wissen und die Bedeutung für die jüngere Generation werden dabei als Aufgabe formuliert, ohne diese weiter zu konkretisieren oder zu prüfen. Rosenmayrs sachlicher Blick ist hier hilfreich, wenn er fragt, welches Wissen denn von Wert ist (Rosenmayr 2010) und wem es, wann und wo nützen kann, um nicht als ungebetenes Wissen letztlich zum negativen Altersbild beizutragen (ebd.). Vor dem Hintergrund der sich ständig und innerhalb weniger Jahre wandelnden technischen und sozialen Bedingungen wird das Verfallsdatum von Erfahrungswissen deutlich. Rosenmayrs Überlegungen (2010: 44) zur Weitergabe von Wissen könnte man daher als ein kulturelles Wissen bezeichnen, das aber Voraussetzungen wie Souveränität und Gelassenheit kennt. Somit entsteht Teilhabe nicht automatisch, sondern kennt Voraussetzungen, die nicht diskutiert werden. (3) Drittens zeigt sich, dass die Angst, die bestehenden Leistungen nicht mehr anbieten zu können und damit als Staat versagt zu haben, die Bereitschaft erhöht, für Engagement finanzielle Vergütung zu leisten. Begonnen hat dies mit den Generationsübergreifenden Freiwilligendiensten, und die Bereitschaft der Versicherungen, niedrigschwellige Hilfen zu finanzieren und gleichsam als ehrenamtlich zu bezeichnen, stellt einen Höhepunkt dar. ZiviZ weist die Zahl von zehn Prozent aus für Organisationen, die finanzielle Vergütungen zahlen und es stellt sich die Frage, welche Definition hier zugrunde liegt. Sowohl der Bundesfreiwilligendienst als auch die niedrigschwellige Betreuung gibt Menschen regelhaft Zuverdienstmöglichkeiten, wenn ihre Rente nicht reicht. Dass dies in den nächsten Jahren vor dem Hintergrund drohender Altersarmut noch weiter in den Vordergrund rücken wird, steht außer Zweifel.

4.2 Persönliche Freiheit und Zivilgesellschaft

Dem institutionalisierten Engagement stehen Rosenmayrs Überlegungen zum Alter gegenüber. Gehen wir zurück zum Individuum, das zunächst nach der Familienphase oder nach der Erwerbsphase einen weiteren oder vielleicht auch mehrere Lebensabschnitte vor sich hat. Wie er sich diese gestaltet, hängt nach Rosenmayr von der persönlichen Haltung ab. Dabei seien drei Typen oder Optionen zu unterscheiden, die sich jedoch auch zu Mischformen fügen können (1983: 293). Rosenmayr weist erstens die ‚resignierte Haltung' aus, die einen Rückzug des älteren Menschen und eine Passivität gegenüber dem Leben bedeutet. Er nimmt sein Schicksal genügsam an, traut sich wenig zu und erwartet nichts mehr vom Leben. Dadurch läuft er Gefahr, seine eigenen Kräfte zu unterschätzen und sie schließlich ganz zu verlieren. Als eine weitere Haltung beschreibt Rosenmayr (ebd.) eine ‚abwägend-integrative' Haltung, in der die Kräfte gut abgewogen und in erster Linie zum Wohle anderer eingesetzt werden. Diese Haltung ist durch Altruismus gekennzeichnet und bietet dadurch die Möglichkeit einer Weiterentwicklung der Persönlichkeit. Diese Haltung lenkt jedoch häufig von der eigenen Person ab und konzentriert sich auf die Erfüllung der Wünsche anderer. Als dritte Haltung bezeichnet Rosenmayr im Rückgriff auf Scheler als eine des „Überschusses des Geistes über das Leben" (ebd. 294). Diese Haltung ergibt sich, wenn der Mensch sich über etwas empört, seien es für ihn inakzeptable Zustände oder die Suche nach der Klärung einer Situation oder auch die Unzufriedenheit mit der eigenen Begrenztheit. Diese Haltung ist dynamisch und führt zu Aufbruch, dazu, es noch einmal wissen zu wollen. „Das Alter, in dem viele Schlachten geschlagen sind, eröffnet dafür eine nach Rosenmayr ‚späte Freiheit' (vgl. Wegner 2012: 158).

In der umfassenden qualitativen Studie „Alter: Leben und Arbeit" (Körber-Stiftung 2013) weist Peter Kruse vier Alterstypen aus, die teilweise Überschneidungen mit Rosemayrs Typologie aufweisen. So würde der wertkonservative Alterstyp (ebd.: 7) am ehesten der resignierten Haltung entsprechen, da er keine Veränderungen mehr erwartet und „im Kreise der Familie […] die Früchte der eigenen Leistung genießen" (ebd.) möchte. Daneben gibt es laut Kruse den „kollektiv-solidarischen Alterstyp", der für eine Sozialpolitik der Sicherung durch den Staat plädiert und den „aktiv-leistungsorientierten Alterstyp", der individuelles Engagement für die Gesellschaft erbringen möchte und dabei gerne die Initiative ergreift. Der vierte und letzte Typ ist der „hedonistische Alterstyp", der seine Träume ohne Begrenzungen im Alter ausleben und sich verwirklichen möchte.

Setzt man diese Lebenshaltungen im Alter nun in Beziehung zu dem, was der Staat an institutionalisiertem Engagement anbietet, so sieht man, dass der altruistische Typ bei Rosenmayr gut ins Bild passt. Hingegen die Eigeninitiative des „aktiv-leistungsorientierten Alterstyps" bei Kruse findet nicht immer ein Betätigungsfeld in der Gesellschaft ebenso wenig die Kreativität des hedonistischen Alterstyps bzw. der Überschuss des Geistes über das Leben. Die konservativen und zurückgezogenen Menschen werden vermutlich auch nicht angesprochen. Vielleicht ist das eben auch etwas, das „Staat" nicht leisten kann und wofür er im besten Fall nur die Rahmenbedingungen setzen kann, allerdings dann weniger eingreifend, als es derzeit passiert.

159

Bei der Typologie, wie Kruse sie ermittelt hat, drängt sich auf die Frage auf, ob der relative Wohlstand der Befragten nicht eine große Rolle spielt und wie sich die Dinge verändern würden, wenn in Zukunft noch weniger staatliche Leistungen verfügbar sind und das Engagement tatsächlich lebensentscheidend wird. Im Moment zieht sich der Staat in Deutschland zurück und versucht eine Umverteilung durch einen die Zivilgesellschaft steuernden Neoliberalismus. In anderen Staaten ist der Neoliberalismus traditionell anders ausgeprägt und daher soll abschließend kurz darauf eingegangen werden. Und was bedeutet das für die Soziale Arbeit?

5 Neoliberal geht anders

5.1 Entwicklungen in Großbritannien

Das britische Forschungsnetzwerk „New dynamics of ageing" (NDA) umfasst eine große Anzahl an Forschungsinstituten und Universitäten, die unterschiedlichste Aspekte des Alterns untersuchen und insbesondere auch auf die Inklusion älterer Menschen eingehen. Die untersuchten Themen, die alle einen starken Praxisbezug aufweisen, reichen von technischen Hilfsmitteln über Ernährung und Gesundheit bis hin zu Kunst und Musik. Michael Murray von der Keele University hat in diesem Zusammenhang das Projekt „Call-Me: Promoting independence and social engagement among older people in disadvantaged communities" durchgeführt.

Bei dem Projekt geht es darum, dass Mitarbeiterinnen und Mitarbeiter in sozial benachteiligte Kommunen gehen und sie bei der Gestaltung des eigenen Lebensumfelds unterstützen. Dabei geht es nicht primär darum, dass man etwas für andere tut, sondern dass man zunächst etwas für sich selbst tut, oft verbunden mit einem Hobby wie Gärtnern oder Kunst und dann andere dazu einlädt. Der pädagogische Aspekt oder die gesellschaftliche Aufgabe, die in Deutschland so schnell durchscheinen, spielen in ihrem Engagement keine Rolle. Intention ist, einen Spirit, ein Gemeinschaftsgefühl zu schaffen, in dem gegenseitige Hilfe vielleicht auch selbstverständlich ist. Aber darum geht es zunächst nicht, sondern vielmehr um Eigenständigkeit und Lebensqualität. Der Ansatz scheint direkter und weniger auf soziale Dienstleistungen ausgerichtet und auch weniger institutionalisiert. Die Unterstützung der Wissenschaftlerinnen und Wissenschaftler bestand in erster Linie in einer Ermunterung, insbesondere bei Menschen, die zurückgezogen leben und sich wenig zutrauen.

Ein weiterer Aspekt: In Deutschland legt der Sechste Altenbericht den Fokus auf Altersbilder. In der Folge entstehen in vielen öffentlichen Räumen (zum Beispiel im Bayerischen Staatsministerium für Arbeit und Sozialordnung, Familien und Frauen) und in Stiftungen, aber auf Initiative des Bundesfamilienministeriums auch im Internet Ausstellungen, die ältere und alte Menschen zeigen. Diese umfassen viele beeindruckende Bilder und Perspektiven. In Großbritannien wird das Thema anders aufgegriffen: Der NDA hat als Forschungsnetzwerk im Herbst 2013 mit britischen Journalistenverbänden eine Charta zu Bekämpfung von Altersdiskriminierung und Sexismus in den Medien veröffentlicht (http://www.newdynamics.group.shef.ac.uk/ageism-and-sexism-in-the-media-charter-launch.html) und eine entsprechende Pressekonferenz abgehalten.

5.2 Was heißt das für Deutschland?
Und was bedeutet das für die Soziale Arbeit?

Natürlich ist es schwer, Initiativen und Lösungsansätze über Länder hinweg zu vergleichen. Und doch scheinen in diesen zwei kleinen Beispielen unterschiedliche Haltungen auf, die erkenntnisreich sind. Zum einen ist die Aktivierung der Zivilgesellschaft nicht automatisch in staatliche Strukturen gegossen und nicht auf Ziele jenseits der involvierten Personen gerichtet. Die Aktivitäten in den Kommunen scheinen dadurch weniger formalisiert und stärker am Leben des Einzelnen ausgerichtet. Den älteren Menschen bleibt dadurch die Gestaltungsfreiheit. Sicher ging es in dem Beispiel um Menschen in schwierigen Stadtvierteln. Wohlstandsrentnerinnen und -rentner, denen durch ein Engagement Sinnhaftigkeit versprochen wird, würden nicht in diese Kategorie fallen. Darüber hinaus wird die Kreativität des Ehrenamts betont und auch die Stärkung des betroffenen Individuums. Im Beispiel der Altersbilder organisiert sich die Zivilgesellschaft selbst und ohne staatliches Einwirken. Wissenschaft und Medien gehen miteinander einen Pakt zugunsten älterer Menschen in der Gesellschaft ein. In Deutschland scheint die geforderte Trisektorialität häufig eher eine Unterordnung unter staatliche Strukturen zu bedeuten. Gerade die Originalität von Lösungen, die Ränder, von denen Strachwitz gesprochen hat, werden dabei abgeschnitten.

In Ländern mit schwierigeren wirtschaftlichen Verhältnissen stellt sich die Frage nach der Bezahlung eines Ehrenamts sicher nicht. Aber in Deutschland haben wir soziale Errungenschaften in der Daseinsvorsorge, die wir nicht aufgeben sollten. Wir sollten nicht zusehen, wie der Staat – ohne dies transparent zu machen – eine Umverteilung auf die Bürgerinnen und Bürger vornimmt und die erbrachten Tätigkeiten in seine Strukturen lenkt. Zumindest sollte dies dann nicht Zivilgesellschaft heißen. Wir stehen in dem Spannungsfeld, einerseits vom Staat Leistungen einzufordern, um ihn weiterhin als Garant für gesellschaftliche Gerechtigkeit anzuerkennen und zu schätzen, und andererseits – auch mit weniger Not – eine Zivilgesellschaft aufzubauen, die innovativ ist und durch ihr ganz eigenes Wirken zur Gerechtigkeit beiträgt.

Literatur

Bundesministerium für Familie, Senioren, Frauen und Jugend (BMFSFJ) (Hg.): Alter schafft Neues – Initiativen und Informationen für ältere Menschen, Broschüre unter http://www.bmfsfj.de/RedaktionBMFSFJ/Broschuerenstelle/Pdf-Anlagen/Alter-schafft-Neues,property=pdf,bereich=bmfsfj,sprache=de,rwb=true.pdf, letzter Zugriff 10.11.2013; Berlin 2008

Bundesministerium für Familie, Senioren, Frauen und Jugend (BMFSFJ) (Hg.): Eine neue Kultur des Alterns. Altersbilder in der Gesellschaft. Erkenntnisse und Empfehlungen des Sechsten Altenberichts. Berlin 2010a

Bayerisches Staatsministerium für Arbeit und Sozialordnung, Familie und Frauen (StMAS) (Hg.): Kommunale Seniorenpolitik, unter http://www.demografie-portal.de/SharedDocs/Handeln/DE/Handlungshilfen/KommunaleSeniorenpolitik.html; 2010b

Bundesministerium für Familie, Senioren, Frauen und Jugend (BMFSFJ) (Hg.): Kommune gemeinsam gestalten. Handlungsansätze zur Beteiligung Älterer vor Ort. Berlin 2011

Centrum für soziale Investitionen und Innovationen (CSI) (Hg.): Ein Jahr Bundesfreiwilligendienst. Erste Erkenntnisse einer begleitenden Untersuchung. http://www.hertie-school.org/fileadmin/images/Downloads/bundesfreiwilligendienst/Report_Bundesfreiwilligendienst.pdf, Zugriff 11.11.2013; Heidelberg 2012

Engels, Dietrich/Braun, Joachim/ Burmeister, Joachim: SeniorTrainerInnen und senior-Kompetenzteams: Erfahrungswissen und Engagement älterer Menschen in einer neuen Verantwortungsrolle. Evaluationsbericht zum Bundesmodellprogramm „Erfahrungswissen für Initiativen", ISAB-Schriftenreihe: Berichte aus Forschung und Praxis Nr. 102, Köln 2007

Gensicke, Thomas: Freiwilliges Engagement in Deutschland 1999–2004–2009: Ergebnisse der repräsentativen Trenderhebung zu Ehrenamt, Freiwilligenarbeit und bürgerschaftlichem Engagement. Kurzbericht des 3. Freiwilligensurvey. Bonn 2010

Gorman, Mark: "Global ageing—the non-governmental organization role in the developing world" In: International Journal of Epidemiology, Volume 31, Issue 4, Oxford 2002: 782-785

HelpAge International, "The Ageing and Development Report. A Summary", Zusammenfassung des Berichts: Randel, Judith/ German, Tony /Ewing, Deborah: The Ageing and Development Report: Poverty, Independence and the World's Older People, Earthscan Publications / HelpAge International, London 1999

Körber-Stiftung: "Alter neu erfinden", unter alter@koerber-stiftung.de, Hamburg 2013

Krimmer, Holger/Priemer, Jana: ZiviZ-Survey 2012. Instrument und erste Ergebnisse, ZiviZ Zivilgesellschaft in Zahlen, http://www.ziviz.info/publikationen/publikationen-und-materialien/; Berlin 2013

Marzluff, Silke/ Klie, Thomas: Ältere Menschen in Kommunen – Förderung von Beteiligung und Engagement durch das Programm Aktiv im Alter. In: Informationsdienst Altersfragen Jg. 37 (2). 19-23; Berlin 2010

Robert-Bosch-Stiftung GmbH / BMFSFJ (Hg.): Altersbilder in anderen Kulturen, Reihe „Alter und Demografie", Stuttgart 2009

Rosenmayer, Leopold: Die späte Freiheit. Das Alter – ein Stück bewußt gelebten Lebens. Berlin 1983

Rosenmayr, Leopold: Ist das Erfahrungswissen Älterer nicht doch eine Chimäre? In: Kruse, Andreas: Potentiale im Altern, Chancen und Aufgaben für Individuum und Gesellschaft. Heidelberg 2010: 41-49

Seifert, Anne/Zentner, Sandra /Nagy, Franziska: Praxisbuch Service-Learning. „Lernen durch Engagement" an Schulen. Weinheim 2012

Strachwitz, Rupert Graf: „Bürgerschaftliches Engagement als politisches Konzept" in: UNIVERSITAS 5/2012"; S.5-16; Heidelberg 2012

Vereinte Nationen (VN), Resolution 46/91, Grundsätze der Vereinten Nationen für ältere Menschen, http://www.un.org/Depts/german/uebereinkommen/ar46091.pdf

Wegner, Martina: Zivilgesellschaftliche Veränderungen – Ideen vom älteren Menschen in: Beck, Gerald / Kropp, Cordula: Gesellschaft innovativ. Wer sind die Akteure? Wiesbaden 2012

Wegner, Martina: Das Modellprogramm Generationsübergreifende Freiwilligendienste (GüF). In: BBE-Newsletter 14/2008; Berlin 2008

Zeman, Peter: Konzeptionelle Grundlinien einer innovativen Kommunalpolitik für ältere Menschen. In: Bischof, Christine/ Weigl, Barbara (Hg.): Handbuch innovative Kommunalpolitik für ältere Menschen. Berlin 2010: 19-36

Zentrum für zivilgesellschaftliche Entwicklung (zze): Freiwilligendienste aller Generationen. Umsetzung und Wirkung 2009-2011. Unter http://www.zze-freiburg.de/assets/pdf/Abschlussbericht-FDaGzze.pdf; Freiburg 2012

Weitere Quellen:

Stellungnahmen Strachwitz und BAGSO zum Bundesfreiwilligendienst: http://www.b-b c.de/themen/ag-freiwilligendiens1/bundesfreiwilligendienst/

Definition der WHO von Alter: http://www.who.int/healthinfo/survey/ageingdefnolder/en/

Das Programm „Alter schafft Neues" des Bundesfamilienministeriums: http://www.bmfsfj.de/RedaktionBMFSFJ/Broschueren-stelle/Pdf-Anlagen/Alter-schafft-Neues,property=pdf,bereich=bmfsfj,sprache=de,rwb=true.pdf

Niedrigschwellige Betreuungsangebote in Bayern: http://www.niedrigschwellig-betreuung-bayern.de

Christoph Rott

Lebensziel 100 Jahre

Über Erfolge, Verletzlichkeit und Bewertungen im sehr hohen Alter

ABSTRACT

In diesem Beitrag wird der Frage nachgegangen, ob das Modell des erfolgreichen Alterns nach Rowe und Kahn für Hundertjährlge unyemessen ist. Dazu soll die Hundertjährigen Studie der Universität Heidelberg Antworten liefern: Während vor allem die körperlichen Ressourcen für eine selbstständige Lebensführung stark eingeschränkt sind, zeigen viele Höchstaltrigen eine bemerkenswerte psychologische Kraft, mit den Widrigkeiten des höchsten Alters umzugehen. Diese gilt es, für die Soziale Arbeit mit Hochbetagten verständlich zu machen. Die nachfolgenden Darstellungen leisten dazu einen Beitrag.

1 Erfolge und Misserfolge im Alter

Altern auch unter positiven Gesichtspunkten zu betrachten, hat eine lange Tradition. Große Bedeutung haben dabei Modelle des „erfolgreichen Altern", obwohl auf den ersten Blick die Begriffe „Erfolg" und „Alter" zueinander im Widerspruch zu stehen scheinen. Aus einigen Untersuchungen von Hundertjährigen wurde aber zunächst der Schluss gezogen, dass gerade diese Altersgruppe das beste Beispiel für erfolgreiches Altern sei, da Hundertjährige den üblichen altersassoziierten Erkrankungen und Einschränkungen entkämen (Hitt et al. 1999). In alltäglichen Vorstellungen über positive Alternsprozesse werden neben Gesundheit eher psychologische Merkmale wie Reife und persönliches Wachstum, Selbstakzeptanz, Glück, Generativität, Bewältigung sowie Akzeptanz von altersbezogenen Einschränkungen als Elemente erfolgreichen Alterns genannt (Jopp 2003).

In der Reihe dieser Konzeptionen wurde das Modell „Successful Aging" von Rowe und Kahn (1987; 1997; 1998) am bekanntesten. Wesentlich für Rowe und Kahn ist zunächst die Unterscheidung von nichtpathologischen Alternsprozessen (d.h. Altern, das nicht durch Krankheiten geprägt ist) in normales und erfolgreiches Altern. Unter normalem Altern wird zwar krankheitsfreies Altern verstanden, es ist aber mit hohem Risikostatus verbunden. Erfolgreiches Altern dagegen ist durch einen hohen funktionalen Status bei geringem Risiko gekennzeichnet. Erfolgreiches Altern unterscheidet sich durch drei zentrale Merkmale von normalem Altern:

- Vermeidung von Krankheiten und funktionalen Beeinträchtigungen
- Hohes geistiges und körperliches Funktionsniveau
- Aktives Engagement im täglichen Leben.

Erfolg im Altern ist aber erst erreicht, wenn nicht nur ein oder zwei Kriterien, sondern alle drei erfüllt sind. Er definiert sich somit nicht nur über die Abwesenheit von Krankheit oder eine hohe Funktionstüchtigkeit, sondern erst durch die Kombination mit einer aktiven Lebensgestaltung („active engagement with life", vor allem interpersonale Beziehungen und produktive Aktivitäten). Während ein geringes Krankheitsrisiko und eine hohe körperliche und geistige Leistungsfähigkeit das Potenzial eines Individuums bezeichnen, beschreibt vor allem die Komponente der Aktivität den Einsatz beziehungsweise die Nutzung dieser Ressourcen (Jopp 2003). Rowe und Kahn (1998) möchten mit ihrem Modell aber auch Modifikationsmöglichkeiten im Alternsprozess aufzeigen, um zunehmend mehr Menschen ein erfolgreiches Altern zu ermöglichen.

Obwohl einige Jahrzehnte intensiv zum erfolgreichen Altern geforscht wurde, bestand lange Zeit keine Einigkeit darin, durch welche erfassbaren Kriterien erfolgreiches Altern zu definieren sei. Einen erneuten Versuch unternahm kürzlich Hank (2011). Auch er beklagt die geringen Übereinstimmungen der unter dem Dach des „erfolgreichen Alterns" verwendeten Konzepte, obwohl der Begriff in der gerontologischen Literatur nach wie vor sehr populär ist, ja sogar zu einem berechenbaren Goldstandard für das Altern geworden ist. Ausgangspunkt für seine Analyse war die Anwendung des Rowe und Kahn Konzeptes auf die Daten der *Health and Retirement Study* (HRS). Dort hatte man gefunden, dass höchstens 12 Prozent der älteren Amerikaner erfolgreich altern. Darüber hinaus fanden die Autoren bedeutsame Rückgänge der Chancen für erfolgreiches Altern mit zunehmendem Alter und große Unterschiede zwischen sozialen Gruppen (McLaughlin et al. 2010).

Hank (2011) hat nun entsprechend dem Vorgehen in der *Health and Retirement Study* Kriterien für erfolgreiches Altern definiert und anhand der Daten des *Survey of Health, Ageing, and Retirement in Europe* (SHARE, Börsch-Supan et al. 2005) überprüft, in welchem Ausmaß erfolgreiches Altern in den einzelnen Ländern anzutreffen ist. SHARE ist repräsentativ für die Bevölkerung über 50 Jahre in Privathaushalten und wird in 15 europäischen Ländern und Israel durchgeführt. Für die vorliegende Analyse wurden nur Personen im Alter von 65 Jahren und älter berücksichtigt. Im Durchschnitt waren die Studienteilnehmer 73 Jahre alt, aus gerontologischer Perspektive also relativ jung. Die deutsche Stichprobe bestand aus 1.948 Personen. Kriterien für erfolgreiches Altern waren:

- keine ernsthaften Krankheiten
- keine Alltagsbehinderungen
- gute geistige Funktionen
- gute körperliche Funktionen
- aktives Engagement.

Drei der fünf Kriterien waren bei einem Großteil der deutschen Teilnehmer anzutreffen. So hatten 84 Prozent keine Alltagsbehinderungen, 68 Prozent verfügten über gute geistige Funktionen und 61 Prozent über gute körperliche Funktionen. Weniger als die Hälfte (48 Prozent) hatten keine ernsthaften Krankheiten. 27 Prozent erfüllten das Kriterium des aktiven Engagements. Betrachtet man nun den Anteil der Studienteilnehmer, für die alle fünf Kriterien zutrafen, ist das Ergebnis enttäuschend. Für lediglich 12 Prozent der Deutschen über 65 Jahren in Privathaushalten ist erfolgreiches Altern charakteristisch, exakt der Anteil, der auch in der amerikanischen Studie gefunden wurde. Bei den untersuchten Ländern schnitt Dänemark am besten ab. Aber auch in diesem Land altern nur 21 Prozent erfolgreich. Das Modell von Rowe und Kahn ist somit nur für einen kleinen Teil der Bevölkerung gültig. Es zeigt damit gleichzeitig aber auch, dass Veränderungspotenzial vorhanden ist, welches durch Interventionen ausgeschöpft werden kann. Dies war ja auch eine der Kernideen von Rowe und Kahn.

Das Modell erfolgreichen Alterns wurde auch bei Achtzig- und Hundertjährigen im Rahmen der *Georgia Centenarian Study* angewandt (Cho et al. 2012). Kriterien für erfolgreiches Altern waren in dieser Studie wie folgt definiert:

- geringe Wahrscheinlichkeit für Krankheiten
- hohes geistiges/körperliches Leistungsvermögen
- aktives Engagement im Leben

15 Prozent der Achtzigjährigen und kein einziger Hundertjährigen (0 Prozent) erfüllten die Kriterien erfolgreichen Alterns. Darüber hinaus war bei 15 Prozent der Achtzigjährigen und 27 Prozent der Hundertjährigen nicht einmal eine der Komponenten aufzufinden. Obwohl die berichteten Studien die Kriterien erfolgreichen Alterns zum Teil unterschiedlich operationalisierten, zeigt sich, dass erfolgreiches Altern im Sinne von Rowe und Kahn auch bei den „jungen Alten" relativ selten anzutreffen ist und es im hohen und höchsten Alter immer schwieriger, wenn nicht unmöglich wird. Aus diesem Grund haben Andersen-Ranberg, Schroll und Jeune (2001) die Frage aufgeworfen, ob nicht schon alleine das Erreichen eines Alters von 100

Jahren angesichts der biologischen Widrigkeiten eines sehr langen Lebens als ein Beispiel erfolgreichen Alterns betrachtet werden sollte.

2 Demografie der Hundertjährigen

Hundertjährige können als ein wichtiger Indikator des demografischen Wandels angesehen werden. Es ist heute möglich, die Entwicklung der Zahl der Hundertjährigen rückblickend zumindest in Schweden und Dänemark einigermaßen genau zu rekonstruieren, da diese Länder im 18. Jahrhundert begonnen haben, alle Todesfälle systematisch zu dokumentieren (Vaupel 2010). Vor 1800 gab es vermutlich keine Personen dieses Alters und bis zum Jahre 1950 war ihre Zahl äußerst gering. Erst ab 1950 stieg die Zahl der Hundertjährigen in den beiden Ländern an und erhöhte sich in den folgenden fünf Jahrzehnten um das Zwanzigfache. Bemerkenswert ist auch die Entwicklung der 105-Jährigen (Frauen) in Japan. Bis zum Jahr 1975 waren es äußerst wenige, dann aber wuchs ihre Zahl sehr schnell auf über 1.800 im Jahr 2000 an (Vaupel 2010). Jeune (2002) schätzte vor mehr als zehn Jahren, dass zu Beginn des 21. Jahrhunderts weltweit 150.000 Personen im Alter von 100 Jahren und darüber leben könnten.

In Deutschland kann die Entwicklung der Zahl der Hundertjährigen anhand der Gratulationen des Bundespräsidenten dargestellt werden. Dieses Verfahren wurde 1965 eingeführt und gilt als einigermaßen zuverlässig, ist aber von den Meldungen der Kommunen abhängig. Der Bundespräsident gratuliert seit dieser Zeit auf Antrag der Kommune zu jedem dreistelligen Geburtstag, die Anzahl der Gratulationen wird systematisch erfasst. Im Jahr 1995 wurde dieses Verfahren nicht mehr für die 101- bis 104-Jährigen angewandt, so dass zuverlässige Daten ab diesem Zeitpunkt nur für Personen vorliegen, die im jeweiligen Jahr entweder exakt 100 Jahre oder 105 Jahre und älter geworden sind. Im Jahr 2012 erreichten in Deutschland 874 Männer und 5.381 Frauen das Alter von genau 100 Jahren. Zehn Jahre zuvor (2002) waren es 507 Männer und 3.376 Frauen, was einem Zuwachs von 72 Prozent beziehungsweise 59 Prozent entspricht. In ähnlicher Weise hat sich die Zahl der 105-Jährigen entwickelt. 54 Männer und 501 Frauen erreichten im Jahr 2012 dieses Alter. 2002 waren es lediglich 32 Männer und 284 Frauen (Zuwachs von 69 Prozent beziehungsweise 76 Prozent). Ende des Jahres 2012 wurden auf der Grundlage der *Human Mortality Database* Zahlen für alle Hundertjährigen (100+) in Deutschland veröffentlicht (Trauvetter 2012). Nach dieser Quelle gab es im Jahr 1990 2.616 Personen, zehn Jahre später (2000) bereits 5.937 (Zuwachs von 127 Prozent) und wiederum zehn Jahre später (2010) war die Zahl auf 13.198 angestiegen (Zunahme um 122 Prozent).

Am Ende der Lebensspanne findet also eine bemerkenswerte Entwicklung statt, die in keiner anderen Altersgruppe so rasant verläuft.

Die nahezu explosionsartige Zunahme der Hundertjährigen seit Mitte des 20. Jahrhunderts ist in erster Linie auf einen Rückgang der Sterblichkeit jenseits des 80. Lebensjahres zurückzuführen. Daten aus mehr als 30 entwickelten Ländern zeigen, dass zu diesem Zeitpunkt die Chance 80-Jähriger 90 Jahre alt zu werden, für Frauen zwischen 15 und 16 Prozent und für Männer bei 12 Prozent lag (Christensen et al. 2009). Im Jahr 2002 hatten sich diese Werte auf 37 Prozent beziehungsweise 25 Prozent erhöht. In Japan, dem Land, dessen Einwohner die besten Möglichkeiten für ein langes Leben haben, beträgt die Chance für 80-jährige Frauen, 90 Jahre alt zu werden, heute mehr als 50 Prozent. Der Trend einer abnehmenden Sterblichkeit im hohen Alter ist ungebrochen und gilt auch für die 90-Jährigen, wie neuere Analysen aus verschiedenen Ländern belegen (Christensen et al. 2009).

Entsprechende Entwicklungen lassen sich für Deutschland aus den 2011 veröffentlichten Generationensterbetafeln errechnen (Statistisches Bundesamt, 2011). Betrachtet werden sollen die Kohorten 1900 und 1911, da diese Geburtsjahrgänge in der ersten und zweiten Heidelberger Hundertjährigen-Studie (Rott et al. 2001; Jopp et al. 2013) untersucht wurden. Von den im Jahr 1900 Geborenen wurden 15 Prozent der Männer und 30 Prozent der Frauen 80 Jahre alt. Von den 11 Jahre später Geborenen erreichten bereits 22 Prozent der Männer und 39 Prozent der Frauen das Alter von 80 Jahren. Die 1911 geborenen Männer, die 80 Jahre alt wurden, hatten im Vergleich zu ihren Altersgenossen der Geburtskohorte 1900 eine um 80 Prozent höhere Chance, den Hundertjährigen-Status zu erreichen. Diese Chance ist nach wie vor klein und beträgt 1,15 Prozent. Bei den Frauen ist sie in geringerem Maße gestiegen (um 46 Prozent) und liegt für die 1911 Geborenen bei 2,07 Prozent. Beide Entwicklungen – immer mehr Männer und Frauen erreichen das Alter von 80 Jahren und haben dann größere Chancen, auch ihren 100. Geburtstag feiern zu können – werden die Zahl der Hundertjährigen auch in naher Zukunft in Deutschland weiterhin sehr schnell anwachsen lassen.

Führende Demografen gehen davon aus, dass die Lebenserwartung insgesamt weiterhin linear ansteigen wird (Christensen et al. 2009; Oeppen/ Vaupel 2002). Nimmt man an, dass die Sterblichkeit vor dem Alter von 50 Jahren auf dem Niveau von 2006 stehen bleibt und dass die Sterblichkeit jenseits von 50 Jahren in einem Ausmaß zurückgeht, dass daraus eine jährliche Zunahme der Lebenserwartung von 0,2 Jahre resultiert, kommt man zu folgendem Ergebnis:

> *„Most babies born since 2000 in countries with long-lived residents will celebrate their 100th birthdays if the present yearly growth in life expectancy continues through the 21st century" (Christensen et al. 2009: 1196).*

169

Für Deutschland wird errechnet, dass im Jahre 2101 noch die Hälfte der 100 Jahre zuvor geborenen Deutschen am Leben sein wird. Das sind die 11- und 12-Jährigen des Jahres 2013, also keine zukünftigen Generationen, die erst noch geboren werden.

3 Gesundheit und Selbstständigkeit oder Krankheit und Abhängigkeit im höchsten Alter

Die sich immer mehr ausdehnende Länge des menschlichen Lebens lässt eine Unterteilung des Alters in mehrere Lebensphasen als angemessen erscheinen. Vorgenommene Differenzierungen basieren in erster Linie aber nicht auf demografischen Erkenntnissen, sondern gehen auf die Verhaltenswissenschaftlerin Bernice Neugarten (1974) zurück, die von den „jungen Alten" und den „alten Alten" sprach. Die Idee eines dritten und vierten Alters wurde insbesondere von Margret Baltes und Paul Baltes aufgegriffen und weiterentwickelt (M. Baltes 1998; P. Baltes 1999; P. Baltes/ Smith 2003). Eine zentrale Aussage von P. Baltes (1999) ist, dass es trotz der „unvollständige Architektur" des Menschen heute möglich ist, ein hohes Alter zu erreichen, was früher nicht der Fall war. Für P. Baltes ist das vierte Alter, die Hochaltrigkeit, die radikalste Form dieser Unvollständigkeit beziehungsweise Verletzlichkeit. M. Baltes greift diese Überlegungen auf und betont, dass das biologische Potenzial im vorgerückten Alter eine Schwächung erfährt. Sie spricht von einem Kaskadeneffekt, der einen immer größeren Rückgang von Funktionen nach sich zieht. Es sind also in erster Linie nicht die großen pathologischen Störungen, wie etwa ein Schlaganfall, die Alternsphänomene hervorrufen, sondern eher kleine sich kumulierende Funktionsverluste in verschiedenen Bereichen des Systems Mensch. Normales Altern wird als ein Schwund von Ressourcen verstanden, der auch bei Personen ohne pathologische Störungen auftritt und sich im vierten Alter in besonderer Weise manifestiert.

Trifft diese eher negative Einschätzung auch auf die Höchstaltrigen zu? Entkommen nicht diejenigen, die besonders alt werden, den üblichen altersassoziierten Erkrankungen und Einschränkungen (vgl. Hitt et al. 1999)? Fällt bei dieser Personengruppe der Selektionsvorteil stärker ins Gewicht als die Alternsprozesse? An anderer Stelle (Rott et al. 2001) haben wir zwei unterschiedlich verlaufende Entwicklungslinien im Lebenslauf diskutiert. Die erste auf das Individuum bezogene Entwicklungslinie repräsentiert ein sehr langes Leben, das aber zugleich eine lange Alternsphase mit allen ihren negativen Folgen einschließt. Die zweite, populationsbezogene Entwicklungslinie thematisiert den selektiven Überlebensvorteil und verläuft positiv, da die Gebrechlichen und Kranken zuerst versterben und die Population verlassen. Das Altern der Population muss nicht mit individuellem Altern übereinstimmen. So konnten Christensen und Kollegen (2008) anhand der Entwicklung einer ganzen Kohorte zeigen, dass sich der Anteil selbstständiger Personen im Alter von 92 bis 100 Jahren in der Entwicklung der Population lediglich von 39 Prozent auf 33 Prozent verringerte. Von den Kohortenmitgliedern, die den Acht-Jahreszeitraum überlebten und 100 Jahre alt wurden, waren im Alter von 92 Jahren noch 70 Prozent selbstständig, mit 100 Jahren aber nur noch 33 Prozent.

Manche Autoren betrachten Hundertjährige als außergewöhnlich gesund (zum Beispiel Perls 1995). Diese Behauptung hält einer näheren Überprüfung nicht stand. Insbesondere durch die populationsbasierte Längsschnittstudie Dänischer Hundertjähriger wurde eine erhebliche Morbidität in dieser Altersgruppe nachgewiesen (Andersen-Ranberg/Schroll/Jeune 2001). An kardiovaskulären Erkrankungen waren 72 Prozent der Teilnehmer erkrankt. 54 Prozent litten an Osteoarthritis, 52 Prozent an Bluthochdruck und 28 Prozent an ischämischen Herzerkrankungen. Im Durchschnitt hatten die Hundertjährigen 4,3 Krankheiten. Unter 207 Teilnehmern gab es nur eine einzige Person, die keine Krankheit aufwies. Über 95 Prozent mussten im Alter von 82 bis 99 Jahren mindestens einmal im Krankenhaus behandelt werden. Der Median lag bei fünf Aufenthalten. Drei Viertel der dänischen Hundertjährigen wurden in diesem Zeitraum wegen Pneumonie, Herzinfarkt, Schlaganfall, bösartigen Neubildungen und/oder Brüchen im Hüftbereich behandelt und überlebten diese Erkrankungen. Obwohl Hundertjährige im Allgemeinen ein hohes Ausmaß an Morbidität aufweisen, können sie dennoch als ein Modell gesunden Alterns angesehen werden. Im Vergleich zu den Mitgliedern ihrer Geburtskohorte (1905 Dänemark), die kein so hohes Alter erreichten, wiesen sie in jüngeren Jahren weniger und kürzere Krankenhausaufenthalte auf (Engberg et al. 2009).

Für ein selbstständiges Leben ist entscheidend, in welchem Ausmaß die dafür notwendigen (basalen) Aktivitäten des täglichen Lebens (ADL, activities of daily living) und die instrumentellen Aktivitäten des täglichen Lebens (IADL) vorhanden sind. Für eine realistische Abschätzungen des Selbstständigkeitsgrades sind populationsbasierte Studien wie die Heidelberger Hundertjährigen-Studie erforderlich (vgl. Rott et al. 2001). In Tabelle 1 ist aufgelistet, welcher Anteil an Hundertjährigen die Aktivitäten des täglichen Lebens (ADL) selbstständig ausführen kann (vgl. Becker et al. 2003).

Die am häufigsten erhaltene Fähigkeit ist Essen. Annähernd zwei Drittel der Hundertjährigen können dies selbstständig. Am seltensten bleibt die Fähigkeit, ohne Hilfe zu baden oder zu duschen, erhalten. Diese Aktivität ist komplex und erfordert Beweglichkeit, Koordination, Gleichgewicht **171**

Tabelle 1: Anteile von Hundertjährigen, die die basalen Aktivitäten des täglichen Lebens selbstständig ausführen können.

Selbstständigkeit in basalen Aktivitäten des täglichen Lebens (ADL)	
- Essen	62%
- Gang zur Toilette	40%
- Gehen	38%
- Aufstehen / sich in das Bett legen	37%
- sich um das eigene Aussehen kümmern	33%
- An- und Auskleiden	31%
- Baden / Duschen	13%

sowie Kraft. In der der Heidelberger Hundertjährigen-Studie sehr vergleichbaren Längsschnittstudie Dänischer Hundertjähriger konnten 20 Prozent der weiblichen und 44 Prozent der männlichen Teilnehmer alle sechs ausgewählten (basalen) Aktivitäten des täglichen Lebens selbstständig ausführen (Andersen-Ranberg et al. 1999).

Ein größerer Selbständigkeitsverlust ist bei den instrumentellen Aktivitäten des täglichen Lebens zu beobachten (vgl. Becker et al. 2003). Wie aus Tabelle 2 ersichtlich wird, kann etwa ein Drittel noch telefonieren, jede beziehungsweise jeder Fünfte ist im Stande, seine Medikamente selbstständig einzunehmen. Bei den anderen Aktivitäten ist nur jede beziehungsweise jeder Zehnte als selbstständig zu bezeichnen.

Tabelle 2: Anteile von Hundertjährigen, die die instrumentellen Aktivitäten des täglichen Lebens selbstständig ausführen können.

Selbstständigkeit in instrumentellen Aktivitäten des täglichen Lebens (IADL)	
- Telefonieren	32%
- Medikamente einnehmen	22%
- Geldangelegenheiten regeln	9%
- an entfernte Orte kommen	6%
- Einkaufen gehen	6%
- Mahlzeiten zubereiten	6%
- Hausarbeit	5%

4 Geistige Intaktheit und Demenz

In den meisten Studien mit Höchstaltrigen wurde das allgemeine geistige Funktionsniveau mit dem Ziel eingeschätzt, um zu beurteilen, ob eine Demenz vorliegt oder ausgeschlossen werden kann. In der Heidelberger Hundertjährigen-Studie wurden bei 29 Prozent der Teilnehmer keine beziehungsweise sehr geringe kognitive Einbußen gefunden. 23 Prozent wiesen geringe beziehungsweise mäßige und 48 Prozent mittelschwere bis sehr schwere kognitive Beeinträchtigungen auf (Kliegel et al. 2001). In einigen Studien wurde im Rahmen des Demenzscreenings explizit das Ausmaß der kognitiven Intaktheit untersucht. So zeigten zum Beispiel 37 Prozent der dänischen Hundertjährigen keine Anzeichen von kognitiven Beeinträchtigungen (Andersen-Ranberg/Vasegaard/Jeune 2001). Bis zu einem Drittel der Höchstaltrigen erreichen somit das Alter von 100 Jahren ohne gravierende kognitive Verluste.

Andererseits leiden zahlreiche Hundertjährige an Demenzen. Die Angaben zur Prävalenz schwanken zwischen 40 Prozent und 63 Prozent (Hagberg et al. 2001). Die Heidelberger Hundertjährigen-Studie und die Längsschnittstudie Dänischer Hundertjähriger mit einer Beschränkung auf Personen im Alter von exakt 100 Jahren kommen zu ähnlichen Resultaten. 52 Prozent der Hundertjährigen in Heidelberg und 51 Prozent in Dänemark wurden als dement eingestuft (Andersen-Ranberg/Vasegaard/Jeune 2001, Kliegel/Moor/Rott 2004) Faktoren, die das Demenzrisiko reduzierten, waren eine höhere Schulbildung und das Aufrechterhalten von intellektuell anregenden und fordernden Aktivitäten (Kliegel/Zimprich/Rott 2004).

Einen theoriegeleiteten Versuch zur Bestimmung der Selbstständigkeit haben Becker und Kollegen unternommen (2003). Die Einteilung in Stufen der „funktionalen Kompetenz" beruht auf folgenden Überlegungen: Erstens sollten existierende Modelle der ADL-Ressourcen dahingehend verwendet werden, dass eine rein quantitative Beurteilung des Kompetenzverlustes (Anzahl von Aktivitäten, die nicht mehr selbstständig ausgeführt werden können) zu Gunsten einer qualitativen hierarchischen Einteilung zurückgestellt wird. Zweitens wurde eine Klassifikation angestrebt, die einen Vergleich mit den Pflegestufen der deutschen Pflegeversicherung ermöglicht. Die Verbindung wurde dadurch hergestellt, dass vom Grad des funktionalen Kompetenzverlustes abgeleitet wurde, ob und in welcher Intensität täglicher Versorgungsbedarf durch eine Pflegeperson besteht (Stufe 0: keiner oder nicht täglicher Versorgungsbedarf, Stufe 1: mindestens einmal täglicher Versorgungsbedarf; Stufe 2: mindestens dreimal täglicher Versorgungsbedarf; Stufe 3: ununterbrochener Versorgungsbedarf). Drittens sollten die kognitiven Ressourcen bei der Bestimmung der funktionalen Kompetenz gleichgewichtig berücksichtigt werden.

In dieser Kombination von funktionalen und kognitiven Ressourcen sind nur 9 Prozent der Heidelberger Hundertjährigen zu einer selbstständigen Lebensführung in der Lage (Stufe 0). 13 Prozent mussten mindestens einmal am Tag versorgt werden (Stufe 1), mindestens dreimal täglicher Versorgungsbedarf war bei 45 Prozent gegeben (Stufe 2) und 33 Prozent mussten ununterbrochen gepflegt werden (Stufe 3). Fasst man die letzten drei Gruppen zusammen, so ergibt sich ein theoretischer Versorgungsbe-

173

darf von 91 Prozent. Leistungen der deutschen Pflegeversicherung erhielten aber nur 78 Prozent der Hundertjährigen.

Ein ähnliches Vorgehen zur Bestimmung der Selbstständigkeit wurde in der Längsschnittstudie Dänischer Hundertjähriger angewandt (Andersen-Ranberg/Schroll/Jeune 2001). Als autonome Hundertjährige wurden Personen bezeichnet, die im Katz-Index den Gruppen A, B, oder C zugewiesen werden konnten, die kognitiv intakt waren und die nicht in Einrichtungen der Altenhilfe lebten. Das traf auf 12 Prozent der Hundertjährigen zu. Diese Zahl ist dem Anteil der Heidelberger Hundertjährigen, bei denen die funktionale Kompetenz zur selbstständigen Lebensführung vorhanden war (9 Prozent), sehr ähnlich. Ein weiterer Versuch zur Bestimmung von Selbstständigkeit Höchstaltriger wurde von Gondo und Kollegen in Japan vorgenommen (Gondo et al. 2006). Sie teilten eine Zufallsauswahl von Hundertjährigen aus Tokio auf der Grundlage ihrer sensorischen, funktionalen (ADL-) und kognitiven Ressourcen in die Kategorien „exceptional", „normal", „frail" und „fragile" ein. Die ersten beiden Kategorien, die den „funktional Kompetenten" aus Heidelberg und den „autonomen Hundertjährigen" aus Dänemark entsprachen, umfassten 20 Prozent der Stichprobe, wobei lediglich 2 Prozent „Exceptional" waren. Über die Hälfte (55 Prozent) war „Frail" und 25 Prozent wurden als „Fragile" eingestuft.

5   Psychologische Anpassungsfähigkeit von Hundertjährigen

Nur wenige Studien haben sich bisher damit beschäftigt, wie Hundertjährige mit Funktionsverlusten und Krankheit umgehen (zum Beispiel Martin et al. 2008; Rott 1999). Es drängt sich die Frage auf, ob die sich im höchsten Alter anhäufenden Ressourcenverluste noch bewältigt werden können oder es zu einem vermehrten Auftreten eines als „psychologische Mortalität" bezeichneten Phänomens kommt, einem Zusammenbruch der psychologischen Widerstandsfähigkeit, der durch den Verlust von Intentionalität, Identität, psychischer Autonomie, Kontrollerleben und Würde gekennzeichnet ist (Baltes/Smith 2003)? Oder führen die Lebenseinstellungen und Überzeugungen der Höchstaltrigen dazu, dass sie mit ihrer Lebenssituation zufrieden sind, ja sogar Glück empfinden?

Hundertjährige sind den Befunden der Heidelberger Hundertjährigen-Studie zufolge erstaunlich glücklich (Jopp/Rott, 2006). Auskunftsfähige Teilnehmer (56 von 91 Personen) berichteten zu über 70 Prozent, dass sie sich die meiste Zeit glücklich fühlen. Die Frage, ob man sie leicht zum Lachen bringen könnte, beantworteten 68 Prozent positiv. Über die Hälfte der Befragten (54 Prozent) gaben außerdem an, genauso glücklich wie in jüngeren Jahren zu sein. Das Niveau an Glücksempfinden ist mit dem von Personen im mittleren und höheren Erwachsenenalter vergleichbar. Jopp und Rott (2006) untersuchten weiterhin den Einfluss von personalen Ressourcen (Gesundheit, kognitiver Status, soziales Netzwerk, Berufsausbildung, Persönlichkeit) auf das Glücksempfinden der Hundertjährigen. Obwohl diese Personen über einen sehr geringen Ressourcenstatus verfügten (vgl. auch Martin et al. 1996), schien ihr Wohlbefinden nur in sehr geringem Ausmaß hiervon beeinflusst zu sein. Es zeigte sich kein signifikanter Zusammenhang zwischen kognitiven Ressourcen sowie Gesundheit und Glücksempfinden. Der Einfluss der Ressourcen wurde wesentlich durch psychologische Kräfte – Überzeugungen und Einstellungen – wie zum Beispiel Selbstwirksamkeit und Optimismus vermittelt. Diese stellen sich sozusagen schützend zwischen die geringen personalen Ressourcen und dem Wohlbefinden und stabilisieren dieses. Die in früheren Lebensphasen beobachteten erfolgreichen Anpassungsprozesse zur Aufrechterhaltung eines hohen Wohlbefindens funktionieren auch im höchsten Alter. Insgesamt zeigen die Befunde, dass psychologischen Stärken auch im sehr hohen Alter positiv zum Wohlbefinden beitragen und dabei helfen, mit Ressourceneinschränkungen erfolgreich umzugehen.

Das Konzept der positiven Lebensbewertung stellt einen für die Untersuchung einer möglichen Entkopplung von objektiven Verlusten und subjektivem Erleben im höchsten Alter neu entwickelter Ansatz dar. Von Lawton und Kollegen (Lawton et al. 1999) als „valuation of life" eingeführt, beschreibt das Konzept den vom Individuum erfahrenen Wert des eigenen Lebens und seine aktive Bindung an das gegenwärtige Leben. Dabei wird vom Individuum eine geistige und gefühlsmäßige Integration der vielen positiven und negativen Bestandteile der aktuellen Lebenssituation vorgenommen. Ausgangspunkt für Lawtons Überlegungen war die Beobachtung, dass ein Großteil der Forschung zur Lebensqualität im Alter stark auf gesundheitliche Aspekte ausgerichtet war (Lawton 2000). Eine solche eingeengte Perspektive verhindere seiner Ansicht nach, dass positive Aspekte des Lebens und Erlebens wie emotionale Bindungen, Aktivitäten oder auch das Streben nach persönlicher Weiterentwicklung von Wissenschaft und Praxis angemessen wahrgenommen und thematisiert werden. Da Gesundheit und Funktionstüchtigkeit des Körpers nur einen Teil dessen ausmachen, was ein Leben lebenswert macht, berücksichtigte Lawton in seinem Konzept der positiven Lebensbewertung als zentrale Komponenten psychologische Konzepte wie Zukunftsbezogenheit, Hoffnung, Selbstwirksamkeit, Beharrlichkeit und Zweckhaftigkeit (Lawton et al. 2001). Die positive Lebensbewertung geht damit weit über existierende Lebensqualitätskonzepte hinaus, da damit nicht das Fehlen von Belastungen und Patholo- **175** gien thematisiert, sondern versucht wird, die zentralen positiven Lebenselemente im Alter und insbesondere im höchsten Alter abzubilden. Lawton (2000) nimmt daher an, dass Individuen eine höhere Lebensbewertung aufweisen, wenn sie zum Beispiel über positive soziale Beziehungen verfügen und sie Aktivitäten ausüben können, die für sie bedeutsam sind. Empirisch konnte gezeigt werden, dass es tatsächlich die positiven Lebensbestandteile wie zum Beispiel persönliche Vorhaben im Alltag und weniger schlechte Gesundheit und Depression sind, die das Ausmaß an positiver Lebensbewertung beeinflussen (Lawton et al. 2002).

Obwohl die positive Lebensbewertung ein komplexes Konzept darstellt, ist das dazugehörende Instrument zu dessen empirischer Erfassung einfach und besteht aus 13 klar formulierten Fragen (vgl. Tabelle 3). Es kommen ausschließlich positiv formulierte Items zur Anwendung. Dieses Instrument wurde auch bei den auskunftsfähigen Heidelberger Hundertjährigen angewandt (vgl. Rott et al., 2006). Tabelle 3 zeigt die Rangreihe der Items nach dem Ausmaß der Zustimmung.

Tabelle 3: **Rangreihe der Items der Lebensbewertungsskala bei Hundertjährigen nach dem Ausmaß der Zustimmung.**

Rangreihe der Items der Lebensbewertungsskala
1. Haben Sie vor, aus Ihrem Leben das Beste zu machen?
2. Sind Sie auf Grund Ihrer persönlichen Lebenseinstellung (Glaubensgrundsätze) prinzipiell eher hoffnungsvoll (optimistisch) eingestellt?
3. Ist Ihr Leben stark von religiösen und moralischen Grundsätzen bestimmt?
4. Hat das Leben für Sie einen Sinn?
5. Erreichen Sie im Allgemeinen die Ziele, die Sie sich selbst setzen?
6. Gibt es viele Dinge, auf die Sie sich jeden Tag freuen?
7. Fühlen Sie sich im Moment eher optimistisch?
8. Haben Sie im Moment einen starken Lebenswillen?
9. Haben Sie viele Ideen, um aus einer schwierigen Lage wieder herauszufinden?
10. Fühlen Sie sich in der Lage, Ihre Lebensziele zu erreichen?
11. Finden Sie immer einen Weg, um ein Problem zu lösen, auch wenn andere schon aufgegeben haben?
12. Empfinden Sie Ihr jetziges Leben als nützlich?
13. Können Sie sich viele Möglichkeiten vorstellen, um die Dinge zu erreichen, die Ihnen wichtig sind?

Hohe Zustimmung erfahren die Fragen nach dem Einsatz von Lebensmanagementstrategien („das Beste aus dem Leben machen") und Lebenseinstellungen. Die Beantwortung von Items, die sich eher auf Selbstwirksamkeit beziehen, fällt dagegen weniger günstig aus. Die geringe Zustimmung der Frage, ob das Leben als nützlich empfunden wird, zeigt, dass die Höchstaltrigen nicht länger über angemessene Rollen in der Gesellschaft verfügen. Auch sehen sie wenige Möglichkeiten, um für sie wichtige Dinge zu erreichen. Dies kann als geringe Ressourcenvielfalt interpretiert werden.

Um zu erforschen, ob das Beantwortungsmuster der Hundertjährigen eine Besonderheit des sehr hohen Alters darstellt oder einer allgemeinen Trendlinie folgt, wurde die Resultate der Hundertjährigen mit den Ergebnissen einer populationsbasierten Querschnittsstudie mit in Privathaushalten lebenden Teilnehmern im Alter von 65 bis 94 Jahren in Beziehung gesetzt (Jopp et al. 2008). Beim Vergleich der fünf Jahres-Altersgruppen zeigte jede höhere Altersgruppe einen geringeren Wert als die vorausgegangene (vgl. Abbildung 1). Interessanterweise werden die Standardabweichungen mit zunehmendem Alter immer größer, was darauf schließen lässt, dass es einigen Personen in jeder Altersgruppe gelingt, eine hohe positive Lebensbewertung aufrechtzuerhalten, während andererseits ein immer größerer Anteil auf ein niedriges Niveau an positiver Lebensbewertung abfällt.

Abb. 1: Alters- und Kohortenunterschiede in der positiven Lebensbewertung von 65 bis 100 Jahren. Die senkrechten Balken geben die Standardabweichung an.

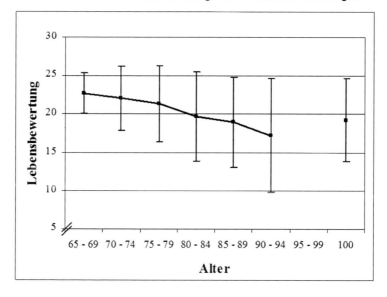

Wenn man nun die Daten der Hundertjährigen anfügt, ergibt sich ein bemerkenswerter Befund (vgl. Abbildung 1). Die Höchstaltrigen weisen ein Niveau an positiver Lebensbewertung auf, das über dem der Altersgruppe 90 bis 94 Jahre liegt und in etwa dem der 80- bis 89-Jährigen entspricht. Dies ist umso erstaunlicher, da diese über wesentlich weniger körperliche Ressourcen verfügen, was sich insbesondere an der Wohnsituation ablesen lässt (vgl. Jopp et al. 2008; Rott et al. 2006): Während bei den Studienteilnehmern im Alter von 65 bis 94 Jahren eine Heimunterbringung ein Ausschlusskriterium war, lebten 37 Prozent der Hundertjährigen in Institutionen der Altenhilfe. 87 Prozent waren pflegebedürftig. Jopp und Kollegen sowie Rott und Kollegen konnten nachweisen, dass sich die dargestellten Altersunterschiede in der positiven Lebensbewertung für das dritte und vierte Alter vollständig durch gesundheitliche und soziale Faktoren erklären lassen. Die Fähigkeit und Möglichkeit, sein Leben selbstständig zu gestalten (Autonomie), ist für alle drei Altersgruppen (drittes und viertes Alter sowie Hundertjährige) in Bezug auf die positive Lebensbewertung gleichermaßen wichtig. Weiter ist bei den 65- bis 79-Jährigen die Gesundheit ein zentraler Prädiktor, bei den Älteren (80-94 und 100 Jahre) treten eher soziale Faktoren (besonders das Telefonieren mit wichtigen Personen) hervor. Aus diesen Befunden kann der Schluss gezogen werden, dass heute prinzipiell ein aus subjektiver Sicht lebenswertes Leben bis ins höchste Alter möglich ist, obwohl dies nicht unbedingt ein Leben in Gesundheit sein wird.

Diese bedeutsamen querschnittlichen Befunde lassen keine Schlussfolgerungen zu, wie sich die positive Lebensbewertung für einzelne Personen im Zeitverlauf (intraindividuell, längsschnittlich) verändert. In einer amerikanischen Längsschnittstudie mit Personen im Alter zwischen 70 und 93 Jahren bestand bei Beginn der Studie eine geringe negative Beziehung zum Alter (Moss et al. 2007). Ältere Personen wiesen ähnlich wie in der Studie von Jopp und Kollegen (2008) ein niedrigeres Niveau an positiver Lebensbewertung auf als jüngere Personen. Über die vierjährige Laufzeit der Studie nahm die Lebensbewertung nicht ab, sondern sogar leicht zu. Allerdings veränderten sich nicht alle Personen in gleicher Weise. Interessanterweise zeigten 56 Prozent eine Zunahme an positiver Lebensbewertung. Die Studie liefert aber noch weitere wichtige Befunde. Untersucht wurde, wie Veränderungen in den Bereichen Lebensqualität, Gemütszustand und körperliche Gesundheit mit Veränderungen in der positiven Lebensbewertung zusammenhingen. Während ein Wandel von Lebensqualität und Gemütszustand mit Veränderungen in der positiven Lebensbewertung in Zusammenhang stand, wirkten sich Veränderungen in der körperlichen Gesundheit fast nicht auf die Entwicklung der positiven Lebensbewertung aus. Die Autoren betonen ausdrücklich, dass gesundheitliche Veränderungen nicht der zentrale Faktor für Veränderungen der positiven Lebensbewertung sind.

6 Hundertjährige – ein Modell gelingenden Alterns

Können Hundertährige als Modell eines gelingenden Alters für die Soziale Arbeit dienen? Die bisherige Betrachtung psychologischer Anpassungsprozesse von Hundertjährigen, sei es im Kontext von Glücksempfinden oder positiver Lebensbewertung, haben gezeigt, dass die körperlichen und zum Teil auch die geistigen Ressourcen an Bedeutung für Wohlbefinden verlieren und Einstellungen und Überzeugungen sowie soziale Kontakte an Bedeutung gewinnen. Nicht das reine Vorhandensein bestimmter Ressourcen ist entscheidend, sondern die Bewertung im Kontext der konkreten Lebenssituation. Diese Sichtweise wurde in der zu Beginn des Beitrages bereits beschriebenen Studie von Cho und Kollegen (Cho et al. 2012) aufgegriffen und überprüft. Wie auch andere Autoren kritisieren sie, dass der Fokus des Rowe und Kahn Modells auf körperliche Elemente gerichtet sei und psychologische Aspekte wie emotionales Wohlbefinden, ja sogar Glücksempfinden zu kurz kämen. Studien mit Hochaltrigen hatten gezeigt, dass gerade die letztgenannten Komponenten für diese Altersgruppe hinsichtlich Lebensqualität zentral sind. Ein weiterer Kritikpunkt ist, dass die finanziellen Ressourcen übersehen werden, die direkt oder indirekt das Leben in den späten Jahren beeinflussen. Trotz eines guten Sozialversicherungssystems in Deutschland entscheiden die eigenen finanziellen Mittel im Alter doch mit darüber, wie das Leben hinsichtlich Wohnen, Aktivitäten und Teilhabe gestaltet werden kann.

Statt der eher objektiven Rowe und Kahn Kriterien wurden in der Studie von Cho und Kollegen psychologische Maße, in denen Bewertungen zum Ausdruck kommen, ausgewählt. Geringe Wahrscheinlichkeit für Krankheiten, hohes geistiges/körperliches Leistungsvermögen und aktives Engagement im Leben wurden ersetzt durch:

- subjektive Gesundheit
- Glücksempfinden
- Beurteilung des ökonomischen Status

Unter diesen Kriterien ergibt sich für Achtzig- und Hundertjährige ein völlig anderes Bild gelingenden Alterns. Das Kriterium gute subjektive Gesundheit wird von 78 Prozent der Achtzigjährigen und 73 Prozent der Hundertjährigen erfüllt. 79 Prozent der jüngeren Altersgruppe und 62 Prozent der älteren Teilnehmer beurteilten ihre ökonomische Situation als gut. Hohes Glücksempfinden äußerten in beiden Gruppen jeweils 90 Prozent. Der Anteil der

Personen, die alle drei Kriterien erfüllen, ist in diesem alternativen Modell im Vergleich zum Modell erfolgreichen Alterns von Rowe und Kahn deutlich höher. Bei den Achtzigjährigen sind es 62 Prozent, bei den Hundertjährigen ist es fast die Hälfte, genau 48 Prozent (vgl. Abbildung 2). Damit wird deutlich, dass für das hohe Alter ein Modell mit hohen körperlichen und geistigen Ressourcen sowie aktiver Lebensführung weniger gut geeignet ist. Eine Konzeption, in deren Mittelpunkt subjektive Bewertungen stehen, scheint sehr viel angemessener zu sein und wirft ein völlig neues Licht auf die Hoch- und Höchstaltrigen. Die dahinter stehenden Anpassungsprozesse reflektieren eine enorme psychologische Kraft des Menschen. Paul Baltes hat dies folgendermaßen beschrieben: „Das Geistige bäumt sich auf, um dem Verfall des Körpers entgegenzuwirken" (Baltes, 1999: 445).

Abb. 2: Anteil von Hundertjährigen, für die alle drei Komponenten des Modells gelingenden Alterns zutreffen.

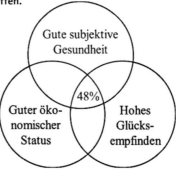

7 Ausblick

Die aktuellen demografischen Prognosen deuten darauf hin, dass die Lebenserwartung weiter zunehmen wird und eine Annäherung an eine Obergrenze bisher nicht zu erkennen ist. Als Konsequenz wird es eine steigende Zahl von Hochaltrigen und eine Zunahme der verbleibenden Lebenslänge im Alter geben. Die Zahl der Hundertjährigen wächst aber nicht linear, sondern exponentiell. Mittelfristig werden sich viele Länder zu Gesellschaften des langen Lebens entwickeln. Dies wird auch den Alltag der Sozialen Arbeit beeinflussen. Langfristig kommt es sehr wahrscheinlich zu Gesellschaften des höchsten Alters. Diese Entwicklung ist beispiellos und unumkehrbar.

Die referierten Befunde haben übereinstimmend demonstriert, dass der Mensch für ein sehr langes Leben unterschiedlich gut ausgestattet ist. Die rein körperliche Architektur scheint heutzutage das schwächste Glied zu sein. Zurzeit müssen ca. 80 bis 90 Prozent der Hundertjährigen pflegerisch versorgt werden (Becker et al. 2003). Es gibt aber auch Befunde, die zeigen, dass die basalen Aktivitäten des täglichen Lebens in nachfolgenden Kohorten Hundertjähriger (Abstand 10 Jahre) besser erhalten sind (Engberg et al. 2008). Durch gezielte Interventionen auch im hohen und höchsten Alter (zum Beispiel Stärkung der körperlichen Ressourcen zur Vermeidung von Stürzen) lässt sich der Anteil der Selbstständigen vermutlich bedeutsam erhöhen.

Die kognitive Ausstattung Höchstaltriger ist durch Demenzen ernsthaft bedroht. Etwa die Hälfte der Hundertjährigen ist als dement einzustufen. Auch hier kann erwartet werden, dass sich in Zukunft durch ein höheres Ausmaß an körperlicher Aktivität im Lebenslauf die geistige Leistungsfähigkeit in größerem Ausmaß als bisher erhalten lässt (Andel et al. 2008).

Eindeutig positive Nachrichten können aus dem Bereich der psychischen Ressourcen berichtet werden. Die wenigen Studien zum Wohlbefinden, zur Lebensbewertung und zum Glücksempfinden der Hoch- und Höchstaltrigen verdeutlichen eine bisher wenig beachtete enorme psychische Stärke, trotz vielfältiger Einschränkungen eine positive Lebenseinstellung und Lebensbewertung zu bewahren. Stellt man die Frage, ob 100 Jahre ein Lebensziel ist und ob Menschen überhaupt so alt werden wollen, auch trotz des Preises von Pflegebedürftigkeit und Gebrechlichkeit, so gibt es zwei Antworten. (1.) In „jungen Jahren" (Erwachsenenalter) kann man sich das nicht vorstellen. (2.) Wenn man aber alt geworden ist, ist in den meisten Fällen die psychologische Kraft vorhanden, um zufrieden auch sehr alt zu werden.

Literatur

Andel, Ross / Crowe, Michael / Pedersen, Nancy / Fratiglioni, Laura / Johansson, Boo / Gatz, Magaret: Physical exercise at midlife and risk of dementia three decades later. A population-based study of Swedish twins. In: Journal of Gerontology: Medical Sciences, Heft 63A/2008: 62-66

Andersen-Ranberg, Karen / Christensen, Kaare / Jeune, Bernard / Vasegaard, Lone / Skytthe, Axel / Vaupel, James: Activity of daily living among elderly, oldest old and centenarians in Denmark. In: Age and Ageing, Heft 28/1999: 373-377

Andersen-Ranberg, Karen / Schroll, Marianne / Jeune, Bernard: Healthy centenarians do not exist, but autonomous centenarians do. A population-based study of morbidity among Danish centenarians. In: Journal of the American Geriatrics Society, Heft 49/2001: 900-908

Andersen-Ranberg, Karen / Vasegaard, Lone / Jeune, Bernard: Dementia is not inevitable - a population-based study of Danish centenarians. In: Journal of Gerontology: Psychological Sciences, Heft 56B/2001: 152–159

Baltes, Margret: The psychology of the oldest-old. The Fourth Age. In: Current Opinion in Psychiatry, Heft 11/1998: 411-415

Baltes, Paul / Smith, Jacqui: New frontiers in the future of aging. From successful aging of the young old to the dilemmas of the fourth age. In: Gerontology, Heft 49/2003: 123-135

Baltes, Paul: Alter und Altern als unvollendete Architektur der Humanontogenese. In: Zeitschrift für Gerontologie und Geriatrie, Heft 32/1999: 433-448

Becker, Gabriele / Rott, Christoph / d'Heureuse, Vera / Kliegel, Matthias / Schönemann-Gieck, Petra: Funktionale Kompetenz und Pflegebedürftigkeit nach SGB XI bei Hundertjährigen. In: Zeitschrift für Gerontologie und Geriatrie, Heft 36/2003: 437-446

Börsch-Supan, Axel / Hank, Karsten / Jürges, Hendrik: A new comprehensive and international view on ageing. Introducing the Survey of Health, Ageing and Retirement in Europe. In: European Journal of Ageing, Heft 2/2005: 245–253

Cho, Jinmyoung / Martin, Peter / Poon, Leonard: The older they are, the less successful they become? Findings from the Georgia Centenarian Study. In: Journal of Aging Research, Article ID 695854/2012; 8 pages

Christensen, Kaare / Doblhammer, Gabriele / Rau, Roland / Vaupel, James: Ageing populations. The challenges ahead. In: Lancet, Heft 374/2009: 1196-1208

Christensen, Kaare / McGue, Matt / Petersen, Inge / Jeune, Bernard / Vaupel, James: Exceptional longevity does not result in excessive levels of disability. In: Proceedings of the National Academy of Science of the USA, Heft 105/2008: 13274–13279

Engberg, Henriette / Christensen, Kaare / Andersen-Ranberg, Karen / Vaupel, James / Jeune, Bernard: Improving activities of daily living in Danish centenarians - but only in women. A comparative study of two birth cohorts born in 1895 and 1905. In: Journal of Gerontology: Medical Sciences, Heft 63A/2008: 1186–1192

Engberg, Henriette / Oksuzyan, Anna / Jeune, Bernard / Vaupel, James / Christensen, Kaare: Centenarians – a useful model for healthy aging? A 29-year follow-up of hospitalizations among 40 000 Danes born in 1905. In: Aging Cell, Heft 8/2009: 270-276

Gondo, Yasuyuki / Hirose, Nobuyoshi / Arai, Yasumichi / Inagaki, Hiroki / Masui, Yukie / Yamamura, Ken et al.: Functional status of centenarians in Tokyo, Japan. Developing better phenotypes of exceptional longevity. In: Journal of Gerontology: Medical Sciences, Heft 61A/2006: M305-M310

Hagberg, Bo / Alfredson, Betty / Poon, Leonard / Homma, Akira: Cognitive functioning in centenarians: a coordinated analysis of results from three countries. In: Journal of Gerontology: Psychological Sciences, Heft 56B/2001: P141-P151

Hank, Karsten: How "successful" do older Europeans age? Findings from SHARE. In: Journal of Gerontology: Social Sciences, Heft 66B/2011: 230–236

Hitt, Rachel / Young-Xu, Yinong / Silver, Margery / Perls, Thomas: Centenarians: The older you get, the healthier you have been. In: Lancet, Heft 354(9179)/1999: 652

Jeune, Bernard: Living longer - but better? In: Aging Clinical and Experimental Research, Heft 14/2002: 72-93

Jopp, Daniela: Erfolgreiches Altern. Zum funktionalen Zusammenspiel von personalen Ressourcen und adaptiven Strategien des Lebensmanagements. Dissertation, Freie Universität Berlin 2003. Verfügbar unter: http://www.diss.fu-berlin.de/2003/50/indexe.html

Jopp, Daniela / Rott, Christoph: Adaptation in very old age. Exploring the role of resources, beliefs, and attitudes for centenarians' happiness. In: Psychology and Aging, Heft 21/2006: 266–280

Jopp, Daniela / Rott, Christoph / Boerner, Kathrin / Boch, Katrin / Kruse, Andreas / Robert Bosch Stiftung (Hg.): Zweite Heidelberger Hundertjährigen-Studie: Herausforderungen und Stärken des Lebens mit 100 Jahren. In: Schriftenreihe Alter und Demographie. Stuttgart 2013

Jopp, Daniela / Rott, Christoph / Oswald, Frank: Valuation of life in old and very old age. The role of socio-demographic, social, and health resources for positive adaptation. In: The Gerontologist, Heft 48/2008: 646-658

Kliegel, Matthias / Moor, Caroline / Rott, Christoph: Cognitive status and development in the very oldest old. A longitudinal analysis from the Heidelberg Centenarian Study. In: Archives of Gerontology and Geriatrics, Heft 39/2004: 143-156

Kliegel, Matthias / Rott, Christoph / d'Heureuse, Vera / Becker, Gabriele / Schönemann, Petra: Demenz im höchsten Alter ist keine Notwendigkeit. Ergebnisse der Heidelberger Hundertjährigen-Studie. In: Zeitschrift für Gerontopsychologie & –psychiatrie, Heft 14/2001: 169-180

Kliegel, Matthias / Zimprich, Daniel / Rott, Christoph: Life-long intellectual activities mediate the predictive effect of early education on cognitive impairment in centenarians. A retrospective study. In: Aging & Mental Health, Heft 8/2004: 430–437

Lawton, Powell: Quality of life, depression and end-of-life attitudes and behaviors. In: Williamson, Gail / Shaffer, David / Parmelee, Patricia (Hg.): Physical illness and depression in older adults. A handbook of theory, research, and practice. New York 2000: 147-171

Lawton, Powell / Moss, Miriam / Hoffman, Christine / Kleban, Morton / Ruckdeschel, Katy / Winter, Laraine: Valuation of life. A concept and a scale. In: Journal of Aging and Health, Heft 13/2001: 3–31

Lawton, Powell / Moss, Miriam / Winter, Laraine / Hoffman, Christine: Motivation in later life. Personal projects and well-being. In: Psychology and Aging, Heft 17/2002: 539–547

Lawton, Powell / Moss, Miriam / Hoffmann, Christine / Grant, Richard / Have, Thomas / Kleban, Morton: Health, valuation of life, and the wish to live. In: The Gerontologist, Heft 39/1999: 406-416

Martin, Peter / Kliegel, Matthias / Rott, Christoph / Poon, Leonard / Johnson, Mary: Age differences and changes of coping behavior in three age groups. Findings from the Georgia Centenarian Study. In: International Journal of Aging and Human Development, Heft 66/2008: 97–114

Martin, Peter / Poon, Leonard / Kim, Eunkyung / Johnson, Mary: Social and psychological resources of the oldest old. In: Experimental Aging Research, Heft 22/1996: 121–139

McLaughlin, Sara / Connell, Cathleen / Heeringa, Steven / Li, Lydia / Roberts, Scott: Successful aging in the United States. Prevalence estimates from a national sample of older adults. In: Journal of Gerontology. Social Sciences, Heft 65B/2010: 216–226

Moss, Miriam / Hoffman, Christine / Mossey, Jana / Rovine, Michael: Changes over 4 years in health, quality of life, mental health, and valuation of life. In: Journal of Aging and Health, Heft 19/2007: 1025-1044

Neugarten, Bernice: Age groups in American society and the rise of the young-old. In: Annals of the American Academy of Political and Social Science, Heft 415/1974: 187-198

Oeppen, Jim / Vaupel, James: Broken limits to life expectancy. In: Science, Heft 296/2002: 1029-1030

Perls, Thomas: The oldest old. In: Scientific American, Heft 272/1995: 70-75

Rott, Christoph: Kognitive Repräsentation, Coping-Verhalten und soziale Integration von Hundertjährigen. In: Zeitschrift für Gerontologie und Geriatrie, Heft 32/1999: 246–254

Rott, Christoph / d'Heureuse, Vera / Kliegel, Matthias / Schönemann, Petra / Becker, Gabriele: Die Heidelberger Hundertjährigen-Studie. Theoretische und methodische Grundlagen zur sozialwissenschaftlichen Hochaltrigkeitsforschung. In: Zeitschrift für Gerontologie und Geriatrie, Heft 34/2001: 356–364

Rott, Christoph / Jopp, Daniela / d'Heureuse, Vera / Becker, Gabriele: Predictors of well-being in very old age. In: Wahl, Hans-Werner / Brenner, Hermann / Mollenkopf, Heidrun / Rothenbacher, Dietrich / Rott, Christoph (Hg.): The many faces of health, competence and well being in old age: Integrating epidemiological, psychological and social perspectives. Heidelberg 2006: 119-129

Rowe, John / Kahn, Robert: Human aging. Usual and successful. In: Science, Heft 237/1987: 143–149

Rowe, John / Kahn, Robert: Successful aging. In: The Gerontologist, Heft 37/1997: 433–440

Rowe, John / Kahn, Robert: Successful aging. New York 1998

Statistisches Bundesamt: Generationensterbetafeln für Deutschland. Modellrechnungen für die Geburtsjahrgänge 1896-2009. Wiesbaden 2011

Trauvetter, Gerald: DEMOGRAFIE – Hochburg der Greise. Die Zahl der Hochbetagten wächst, überdurchschnittlich viele stammen aus dem Nordwesten der Republik. Gibt es ein Geheimnis des ultralangen Lebens? In: DER SPIEGEL, Heft 1/13/2012: 32-33

Vaupel, James: Biodemography of human aging. In: Nature, Heft 464/2010: 536-542

Zu den AutorInnen

Aner, Kirsten; Jg. 1963, Dr. rer.pol. habil., Diplomsozialarbeiterin/-pädagogin, Professorin für Lebenslagen und Altern an der Universität Kassel, Fachbereich Humanwissenschaften, Institut für Sozialwesen. Arbeitsschwerpunkte: Alter und Soziale Arbeit, Kritische Gerontologie, Lebenslagen im Kontext von Altenpolitik, Lebensläufen und Biografien, Alter als soziale Konstruktion. Universität Kassel, Fachbereich 01, Arnold-Bode-Str. 10, 34127 Kassel. E-Mail: aner@uni-kassel.de

Bäcker, Gerhard, Jg. 1947, Prof. Dr. rer. pol., em., Senior Professor am Institut Arbeit und Qualifikation der Universität Duisburg-Essen, bis 2012: Professor für Soziologie, Institut für Soziologie der Universität Duisburg-Essen, Lotharstraße 63, 47067 Duisburg Schwerpunkte in der Forschung: Sozialstaatsanalyse, Arbeitsmarkt, Alterssicherung, Armut. E-Mail: gerhard.baecker@uni-due.de

Hammerschmidt, Peter; Jg. 1963, Dr. phil. habil. Dipl.-Päd., Dipl. Soz.-Päd. (FH), Prof. für Grundlagen der Sozialen Arbeit an der Hochschule München, Fakultät für Angewandte Sozialwissenschaften, Arbeitsschwerpunkte: Theorie und Geschichte Sozialer Arbeit, Organisationen der Sozialen Arbeit, Sozialpolitik und Gesellschaftstheorie, Internationale Orientierung in der Sozialpolitik und Sozialen Arbeit; Am Stadtpark 20, 81243 München. E-Mail: Peter.Hammerschmidt@hm.edu

Legni, Carmen; Jg. 1966; MA. „Pädagogik mit Schwerpunkt Bildungsforschung und Bildungsmanagement" (M.A.) an der Ludwig-Maximilians-Universität München. Wissenschaftliche Hilfskraft am Lehrstuhl für Allgemeine Pädagogik und Bildungsforschung an der LMU München. Forschungsschwerpunkt: Bildungsforschung. Leopoldstrasse 13, 80802 München. E-Mail: c.legni@campus.lmu.de

Pohlmann, Stefan; Jg. 1967, Dr. phil.; Studium der Psychologie, Pädagogik, kath. Theologie und Kognitionswissenschaft an den Universitäten Münster und Hamburg, Professor für Gerontologie an der Hochschule München, Fakultät für Angewandte Sozialwissenschaften, Arbeitsschwerpunkte: interdisziplinäre Gerontologie, Alter und Gesundheit, Alten- und Demografiepolitik; Beratungsarbeit, Lebenslauf- und Versorgungsforschung; Am Stadtpark 20, 81243 München. E-Mail: pohlmann@hm.edu

Rott, Christoph, Jg. 1953, Dr. phil. Dipl.-Psych. Mitarbeiter der Universität Heidelberg, Fakultät für Verhaltens- und Empirische Kulturwissenschaften, Institut für Gerontologie.
Arbeitsschwerpunkte: Hochaltrigkeit / Hundertjährige, funktionale Gesundheit im Alter, positive Lebensbewertung im Alter, körperliche Aktivität im Alter, Gesundheitsförderung im Alter. Institut für Gerontologie, Bergheimer Str. 20, 69115 Heidelberg. E-Mail: christoph.rott@gero.uni-heidelberg.de

Sagebiel, Juliane; Jg. 1955, Dr. phil. Dipl.-Päd., Dipl. Soz.-Päd. (FH), Prof. für Sozialarbeitswissenschaft an der Hochschule München, Fakultät für Angewandte Sozialwissenschaften, Arbeitsschwerpunkte: Geschichte und Theorien der Sozialen Arbeit, Sozialarbeitswissenschaft, Systemtheorien, Internationalisierung Sozialer Arbeit (Rumänien, Vietnam) und Teamberatung; Am Stadtpark 20, 81243 München. E-Mail: Juliane.Sagebiel@gmx.de

Tippelt, Rudolf; Jg. 1951, Dr., Prof. für Allgemeine Pädagogik und Bildungsforschung an der Ludwig-Maximilians-Universität München. Forschungsschwerpunkte: Bildungsforschung, Weiterbildung/Erwachsenenbildung, Bildungsprozesse über die Lebensspanne, Übergang von Bildung und Beschäftigung, Professionalisierung und Fortbildung des pädagogischen Personals, insbesondere auch im internationalen Kontext. Leopoldstrasse 13, 80802 München. E-Mail: tippelt@edu.lmu

Wegner, Martina, Jg. 1962, Dr. phil., Professorin für die Organisation von Zukunftsdiskursen an der Hochschule München, Fakultät für Angewandte Sozialwissenschaften, Am Stadtpark 20, 81243 München,; Schwerpunkte in Lehre und Forschung: Wirtschafts- und Sozialethik, Zivilgesellschaft (Schwerpunkt: Bürgerschaftliches Engagement), Nachhaltige Entwicklung. E-Mail: martina.wegner@hm.edu

Zenz, Gisela; Jg. 1938, Dr. jur. Dr. h.c., em. Professorin für Familien-, Jugendhilfe- und Sozialrecht, Goethe-Universität Frankfurt, Fachbereich Erziehungswissenschaft, Grüneburgplatz 1, PEG, 60323 Frankfurt. Schwerpunkte in Forschung und Lehre: Kinderrechte und Rechte alter Menschen. Zenz@em.uni-frankfurt.de

In der Schriftenreihe Soziale Arbeit bereits erschienen

Julia Hagn, Peter Hammerschmidt, Juliane Sagebiel (Hg.)
Modernisierung der kommunalen Sozialverwaltung
ISBN 978-3-940865-29-8 | 2012 | 168 Seiten | 16,00 €
Seit Mitte der 1990er-Jahre modernisieren die deutschen Kommunen ihre Sozialver-
waltungen im Zeichen des betriebswirtschaftlich ausgerichteten „Neuen Steuerungs-
modells" (NSM) der KGSt. Welche Konzepte sich dahinter verbergen, welche Ergebnisse
bislang erreicht wurden und welche Konsequenzen die administrative Neuorientierung
für die Soziale Arbeit, ihre Handlungsvollzüge und Adressaten sowie für ihre Arbeits- und
Beschäftigungsverhältnisse nach sich zieht oder kurz, inwiefern Soziale Arbeit dadurch
unter Reformdruck gesetzt wird, ist Gegenstand der Beiträge dieses Sammelbandes

P. Hammerschmid, J. Sagebiel (Hg.)
Die Soziale Frage zu Beginn des 21. Jahrhundert
ISBN 978-3-940865-23-6 | 2011 | 172 Seiten | 16,00 €
Der Übergang von der agrarischen Feudalgesellschaft zur bürgerlichen Gesellschaft auf
industriekapitalistischer Grundlage ging für all jene, die über kein Privateigentum verfügten und deshalb den Unsicherheiten der Lohnarbeiterexistenz ausgeliefert waren,
mit einer Fülle einschränkender Lebensbedingungen einher, die mit dem Begriff der
„Sozialen Frage"benannt werden. Ob, und wenn ja, wie, sich die Soziale Frage zu Beginn
des 21. Jahrhunderts neu stellt, ist Gegenstand dieses Bandes.

P. Hammerschmidt, J. Sagebiel (Hg.)
Professionalisierung im Widerstreit
ISBN 978-3-940865-03-8 |2010 | 162 Seiten | 16,00 €
Der Band rekonstruiert und bilanziert die Professionalisierung und die Professionalisie-
rungsdiskussion der Sozialen Arbeit. Die Zeitspanne erstreckt sich dabei von der begin-
nenden Diskussion über die Notwendigkeit schulischer Ausbildung für die zunächst
noch ehrenamtlich ausgeübte soziale Frauenarbeit um die Wende zum 20. Jahrhundert
bis zu den aktuellen Diskussionen über die Reform der hochschulischen Ausbildung im
Zeichen des sog. Bologna-Prozesses. In unterschiedlichen Theorietraditonen verortete
Autoren entwerfen dabei ein facettenreiches Bild des Gegenstandes, das zu weiteren
Diskussionen anregt.

Peter Hammerschmidt, Juliane Sagebiel, Caroline Steindorff-Claasen (Hg.)
Unheimliche Verbündete
Recht und Soziale Arbeit in Geschichte und Gegenwart
ISBN 978-3-940865-45-8 | 2013 | 178 Seiten | 16,00 €
Das Verhältnis von Sozialer Arbeit und Recht ist seit jeher spannungsreich und ambiva-
lent. Bilder wie das von der „Sozialpädagogik im Souterrain der Justiz" bringen ein Unbehagen am Recht und seinen Hütern zum Ausdruck. Das hindert die Soziale Arbeit, die
sich in ihrer modernen Form bereits während der Weimarer Republik als Teil der sozialen
Sicherungsstrategie im Kontext ausgebauter Sozial- und Rechtstaatlichkeit etablierte,
jedoch nicht daran, in unterschiedlichen Zusammenhängen offene oder auch heimliche
Allianzen mit dem Recht einzugehen. Diesem spätestens seit der Weimarer Zeit bestehenden engen Zusammenhang zwischen Recht und Sozialer Arbeit sowie der Perspektive der Sozialen Arbeit auf das (soziale) Recht als „unheimlichem Verbündeten" wird in
den Beiträgen dieses Buches nachgegangen.

AG SPAK Bücher   **www.agspak-buecher.de**